La démocratie :
un enjeu pour les associations d'action sociale

Du même auteur

Appels à l'inconnu : l'aide téléphonique par S.O.S. amitié, Privat, 1980, (épuisé).
Conduire le changement dans les associations d'action sociale et médico-sociale, Dunod, 2002, coll. « Action sociale ».

Sous la direction de Joseph Haeringer

La démocratie : un enjeu pour les associations d'action sociale

« Solidarité et société »
Desclée de Brouwer

Collection « Solidarité et société »,
dirigée par Jean-Louis Laville

Dès le XIXe siècle, l'invention de la solidarité correspond à la tentative de penser un lien social véritablement moderne, qui ne repose ni sur les intérêts matériels, ni sur les communautés traditionnelles.
En dépit de l'annonce récurrente de son affaiblissement voire de sa disparition, cette idée de solidarité continue à rassembler ceux qui refusent de réduire la vie sociale à l'utilitarisme et les relations humaines au contrat. De multiples formes d'associationnisme, présentes depuis le niveau local jusqu'au niveau international, s'y réfèrent aujourd'hui avec force.
La solidarité est donc d'actualité. Mais derrière l'adhésion qu'elle suscite apparaissent des conceptions contrastées. Elles renvoient pour certaines à la vision d'une société éthique dans laquelle des citoyens remplissent leurs devoirs moraux alors qu'elles désignent pour d'autres des actions collectives relevant de l'auto-organisation et du mouvement social.
Cette collection se propose donc d'éclairer les multiples formes de solidarité en actes comme les débats qui y sont liés, en soulevant des questions décisives pour notre avenir commun.

Jean-Louis Laville, *Le travail, une nouvelle question politique*, 2008.
Jean-Paul Maréchal, *Humaniser l'économie*, 2008.

2, Passage de la Boule-Blanche, 75012 Paris

ISBN : 978-2-220-05957-0

Introduction

La question associative aujourd'hui

par Joseph Haeringer

Qu'est devenu le droit des usagers, cette mesure phare de la loi de la refondation de l'action sociale et médico-sociale ?

À l'évidence elle a eu des traitements diversifiés dans les établissements et services associatifs. Les uns se sont pliés à une injonction administrative énoncée ici ou là comme une condition pour l'accès aux financements publics. Pour d'autres, la fabrication des outils comme le livret d'accueil, le règlement intérieur ou le projet individualisé a été un levier pour une réflexion sur les prestations de services, leur qualité et par-delà sur les dispositifs organisationnels assurant une meilleure efficience. Enfin, plus rares ont été les associations qui se sont saisies de cette loi pour conforter des pratiques ou pour réexaminer les conditions institutionnelles d'une reconnaissance des usagers comme sujets de droits et d'attentes légitimes. On le voit, la question du droit des usagers s'ouvre à celle du changement dans les organisations associatives.

Ainsi d'entrée, à travers l'obligation d'individualiser les prestations, l'action sociale fait de l'individu le paradigme de ses interventions. Pour ambiguë qu'elle soit face au risque consumériste, l'expression « mettre l'usager au centre[1] » marque le déplacement des critères d'appréciation sur la qualité des services ainsi

1. Certains contenus de projet ne sont pas très éloignés du « client est roi » que l'on retrouve sur l'enseigne de quelques grandes surfaces.

que la transformation de leur modèle de professionnalité. Elle questionne la légitimité du professionnel face à celle de l'usager en référence à sa qualité citoyenne. L'affirmation de droits n'implique pas seulement l'existence de dispositifs organisationnels sur lesquels les individus peuvent prendre appui pour exister et s'exprimer comme usagers. Elle en appelle aussi à des principes institutionnels qui légitiment et suscitent cette participation auprès de tous les acteurs.

Cependant cette individualisation nous conduit à réfléchir au-delà de la satisfaction d'une demande d'usagers. Les lois régissant l'action sociale et médico-sociale qui se sont succédé cette dernière décennie marquent une mutation du référentiel des politiques publiques dans l'articulation de la liberté et de l'égalité, deux principes qui fondent la solidarité. L'individu fragilisé dans son existence n'est plus celui que l'on protège ou que l'on assiste au nom de l'égalité citoyenne, mais celui qui est sollicité dans sa capacité à être autonome, à assumer sa liberté d'entreprendre. Il lui est demandé d'avoir un projet, des objectifs, bref d'assumer sa responsabilité comme individu supposé autonome, condition requise pour accéder aux prestations socio-éducatives, alors même que sa précarité individuelle en appellerait à des étayages sociaux.

Or cette interrogation sur la solidarité est au centre du pacte associatif. Les associations sont questionnées sur leur manière de mettre en œuvre cette équation de la solidarité dans un contexte historique marqué par la dilution de ses formes institutionnelles. Le questionnement porte autant sur leurs missions et prestations que sur leur dimension politique. En cherchant à explorer dans le fonctionnement des associations les modalités de l'encastrement des services dans la dynamique associative, nous posons l'hypothèse d'une crise de la régulation socio-politique de ces organisations traversées par une pluralité de logiques d'action et de légitimités, activée par la dilution de la solidarité institutionnelle de l'État social. Cette mutation en appelle à de nouvelles régulations entre ces trois acteurs, toutes parties prenantes de l'action collective, que sont les administrateurs, les professionnels et les usagers. C'est l'enjeu institutionnel du changement auquel les associations sont confrontées aujourd'hui.

Telle est la question associative que cet ouvrage tente d'explorer à travers diverses contributions qui sont autant d'éclairages sur la question de la démocratisation de ces organisations.

Apparu dans le secteur social et médico-social dès la fin des années 1970, le thème du changement ne cesse d'être présent, réactualisé au fil des situations. Défini comme le passage d'un état à un autre, il perd de son sens lorsqu'il s'agit de rendre compte d'un mouvement qui s'inscrit dans la durée. Ce qui entretient l'actualité du changement est autant l'avènement d'éléments nouveaux qu'une prise de conscience progressive et diversifiée d'une évolution dont on ne maîtrise plus ni le contenu, ni le sens. L'homogénéité du monde d'avant était le résultat d'une capacité à rendre compte de l'intelligibilité des situations vécues et observées localement avec une représentation de l'État social déployé dans le cadre d'une nation. La prise de conscience aujourd'hui porte sur cette difficulté, voire impossibilité à articuler dans l'espace concret d'une organisation associative, *a fortiori* au niveau d'un réseau national des observations disparates, hétérogènes dont la mise en relation révèle des paradoxes et des contradictions. Ainsi, le discours de nombre de dirigeants mais aussi des acteurs de terrain que sont les salariés ou les bénévoles chargés d'intervenir auprès des bénéficiaires est clivé entre l'avant et l'après, entre une vision homogène et une situation hétérogène, entre une époque où cela avait un sens et aujourd'hui où on ne sait plus, entre une pratique de concertation et une instrumentalisation des savoir-faire. La liste de ces renoncements ou de ces incertitudes reflète tantôt une vision pessimiste voire nostalgique, tantôt une volonté de tirer le meilleur parti pour répondre aux inquiétudes des uns et des autres.

Il nous faut donc prendre au sérieux cette rupture d'un présent historique, instaurée par la volonté de donner un sens à un monde dont l'intelligibilité ne peut plus être trouvée dans un ailleurs, mais requiert un travail réflexif sur les pratiques de fonctionnement. Or, notre monde « moderne » est marqué par l'avènement de l'individu. En cela, les associations ont surgi dans cette modernité. Bien avant leur reconnaissance légale en 1901, elles ont été des espaces en rupture avec l'ordre ancien où les individus libérés de leurs attaches héritées s'organisaient d'une manière autonome pour répondre à des besoins de leur vie quotidienne et sociale. L'association au tournant du XIXe siècle est la figure emblématique d'une solidarité socio-économique fondée sur des principes démocratiques. En ce sens elle naît et se développe dans une société d'individus, en rupture avec cette vision communautaire postulant le collectif. Aujourd'hui, elle est traversée par le double mouvement d'une rationalisation croissante sous l'effet d'une économie de marché hégémonique qui contraint l'individu à assurer lui-même les conditions de son existence de plus en plus précaire, et d'une requête à plus d'individualité dont l'existence requiert des étayages sécurisants. Non seulement, elle n'échappe pas à cette tension de la modernité, mais elle est sollicitée comme espace où le sujet peut se construire dans son autonomie et dans sa relation aux autres. L'association relève d'une construction socio-historique qui cherche à réguler cette tension, et à réduire le risque d'une fragmentation. La crise de la régulation évoquée précédemment atteste de la fragilité structurelle de l'association que l'institutionnalisation cherche à consolider.

En suivant le fil de la question sociale, celui qui trace la montée de l'individu, son exposition sur la scène sociale et les réponses institutionnelles qui visent à réduire l'écart de la réalité sociale avec les principes de liberté et d'égalité, fondateurs de la communauté politique, on voit l'émergence du fait associatif dans une pluralité de conceptions de la solidarité. L'institutionnalisation de la solidarité dans le cadre de l'État social, n'a pas seulement conforté ce travail de la société sur elle-même, elle en a fixé des cadres régulateurs au risque d'en brider les initiatives exerçant ainsi un pouvoir organisationnel au nom de l'intérêt général. Ainsi d'entrée, et saisie dans l'histoire de la question sociale, l'association apparaît comme une mutualisation de ressources, fondée sur la liberté individuelle de s'associer et dont le principe de coordination est celui de l'égalité entre membres associés (chap. 1).

Si ce pacte associatif semble disparaître aujourd'hui sous les effets du développement des activités et de leur professionnalisation, il n'en subsiste pas seulement des traces dans la culture associative. Les identités de métiers, qui se sont construites dans ces organisations fondées sur des engagements de solidarité, offrent des ancrages à ces valeurs de référence. Elles se transmettent ainsi entre administrateurs et professionnels et contribuent à la pérennisation du bien commun par-delà les statuts des uns et des autres (chap. 2).

L'analyse institutionnelle de l'histoire singulière d'une diversité d'associations met en évidence une forme de correspondance entre les dynamiques d'émergence et les courants historiques de la solidarité. On y lit une logique d'action collective régulatrice des engagements individuels qui légitime un principe d'action. Il s'y forme ainsi une communauté d'individus en référence à un bien commun défini dans un espace public selon des modalités relevant de ce principe d'action. L'enjeu de la reconnaissance des associations par les pouvoirs publics est la légitimité à faire valoir ce bien particulier comme relevant de l'intérêt général, c'est-à-dire de la puissance publique. Ainsi, la dimension politique de l'association s'en trouve directement questionnée. D'où la confrontation entre deux conceptions du politique, celle de l'engagement civique à faire émerger un bien commun à partir des biens particuliers et celle de la puissance publique à le définir et le mettre en œuvre. Le compromis institutionnel reconnaissant les associations comme lieux de l'émergence des questions sociétales en contrepartie du financement de leurs activités, réalisé au sein de l'État social, s'en trouve remis en jeu à travers une multiplicité de changements socio-économiques, mais aussi de l'action publique elle-même. La régulation institutionnelle y est mise à l'épreuve. Il y a alors affaiblissement de cet espace public particulier, dimension politique de l'association, et intégration dans les dispositifs publics au nom de l'intérêt général (chap. 3).

La lecture de l'histoire d'une association qui a traversé deux siècles nous donne à comprendre ce passage de la philanthropie à une logique publique. Leur coexistence dans le fonctionnement actuel est l'un des enjeux de la gouvernance. De plus, l'analyse socio-économique dévoile ce que peut signifier l'hybridation des ressources pour une association d'action sociale dont les activités sont financées par les pouvoirs publics ainsi que la dynamique d'innovation qu'elle sous-tend (chap. 4). Plus récente, une association de parents d'enfants handicapés, à la recherche d'une réactivation de son projet, s'interroge sur son identité parentale. La réflexion dirigeante présentée ici, cherche à légitimer un processus de rationalisation organisationnelle suscité par l'administration publique soucieuse d'outiller l'association pour la gestion de son développement (chap. 5).

Les mutations de l'action publique n'ont pas seulement placé l'association dans des environnements complexifiés et incertains, quittant ainsi la tutelle bienveillante d'un État central et donc lointain. Elles ont remis en question l'extériorité de cet environnement. Le territoire institutionnel ne peut être réduit à une contingence de l'organisation associative, il est le milieu dans lequel celle-ci déploie ses activités, y puise ses ressources en démultipliant les réseaux d'appartenance et d'influence. Aussi la notion d'encastrement est proposée pour rendre compte des régulations associatives dans la diversité de ses liens et de ses modes d'action. Elle donne à voir à travers trois formes de régulation les espaces d'échange et de confrontation entre les associations et les pouvoirs publics (chap. 6).

Le développement des activités associatives résulte d'une coopération avec les pouvoirs publics, parties prenantes du fonctionnement. Comme tout événement qui donne à voir les logiques latentes, un conflit entre ces différents acteurs peut faire voler en éclats le compromis historique sur lequel l'association avait fondé son développement. La mise en œuvre d'une démarche de changement négocié permet un déplacement des acteurs de leur posture initiale. S'ouvre alors la perspective d'une redéfinition des modes de coopération en référence à un projet institutionnel. L'engagement des acteurs dans la réalisation est alors possible. Le dirigeant y apparaît moins comme porteur d'un projet que comme animateur et garant d'un débat entre acteurs, régulateurs d'une pluralité de représentations et d'engagements (chap. 7).

Dans un autre exemple, le point de départ de l'action dirigeante a été la réalisation d'un diagnostic. La connaissance de la dynamique institutionnelle qu'il a produite a été réappropriée par les différents acteurs. Ayant mis en évidence la trajectoire de l'association dans les diverses phases de son histoire, ce travail a pu en légitimer une nouvelle. La démarche impulsée par la direction a incité les professionnels à définir des projets en s'appropriant les dispositions de la loi 2002-02. Une nouvelle organisation interne des services de l'association s'est ensuivie, qui tente de réactiver une dynamique associative différenciée de l'activité des services. Ici, l'action dirigeante est réfléchie en termes d'engagement citoyen (chap. 8).

Les exemples présentés ont des limites que les auteurs tiennent à interroger et dont ils livrent quelques-unes de leurs réflexions distanciées. Ces situations sont illustratives de ce que le changement impulsé, géré ou soutenu par les acteurs eux-mêmes, n'échappe pas à la question de la bureaucratisation de leur organisation. Cette critique formulée ou esquissée par les acteurs qui y sont contraints intervient au nom du sens, de la légitimité de ce changement, question cruciale et centrale de toute démarche. Il ne s'agit pas seulement d'apprendre de nouvelles règles du jeu, encore faut-il s'interroger sur le sens de ces règles, sur leurs finalités. Telle est en effet la question que tente d'explorer le dernier chapitre.

Comment en effet conclure ce parcours qui alterne des études de cas à des essais de conceptualisation, si ce n'est en se saisissant de la question du changement et de sa finalité, fil de cet ouvrage ? Depuis plus d'une décennie, celle-ci est au cœur des pratiques dirigeantes visant à une plus grande adaptation de ces organisations à leur environnement. Or, poser la légitimité du changement, n'est-ce pas aussi interroger les attendus implicites du discours sur la nécessité de s'adapter, alors que l'histoire des associations est celle d'une ouverture sur d'autres modèles que ceux véhiculés par la pensée dominante ? Il s'agit ici de prendre la mesure des incohérences, des ruptures générées par ce mouvement dominant de la modernité libérale pour les investir et créer des espaces d'explorations non seulement en réponses spécialisées, ce que savent bien faire les associations, mais aussi en pratiques de gouvernance. Se saisir de ces faits porteurs d'avenir, sans doute peu médiatisés sur la scène institutionnelle publique pour construire des modes de coopération solidaire incluant toutes les parties prenantes. Deux scénarios sont esquissés à partir de situations analysées et modélisées. Ils donnent à penser des choix possibles pour les associations en quête de projets qui visent à soutenir la démocratisation de l'action sociale et médico-sociale, à prendre le développement de la citoyenneté comme finalité de l'action sociale (chap. 9).

Cet ouvrage est le fruit d'une recherche menée conjointement par des dirigeants associatifs et une équipe de chercheurs, membres de l'axe Sociologie économique et démocratie, du LISE (Laboratoire interdisciplinaire pour la sociologie économique), dans le prolongement de l'Executive master de Sciences-Po intitulé « Sociologie de l'association et action dirigeante », dont la responsabilité scientifique est assurée par Jean-Louis Laville. Il s'agissait d'engager une démarche de diagnostic dans un certain nombre d'associations du secteur social, médico-social et de la formation de travailleurs sociaux et d'en restituer le contenu auprès des acteurs rencontrés. Puis, par une réflexion collective transversale, menée dans un groupe réunissant les présidents et les directeurs de ces associations, l'objectif était de déterminer les grands traits des systèmes sociaux tels qu'ils se présentent en association afin d'identifier les leviers d'action pertinents dans le cadre de la dirigeance associative.

C'est pourquoi, ce livre peut être aussi lu comme une mise en perspective institutionnelle de questions rencontrées par les acteurs dirigeants. Il en présente les principales références théoriques ainsi que les outils mobilisés pour l'analyse.

Que tous les participants à cette démarche réflexive soient ici remerciés. Aux côtés des signataires des textes et de Fabrice Traversaz qui a pris part à l'animation du groupe de recherche, ont collaboré à ce travail : Marie-France Bricet, Muriel Brzegowy, Christian Laruelle, Gérard Lefebvre, Jean-Pierre Pinet, Éric Villard et Jean-Pierre Wissocq, présidents ou directeurs d'association.

1

L'association, un marqueur dans l'histoire de la question sociale

Joseph Haeringer

Pour qui se propose d'explorer la place des associations dans l'action sociale, se pose la question de l'entrée dans cet univers complexe et divers. En effet, loin de constituer un ensemble homogène, le paysage actuel est le résultat d'une accumulation d'histoires qui ont laissé des traces, voire des strates dans lesquelles se meuvent les associations aujourd'hui. Comment l'aborder ? Faut-il privilégier la généalogie des grandes familles qui consacrent leurs fondateurs comme autant de personnalités hors du commun ? Mais que dire alors de ces initiatives qui se situent hors de ces appartenances historiques ? Est-ce l'histoire des institutions sociales qui permettrait de comprendre cette diversification comme autant de ruptures novatrices ? Mais pourquoi réduire les associations à des manifestations critiques des institutions ?

Une première date, 1901, attire immédiatement l'attention. Si elle fixe le moment historique d'une légitimité, elle ne peut être considérée comme le moment fondateur d'un fait social. Un rapide survol de l'histoire montre qu'il faut plutôt y voir la résurgence d'un courant qui trouve ses sources bien plus en amont. Nous ferons le choix de regarder le moment charnière du XVIIIe siècle, celui où la révolution instaurant un ordre politique nouveau promeut un référentiel faisant de l'individu le principe d'une société qui se détache peu à peu d'une compréhension religieuse du monde et inaugure une réflexion sur son propre fonctionnement. En liant le fait associatif à ce moment historique, nous validons implicitement l'hypothèse que, résultant d'une libre volonté des individus, elle est une forme d'organisation significative de la modernité qui instaure des processus de différenciation et de rupture, là où l'ordre ancien assurait sa pérennité dans un processus d'incorporation.

Autre question : quelle thématique privilégier dans cette exploration, quel fil saisir dans cet écheveau ? Si l'objectif est de mettre en perspective historique les questions rencontrées, aujourd'hui, par les associations d'action sociale et médico-sociale, il nous faut recentrer l'exploration sur cet objet, le social, dont l'émergence ne s'identifie ni aux politiques sociales, ni même aux professions sociales. L'enquête que Castel nous livre dans sa « chronique du salariat » nous offre plus qu'une somme d'informations. Ce sera notre fil directeur pour cheminer à travers les multiples événements et figures historiques afin de repérer les lieux, les thèmes autour desquels se cristallisent ces groupements volontaires et ce, dans les diverses métamorphoses que subit la question sociale.

Enfin, il nous faut un arrimage méthodologique. S'agissant d'un phénomène dont la constance dans l'histoire mérite quelque attention, il ne peut être abstrait des divers contextes dans lesquels il a pris des expressions les plus variées. Parce qu'il s'agit de regarder la manière dont les individus ont créé ou se sont saisis de ces espaces de liberté pour s'organiser, réagir, voire lutter pour un mieux-être, il faut relier la formation de ces groupements aux questions sociales du moment, à la manière dont elles sont traitées par les acteurs de la scène économique, politique et intellectuelle du moment. C'est pourquoi la question ne peut être seulement organisationnelle, un questionnement sur les dimensions institutionnelles s'avère tout autant nécessaire.

Dans la diversité de ses formes d'intervention, réglementaires, allocataires ou prestataires de services, l'action sociale vise à résoudre la tension inhérente à la société moderne entre les aspirations individuelles et la cohésion collective sans laquelle les individus ne peuvent exister librement. Elle est une réponse historiquement située à la question sociale définie comme « une aporie fondamentale sur laquelle une société expérimente l'énigme de sa cohésion et tente de conjurer le risque de sa fracture. Elle est un défi qui interroge, remet en question la capacité d'une société à exister comme un ensemble lié par des relations d'interdépendance » (Castel, 1995 : 18).

Ainsi définie, la question sociale ne peut être dissociée de celle du mouvement par lequel des individus s'associent ou se regroupent pour résoudre des questions liées à leur existence et à celle d'autrui. Bien plus, ne peut-on pas comprendre la création de ces groupements comme une mise en forme concrète de la question sociale du moment ? Si le XIXe siècle est souvent retenu pour situer l'émergence de la question sociale ainsi que l'apparition de l'associationnisme comme tentative de repenser le lien entre l'individu et la société, il n'en demeure pas moins vrai que de nombreuses initiatives et réflexions, antérieures à cette période, ont vu le jour et ont contribué à réguler cette tension. Celles-ci ont pris forme dans des regroupements plus ou moins formels, reconnus ou tolérés et puisant dans divers courants philosophiques ou religieux leurs raisons d'agir. Sans être, au sens strict du terme, les pionniers des associations actuelles qui œuvrent dans les secteurs de l'action sociale ou médico-sociale, ces groupements donnent à comprendre un processus de socialisation structuré par la tension entre des actions concrètes, mobilisant une pluralité de registres et l'affirmation de droits universels, en référence à une communauté politique.

Il s'agit en effet, de groupements réunissant ou s'adressant à des individus précarisés par les transformations socio-économiques et qui s'organisent autour d'une vision sociétale, à conserver ou à promouvoir : à qui convient-il d'apporter une aide et au nom de quel principe de justice ? Il y est aussi question des conditions de leur existence en société et des rapports sociaux qui en découlent : quelle réciprocité développer qui ne conduise à déresponsabiliser les individus ? Enfin, il s'y développe des régulations dont l'un des enjeux est la place de l'État et sa légitimité à intervenir : comment garantir la liberté individuelle et en assurer l'égalité concrète ? Ces trois interrogations qui traversent la diversité des groupements rejoignent la question sociale puisqu'il s'agit de résoudre l'épineuse question posée par l'individualisation des rapports sociaux inhérente à la modernité sociale. Telle est la problématique retenue ici.

C'est pourquoi nous aborderons cette lecture à travers celle de la question sociale : elle est un marqueur de la place des associations et de ses rapports avec l'action publique, pilotée par l'État ou transférée aux collectives locales. En effet, l'association et bien avant elle, la diversité des collectifs, a été un acteur de la question sociale, dans la résolution de problèmes de la vie quotidienne, dans l'expression critique ou dans l'exploration de formes organisationnelles répondant à des idéaux démocratiques. Elles y ont croisé d'autres acteurs, les institutions publiques chargées d'apporter assistance, mais aussi des « professionnels » qui bien avant la lettre de leur reconnaissance formelle ont développé des pratiques et des expertises référées à des savoirs. Mais les associations s'en distinguent par une pratique d'échanges de biens sociaux, fondée sur un ordre de grandeur, une sphère de justice qui leur est particulière.

Que nous apprennent cette enquête et la mise en perspective historique de réalités contemporaines ? Sans doute un éclairage sur la dimension institutionnelle des associations : elle rend compte de leur création mais aussi de leur traversée dans l'histoire, des conditions de leur pérennisation. Mais plus précisément, elle donne à comprendre l'éclosion d'initiatives souvent individuelles, leur extrême diversité, la personnalisation d'un fonctionnement symbolisée, voire mythifiée dans la figure des fondateurs. On y déchiffre encore le rapport complexe, sinon paradoxal que ces initiatives entretiennent avec l'État. Alors que s'étiole le champ institutionnel de l'État social, dans lequel nombre de ces associations se sont construites et développées, il devient nécessaire d'opérer ce retour, afin de mieux saisir les enjeux sociaux d'un processus de rationalisation auquel celles-ci sont confrontées aujourd'hui. Il ne s'agit pas d'un épiphénomène conjoncturel. Parce qu'il touche le ressort de la dynamique sociale des associations, à savoir l'émergence d'une individualité moderne, de nouvelles régulations sont nécessaires pour assurer l'autonomie de ces formes sociales particulières non dissociables de l'action publique.

À l'aube du XIXe siècle : contre l'ordre ancien, la liberté, source de différenciation sociale

L'héritage de la révolution de 1789 a ouvert un espace politique en faisant de chaque citoyen, un individu libre de tout lien de dépendance qui lui serait imposé pour avoir une existence sociale. En affirmant ce principe, la révolution a fait des individus, des citoyens souverains leur permettant de retrouver leur commune condition humaine, ce que Rousseau développera plus tard en théorisant « le contrat social » comme forme du lien social entre les individus. Mais ce que la Révolution a réalisé dans le registre politique, ne s'est pas concrétisé dans la vie sociale. Libérés de toutes les entraves de l'ordre ancien, les individus devaient « naturellement » accéder à l'égalité proclamée par la Révolution. Le volontarisme politique, encastré dans une culture d'idéaux qui a prévalu à la fin du XVIIIe siècle, n'a pas questionné la situation concrète et croissante des individus exposés à la vulnérabilité produite par la pré-industrialisation. L'individualisme abstrait dans la figure du citoyen, n'a pas modifié la vie quotidienne de l'individu concret. Bien plus, en faisant de la liberté le principe de l'ordre nouveau, le politique a enclenché un processus de redéfinition des règles de la vie en société par le développement de droits civiques protégeant la liberté des individus.

Des espaces de liberté

Si l'Ancien Régime était inféodé dans une société très hiérarchisée socialement, il n'en a pas moins été protecteur pour les individus : il était construit sur une multiplicité de groupements dont l'inclusion structurait la vie sociale et organisait les échanges économiques créant par là même de véritables monopoles générateurs de privilèges accordés à certains métiers. Cette société d'ordre inégalitaire transmettait aux individus des places sociales et des identités collectives et gérait ainsi l'accès aux biens nécessaires à l'existence de tout un chacun. L'inégalité des classes rendait cependant possible l'existence d'espaces d'échange et de reconnaissance sur le principe d'une égalité entre les membres d'une même corporation.

À côté de ces corporations, d'autres formes de sociabilité contribuaient à l'émergence d'opinions publiques, tels les cafés, les clubs et autres cercles qui ont commencé à se développer sous le règne de Louis XVI et dont on connaît l'influence dans l'éclosion du mouvement révolutionnaire : « Sous la monarchie absolue, l'association est toujours dans l'alternative entre l'illicite (assemblée défendue) et l'officiel (faire un corps et s'assembler sous autorité publique) et cette antinomie (entre l'existence de groupes formels et les régimes non libéraux) suffirait presque à expliquer que l'association volontaire, fait mineur parce que entravé sous l'Ancien Régime, s'épanouisse au XIXe siècle » (Agulhon, cité par Barthélémy, 2000 : 39). Ces espaces de socialité constitués au sein même de cette hiérarchie sociale n'en n'ont pas moins été des lieux de construction et d'expression de « l'individualisme de la distinction, lié à l'honneur de l'homme de la Renaissance » (Simmel, 2004 : 209). Au sein des sociétés réunissant des académiciens, des maçons, des membres des sociétés d'agriculture, de la société de médecine ou des bureaux du bien public, c'est la pensée des Lumières qui anime ces groupes : « Elle a voulu faire le Bien avec la seule arme des facultés raisonnables et sensibles de l'homme. Le Bien en politique (pas d'absolutisme, pas de privilèges), le Bien dans la vie de la pensée (antidogmatisme, tolérance), le Bien dans la vie concrète enfin, face aux malheurs et aux malheureux » (Agulhon, cité par Duprat, 1993 : 8).

Dans cette société d'ordres, des institutions sont chargées de traiter les individus qui vivent « en dehors », les vagabonds en particulier, c'est-à-dire ces individus qui échappent à une « société cadastrée » (Castel, 1995 : 71 et ss). Le traitement dont ces individus de la marge ou de la frange sociale font l'objet, constitue une réponse sociale, une forme de gestion de la question sociale posée à l'époque. En analysant « les métamorphoses de la question sociale » à travers l'histoire du salariat, Castel note que dès la période pré-industrielle, de multiples initiatives relèvent du « social » défini comme « les formes institutionnalisées de relations non marchandes à l'égard de différentes catégories d'indigents » (1995 : 21). Pour cet auteur, c'est l'émergence d'une institution, « le social-assistanciel », dont le fonctionnement repose sur un ensemble d'éléments : la construction de pratiques protectrices et intégratives à l'égard des indigents reconnus non valides ou dont l'incapacité à travailler est liée à l'âge, au handicap ; une spécialisation des interventions réalisées par des acteurs mandatés socialement et qualifiés ; une technicisation des pratiques visant à évaluer et sélectionner les indigents en fonction de leurs capacités ; une localisation des secours dans des espaces spécifiques répondant à une double finalité, le contrôle de ces populations et l'accès aux ressources d'existence et enfin, une sélectivité en fonction de l'appartenance à la communauté locale et de l'inaptitude au travail (*id.* : 41-43). Ce sont les hôpitaux, les asiles ou les ateliers de mendicité qui assurent cette fonction, sous la responsabilité des communes, en raison de leur proximité, ou de l'État. Le traitement y est collectif. Il relève de l'assistance et du contrôle d'une population qui échappe aux structures organisées. Ces institutions sont des espaces d'où émergent les prémices d'une professionnalité de l'intervention sociale.

Ainsi, dans cette société de l'Ancien Régime, le traitement des indigents et vagabonds qui formaient une minorité, identifiée comme facteur de troubles, auteur de violences, relevait d'institutions publiques. Il s'y opérait des pratiques de tri et d'orientation sur le critère de « l'inaptitude au travail » (Castel, 1995 : 64), activités confiées à des personnes dont c'était « la vocation » et « le métier ». Cette gestion publique de l'assistance ne se substituait pas aux formes d'aide relevant de la philanthropie ou de la charité issue des congrégations religieuses. Pour la première, ce sont les « philanthropes » qui, bien avant la Révolution, s'étaient dotés de structures propres, telles les sociétés de bienfaisance, les charités maternelles, l'association de bienfaisance judiciaire. Mais, « les fondations philanthropiques parisiennes furent aussi parmi les modèles des premières sociétés politiques de la révolution » (Duprat, 1993 : 475). De leur côté, les œuvres caritatives, d'inspiration théologique fondée sur la figure du pauvre, dont les traits prennent sens dans l'incarnation d'un amour divin pour les hommes, ne vise pas une modification de leur situation sociale. Le désintéressement dont elles font preuve relève du commandement de l'amour du prochain fait aux chrétiens, obligation de donner, dans l'attente d'être reçu au royaume des cieux. Charge aux institutions religieuses de réguler cette tension inhérente à la foi chrétienne. L'histoire nous montre que celles-ci ont été aussi des institutions non dénuées du souci de rétributions immédiates.

La liberté à l'épreuve de l'égalité

Ce XVIIIe siècle fut marqué par la naissance de l'industrialisation qui a touché progressivement les formes de socialisation les plus anciennes. Si en France, ce mouvement s'est réalisé plus lentement que dans d'autres pays, on le doit à une forte résistance ou à l'emprise de ces formes traditionnelles liées à une économie essentiellement rurale et marchande. Mais c'est au nom de la liberté que s'opère au sein de cette société un mouvement de différenciation qui a pour effet d'ajuster les formes sociales existantes aux nécessités de l'industrialisation naissante.

Alors que l'activité professionnelle, les métiers, ne pouvaient exister que dans les corporations, le travail organisé dans les nouvelles structures industrielles, qui regroupaient un nombre important d'ouvriers, devient peu à peu un objet de transaction formelle dont il faut préserver le libre accès. Associé jusque-là à l'obligation disciplinaire imposée aux « indigents valides » dans les dépôts de mendicité, le travail devient une ressource à laquelle doivent accéder tous les citoyens quelle que soit leur condition. Ainsi, en 1796, Turgot justifiait l'abolissement des jurandes et des confréries professionnelles qui encadraient le travail: « Nous voulons abroger les institutions arbitraires qui ne permettent pas à l'indigent de vivre de son travail, qui éteignent l'émulation et l'industrie » (cité par Castel, 1995 : 178). Cependant, ces confréries ne disparaissent pas pour autant, car il s'agit moins de supprimer l'institution que d'en inventer d'autres, mieux adaptées à l'exigence de liberté et plus clairement dissociées de l'Ancien Régime.

C'est dans ce contexte qu'il convient d'analyser la loi Le Chapelier du 2 juin 1791, proclamant « l'anéantissement de toutes espèces de corporations de citoyens de même état et profession étant l'une des bases fondamentales de la Constitution française, il est défendu de les rétablir de fait, sous quelque prétexte et sous quelque forme que ce soit » (cité par Gueslin, 1998 : 20). L'interdiction ne porte pas sur les associations en général, mais sur ce qui entrave la liberté d'accès au travail, en particulier, la coalition d'ouvriers constituée autour de « prétendus intérêts communs ». Alors que les compagnons charpentiers pétitionnaient une augmentation de salaire, en se référant aux principes de liberté et d'égalité proclamés par la Révolution: « L'assemblée en déclarant les Droits de l'homme, a certainement voulu que la Déclaration des droits serve à quelque chose à la classe indigente qui a été si longtemps le jouet du despotisme des ci-devant maîtres », le maire de Paris leur répondit: « Tous les citoyens sont égaux en droit, mais ils ne le sont pas en facultés, en talents et en moyens [...] une coalition d'ouvriers pour porter le salaire de leur journée à un prix uniforme, et forcer ceux du même état à se soumettre à cette fixation, serait donc évidemment contraire à leurs véritables intérêts » (*id.* : 199-200).

On observe ici la confrontation du principe général d'égalité, posé en référence à la Déclaration des droits de l'homme, à celui d'une reconnaissance de l'inégalité de fait dont la résorption relève d'une mise en concurrence, d'une émulation en fonction des talents et des motivations des individus. Des sphères de justice apparaissent dans leur différentiation, l'une politique fondée sur une communauté d'égaux et libres, l'autre économique qui en appelle à une responsabilité personnelle qui postule l'autonomie individuelle. Dans ce contexte, la notion de contrat permet de résoudre la tension entre le principe de liberté et celui d'égalité : liberté reconnue à tous d'accéder au travail comme moyen d'existence, en substitution des corporations qui en gérait l'accès, en contrepartie d'une responsabilisation accrue des individus. L'État est alors requis pour garantir le libre accès au travail, tandis qu'il est sollicité pour assurer un système de secours pour ceux dont l'autonomie est défaillante[1]. Les droits civiques codifieront ces nouvelles règles de la vie sociale.

L'extension du principe de liberté

En cette fin du XVIIIe siècle, un premier mouvement désencastre le travail jusqu'alors inscrit dans une diversité de registres et d'échanges obligatoires. Il en fait l'objet formel d'une liberté individuelle, adaptée à une économie libérale naissante. En interdisant les regroupements d'ouvriers, identifiés comme des coalitions d'intérêts, résurgence des anciennes corporations, la loi Le Chapelier situe la liberté du travail sur un registre spécifique, celui

1. Le Chapelier attribue à la Nation la mission de protection sociale, jusque-là assurée par les confréries.

d'une « convention libre, d'individu à individu ». À cette aune, les anciens groupements associant des gens de métiers sont qualifiés par les libéraux de foyers de résistance. Ils n'en demeurent pas moins des espaces qui continuent à être investis par les individus, dans une société en profonde transformation, car ils sont des étayages collectifs pour des groupes de plus en plus exposés à la précarité. Dans le processus de rationalisation économique, marqué par le désencastrement du travail, érigé comme valeur en soi, les groupements d'ouvriers et d'artisans attestent de la force d'une économie encastrée dans les structures sociales existantes, quoique inégalitaires, relevant d'une hiérarchie d'ordres. Il leur est opposé la liberté d'accès au travail, associée à celle de promotion individuelle. C'est dans ce contexte que se constitue une coalition d'élus et de personnalités issues de la bourgeoisie pour solliciter l'État dans un double rôle, celui de protéger la liberté de travail en déréglementant toutes les formes de travail existantes et celui d'assurer par des institutions spécifiques un social pour les indigents dûment reconnus comme invalides. À travers la diversité des dispositions légales évoquées précédemment, l'État est requis de veiller à ce que les besoins privés des individus liés à la maladie, à l'indigence, restent dans le champ de l'assistance et ne viennent investir ni la sphère de la production, ni celle du politique.

Tandis que le travail est inscrit dans un espace économique propre, le social assistanciel, défini comme un système d'aide reposant sur des échanges non marchands, est du ressort des institutions publiques. Cette autre logique structure un champ particulier qui s'installe entre les individus et la communauté politique et vient en quelque sorte remplir l'espace laissé peu à peu vacant par les structures sociales antérieures dont on a vu qu'elles étaient intégrées aux corporations. Ces institutions du social préfigurent les dispositifs qui se développeront ultérieurement, chargés de construire et de différencier « les profils d'indigents » en nombre croissant. Elles symboliseront ce que d'aucuns appelleront « la dette inviolable et sacrée de la nation à l'égard des citoyens dans le besoin » (Castel, 1995 : 30). À côté, la philanthropie issue de la pensée des Lumières se tourne vers les pauvres et les nécessiteux, au nom de la raison humaine orientée vers l'accomplissement du Bien. Elle sera érigée en valeur centrale de la Révolution : « On obtient la liberté par le courage, mais on ne la mérite que par des vertus. [...] Les Français méritent la liberté puisqu'ils honorent la bienfaisance » (Duprat, 1993 : 478).

Enfin, la régulation entre ces deux processus est assurée par l'État, figure minimale de ce qui deviendra l'État social. Elle ne supprime pas pour autant certaines de ces formes anciennes. Une pluralité d'institutions persiste, qui intègrent les individus selon des régimes de justice différents, afin de leur assurer une distribution de biens sociaux nécessaires à leur existence.

La libéralisation du travail, sous l'égide du politique, a joué comme un principe différenciateur dans une société d'incorporation. Elle en appelle à la capacité d'autonomie de chacun et instaure de ce fait la concurrence entre individus. C'est la promotion de l'individualité dans une double acception, celle d'un être sociable, soumis à l'obligation de rechercher les conditions d'une existence autonome et celle d'un être spécifique, appelé dans l'affirmation de sa liberté à se différencier de ses semblables. L'articulation de ces deux mouvements devient alors problématique : elle alimente la question sociale dans ses diverses « métamorphoses » mais elle se retrouve aussi dans la dynamique de résistance opposée par la persistance de groupements d'individus face aux interdictions réitérées des pouvoirs publics, comme si les individus y construisaient les termes d'une existence confrontée aux mutations de la société.

Entre la philanthropie morale et l'associationnisme révolutionnaire : la solidarité

Dans le contexte d'une libéralisation de l'accès au travail qui a fragilisé l'intégration des individus en différenciant les sphères de l'existence, d'autres réponses sont apparues pour tenter de faire face à la massification d'un paupérisme qui ne pouvait être réduit aux seuls indigents, mais qui touchait aussi les « classes laborieuses » dont l'insuffisance des revenus tirés du travail et les précarités, qui en découlaient, ne permettaient pas de s'inscrire dans une spirale de la promotion et du progrès, promis par nombre de représentants du peuple. À la différence des indigents, qui se situaient à la frange de ce mouvement de libéralisation, ceux-ci sont au cœur de l'activité économique et sont les témoins de promesses non réalisées. De plus, l'industrialisation se développant, il y avait nécessité à stabiliser les travailleurs dans leur nouvelle condition et à les fidéliser par l'aménagement de situations plus favorables.

Le recours à la bienfaisance

Les institutions existantes ont rapidement révélé leurs limites. Les centres hospitaliers relevant de l'assistance confessionnelle ou publique se sont surtout adressés aux indigents invalides, tandis que les bureaux de bienfaisance établis dans les territoires communaux restent isolés car liés au volontarisme des responsables locaux. Ils ne peuvent répondre à cette massification des besoins. De plus, leur extension reviendrait à généraliser l'octroi de secours, jusque-là réservé à des indigents invalides : « Posons comme principe que le gouvernement ne peut pas seul se charger de l'entretien du pauvre ; mais, le mettant sous la sauvegarde de la commisération générale et de la tutelle des gens aisés, il doit donner l'exemple d'une bienfaisance limitée dans ses moyens » (Delecroy, cité par Castel, 1995 : 235).

Devant un tel constat, et un tel encouragement à la vertu de bienfaisance, naît une prise de conscience des élites sociales qui prend forme à travers une diversité de « patronages » exerçant une véritable tutelle d'ordre moral sur ces populations dont l'état est assimilé à une minorité morale : « La pauvreté est à la richesse ce que l'enfance est à l'âge mûr » (Baron de Gérando, cité par Castel, 1995 : 236). Guizot parlera de « capacités » et Le Play d'« autorité sociale ». Il s'agit là d'une réponse d'ordre politique en référence à la pratique d'un suffrage jusque-là censitaire. Ainsi, le contrat social d'antan reposant sur une volonté également partagée entre individus naturellement égaux, devient un contrat de tutelle morale établissant une hiérarchie et des liens de dépendance au nom d'un ordre moral[2]. Cette philanthropie se situe dans le train d'une économie de marché issue de l'essor industriel.

Nombreuses sont les initiatives relevant de cette inspiration : « Au début du XIXe siècle, les sociétés philanthropiques sont au nombre d'une quarantaine dans la capitale. On leur doit diverses fondations en faveur de l'école, de l'épargne, de la prison » (Chauvière, 2004 : 46). Trois figures sont exemplaires de ce mouvement qui se développe jusqu'en 1848. Guizot et sa Société de morale chrétienne fondée en 1821 qui réunit nombre de notables issus de milieux chrétiens, financiers et industriels. C'est encore Frédéric Ozanam, fondateur de la Société Saint-Vincent-de-Paul visant à former les jeunes catholiques à la pratique des bonnes œuvres. Il se perçoit comme un « médiateur » entre « le paupérisme envahissant, furieux et désespéré et une aristocratie financière dont les entrailles sont endurcies » (*id.* : 241). Dans la seconde moitié du XIXe siècle, Frédéric Le Play, fondateur de la Société d'économie sociale pour qui « le patronage volontaire est aussi efficace que l'ancien régime

2. Castel note : « Il peut y avoir de nouvelles tutelles à partir du moment où existe entre les sujets sociaux une dénivellation telle qu'elle interdit qu'ils passent un contrat d'échange réciproque : entre le riche et l'indigent, le compétent et l'ignare, le médecin et l'aliéné, le civilisé et l'indigène. Ces tutelles peuvent être provisoires ou définitives, en fonction du caractère transitoire ou permanent de la relation d'inégalité. Mais elles n'expriment plus l'irrationalité d'héritages archaïques lorsque la société était gouvernée par les principes du despotisme et plongée dans l'ignorance », *op. cit.*, p. 238. L'auteur renvoie à ses travaux sur la relation thérapeutique dans le cadre de l'aliénisme. Il y faisait remarquer que « le traitement moral suppose un rapport d'inégalité entre le médecin représentant de la raison et le malade privé de l'usage de ses facultés. Mais cette tutelle est une tutelle savante, en principe fondée sur le savoir psychiatrique et contrôlée par la déontologie médicale dont l'objectif est la guérison de l'aliéné ».

des contraintes pour combattre le paupérisme » (*id.* : 242). Sociologue, il met au point une méthode d'observation des faits sociaux à l'aide de monographies de familles ouvrières dont s'inspireront nombre de praticiens (Chauvière, 2004 : 48).

Si le libéralisme de la période précédente était révolutionnaire, car il brisait les chaînes des corporations anciennes, celui-ci est « restaurateur d'un ordre social ». À travers la diversité des personnalités et des courants de pensée qui les composent, ces sociétés témoignent toutes d'une même volonté de restreindre l'intervention de l'État à la gestion de l'ordre public et à son double, le social-assistanciel. Cette coalition libérale et moralisatrice n'implique pas un laisser-faire social, bien au contraire. Elle s'exprime par une forte mobilisation des élites issues des diverses classes sociales à s'occuper, voire corriger, les effets pervers de l'industrialisation. Pour Castel, c'est là que se forge « la question sociale version du XIXe siècle, la question du relèvement des classes travailleuses gangrenées par la plaie du paupérisme. [...] Il s'agit de soulager la misère, non de repenser à partir d'elle les conditions de l'existence d'un pouvoir » (*id.* : 246).

Dans la seconde moitié du XIXe siècle, le processus de moralisation prend forme dans trois domaines : l'assistance aux indigents se technicise en s'appuyant sur les sciences sociales naissantes, elle profile le futur travail social ; pour les travailleurs, c'est l'institutionnalisation de structures de prévoyance volontaire constituant les « prémices d'une société assurantielle » ; enfin, le patronage assuré par les élites dirigeantes afin d'assurer la paix sociale dans les entreprises, indispensable pour leur développement. Les interventions sociales qui s'y développent relève d'une tutelle, tentative de prévention des conflits sociaux en mobilisant les principes d'ordre moral. Évitons cependant d'opposer ces diverses formes qui trouvent leur complémentarité dans les pratiques philanthropiques issues de la Révolution. Pour Duprat (*id.* : 477) une double démarche caractérise ces dernières : « La fréquente simultanéité des participants aux secours publics et aux œuvres libres. De l'autre, la coïncidence d'une activité praticienne d'assistance et d'une activité d'enquête et de proposition réformatrices. Ces pratiques ne doivent pas être dissociées. Elles ont des conséquences tant sur les relations de classe que sur la perception de la question sociale. » Cette même volonté d'articuler l'idéal républicain et la bienfaisance privée se retrouvera à la fin du XIXe siècle chez les réformateurs (Topalov, 1999).

La mutualisation des ressources

À côté, les sociétés de secours mutuels[3] qui se sont créées sur la base d'une adhésion volontaire et s'inscrivant ainsi en contrepoint des corporations anciennes, expérimentent des formes de mutualisation des ressources afin de faire face aux risques auxquels s'exposent leurs membres, les travailleurs et leur famille. Tolérées, voire encouragées, elles sont néanmoins mises sous surveillance, car elles sont suspectées de devenir des espaces de contestation de l'ordre social, sous couvert d'une socialité primaire : « Elles sont de véritables familles qui doivent avoir presque tous les traits des familles privées. [...] Si ces sociétés cessent d'être des groupements entre des personnes se connaissant les unes les autres, ce ne sont plus des sociétés dans le sens où nous les comprenons, ce sont des associations générales, elles cessent d'être fraternelles, c'est autre chose » (d'Azy, cité par Castel, *id.* : 253). Soubiran-Paillet note, en effet, que « d'après les rapports de presque tous les procureurs généraux après 1848, la plupart des sociétés philanthropiques, formées sous les noms de sociétés de secours mutuels et de sociétés fraternelles, ne sont que des sociétés politiques déguisées » (cité par Barthélémy, 2000 : 44).

La tension est forte entre ces deux formes, dont les logiques différentes ne peuvent qu'amplifier les antagonismes. L'association

3. À la suite d'Hatzfeld, Chauvière note qu'à côté des sociétés implantées dans les milieux ouvriers, d'autres sociétés de secours mutuels « populaires » étaient ouvertes à différentes couches de la société (petits patrons, artisans, ruraux, etc.), *op. cit.*, p. 49.

ouvrière apparaît alors comme l'alternative au patronage : « Nous sommes certains, par l'association, de pouvoir nous appartenir et n'avoir plus de maîtres » (l'Atelier, cité par Castel : 263). L'enjeu de cet antagonisme est la question de la répartition du pouvoir d'une organisation destinée à répartir des biens sociaux entre ses membres. Principe de justice, s'il en est. Les sociétés de secours qui réalisent la mutualisation de ressources dans le cadre d'un régime d'égalité entre leurs membres, constituent une forme de solidarité démocratique. Elles inscrivent leurs pratiques de partage dans un espace visant un égal accès aux délibérations et constituent de ce fait, un ferment critique pour les institutions politiques fondées sur la représentation.

Les événements révolutionnaires de 1848 ont mis en évidence cet antagonisme en revendiquant la souveraineté populaire affirmée en 1789 et contenue dans la proclamation de la République, ainsi que dans l'instauration du suffrage universel. Le rejet de la philanthropie s'est fait au nom d'un droit au travail : « Le gouvernement provisoire de la République s'engage à garantir l'existence de l'ouvrier par le travail. Il s'engage à garantir du travail à tous les citoyens. Il reconnaît que les ouvriers doivent s'associer entre eux pour jouir du produit de leur travail[4]. » Ainsi, l'idéal d'une démocratie républicaine, concrétisé sur le plan politique par le suffrage universel est directement mis en relation avec la revendication d'une démocratie sociale. La tentative, mise en échec par la répression qui a suivi les événements de juillet, est celle de « la greffe directe d'une démocratie sociale assurant le droit au travail (et à la libre association des travailleurs), sur la forme de la démocratie politique promue par le suffrage universel » (Castel, 1995 : 273).

Sans rentrer plus avant dans la succession des événements et du processus d'élaboration d'un État social, retenons cette effervescence sociale et intellectuelle comme l'expression d'une nouvelle

4. Décret du 25 février 1848, cité par Agulhon (Castel, 1995 : 270).

formulation de la question sociale, traduction sociale de l'idéal républicain. Elle est le point de rencontre entre le mouvement ouvrier dont les collectifs associatifs n'ont jamais disparu, les théoriciens de « l'associationnisme » dont s'est dégagé « le solidarisme » qui formulera une conception de la société fondée sur des « associés volontaires » et enfin la République, troisième du nom, figure de l'intérêt général à travers l'État social.

Pour le solidarisme conceptualisé par Léon Bourgeois, Alfred Fouillée, Charles Gide ou Célestin Bouglé, le contrat est central, car il substitue à l'association de fait, issue des liens naturels, l'association de droit, résultant d'une volonté collective qui prend en compte les intérêts des individus en établissant les conditions d'une répartition, fondée sur la conscience d'une dette[5]. Contrairement aux philanthropes et aux patronages, celle-ci ne résulte pas d'une relation obligée à l'égard d'un bienfaiteur, mais d'une conscience d'appartenir à une lignée générationnelle, les ancêtres, mais aussi les descendants. C'est parce que l'individu jouit d'un « capital commun de l'association humaine », qu'il doit contribuer à en assurer la transmission. Or, cette gestion suppose des règles qui en assurent une répartition équitable, en fonction des besoins des uns ou des autres, tantôt créanciers, tantôt débiteurs. Elle suppose des charges assumées et des avantages répartis. Si l'État en a la capacité parce que légitimé par la République, il n'en est que le garant, l'instrument au nom de la société. C'est le fondement du « quasi-contrat, parce que rétroactivement consenti » par chacun de ses membres, défini par Léon Bourgeois.

Or, pour que ces règles soient légitimes aux yeux des individus, il est nécessaire qu'elles fassent régulièrement l'objet d'un examen démocratique. Un véritable contrat d'assurance pourra alors être établi, non sur la base d'un calcul des risques, mais sur celui d'une conception de la solidarité. Elle donnera naissance aux diverses

5. Pour ce résumé, voir Chanial, « La République, la question sociale et l'association », in *Annales de la recherche urbaine*, juin 2001.

formes d'assurance sociale, mais aussi à la notion de « propriété sociale » (Castel), offrant aux salariés, et attachées à leur statut, les garanties d'un patrimoine social dont l'origine se trouve dans les cotisations sociales, et les règles dans les fonctionnements démocratiques des institutions gestionnaires. Ainsi, tous les objets constitutifs de la vie en société (propriété, assurance, économie, droit et État) sont redéfinis en termes sociaux, mis au service de cette « solidarité ».

À côté de ce courant réformiste, le courant socialiste a tenté de faire valoir une conception radicale de l'idéal républicain. Si Benoît Malon prône une extension de la propriété collective des moyens de production, il la perçoit non comme une emprise de l'État, mais comme la mise à disposition de collectifs de travailleurs, réunis en associations. Dès lors, ces vertus que les patronages tentaient de susciter auprès des travailleurs, seront cultivées au sein de ces associations de producteurs. Ainsi, fondées sur le travail, ces entreprises seraient des lieux de développement des vertus civiques.

Dans son prolongement, Jaurès conçoit la propriété sociale comme mutualisation des moyens et comme répartition nouvelle des pouvoirs. C'est dans cette perspective qu'il dépose une proposition relative à l'organisation des caisses coopératives de secours, de retraite. En défendant des dispositifs de retraite pour les travailleurs, il s'agissait de répondre à un principe de justice sociale et non de simple répartition, celle consistant à faire payer les riches. « Égale dignité, mais surtout égale citoyenneté [...] c'est l'avènement de la citoyenneté et de la démocratie sociales » (Chanial, 2001).

Si la question ouvrière a dominé la scène sociale en cette fin du XIXe siècle, d'autres ont fait l'objet de constructions particulières, comme autant de déclinaisons issues d'un processus de différenciation des publics fragilisés, à protéger, voire à contrôler. C'est ainsi l'enfance, note Chauvière, qui fait l'objet de traitement particulier : « Par-delà la question de la dévolution de l'autorité sociale sur l'enfant, se construit progressivement une complémentarité pratique entre l'enfance coupable et l'enfance matériellement ou moralement abandonnée, servie par des savoirs et des pratiques nouvelles » (*op. cit.* p. 52). La notion de « l'intérêt de l'enfant » constitue un principe d'intervention, discriminant des pratiques d'intervention ; c'est encore la famille à travers les allocations mensuelles de 1913, devenues les allocations familiales en 1932.

La clôture législative sur une forme sociale

Cette effervescence, riche d'expérimentations et de conceptualisations, s'achève par un certain nombre de dispositions législatives. En reconnaissant la liberté d'entreprise fondée sur la propriété et l'accumulation de capitaux privés (1867), puis celle de la presse (1881), en octroyant un statut particulier aux organisations syndicales (1884), puis à la liberté de s'associer (1901) et un peu plus tard aux mutuelles (1910), la IIIe République reconnaît des libertés publiques qu'elle encadre dans des sphères d'activités spécifiques. Ainsi, s'achève ce processus de différenciation institutionnelle initié dès le XVIIIe siècle et qui fait émerger, par la diversité des initiatives, une société civile distincte de la sphère économique dont l'autonomie est réaffirmée, ainsi que de la sphère politique organisée sur le mode d'institutions représentatives.

Cette différenciation n'opère pas seulement dans la construction de secteurs spécifiques, l'économie de marché, le social assistanciel, la philanthropie fondée sur la compassion et maintenant l'économie sociale. S'y développent deux registres d'intervention : un principe d'action « formel[6] » dans la construction d'outils, les

6. Les termes « formel » et « concret » font référence à la distinction, établie par M. Weber, entre la « rationalisation formelle » et la « rationalisation matérielle ». La première vise une systématisation selon une logique interne, un corps de règles et de concepts juridiques abstraits. La seconde se réfère à des intérêts extra-juridiques (économiques, politiques, éthiques, etc.) dans la production des lois et des normes. Cependant, comme le fait remarquer Lallement, Weber ne dissocie pas les deux logiques, mais cherche à analyser la tension entre ces deux rationalisations : « La

techniques de l'assurance, qui permettront la généralisation des dispositifs de sécurité sociale aux salariés, véritable « propriété sociale » garantie par des droits et qui est à l'œuvre dans l'économie de marché ; un autre principe d'action « concret » est à l'œuvre dans les organisations de l'économie sociale et dans les groupements ou sociétés de secours. Lieux de proximité avec les populations, les associant, et ce faisant, expérimentant des formes de participation, ces groupements concrétisent des principes issus de l'idéal républicain dans les questions de la vie quotidienne de ces groupes. Mais repris dans le cadre de l'État social de la IIIe République, ils seront généralisés et deviendront des formes sociales qui inspireront les dispositifs ultérieurs et qui trouveront leur légitimité dans ces diverses lois de liberté, rappelées précédemment. Bien que distincts, ces principes sont à l'œuvre dans toutes les sphères de la société et traversent les organisations qui en assurent la régulation selon des principes institutionnels spécifiques.

En cette fin de siècle, l'association émerge comme forme sociale, matrice d'une société d'individus interdépendants, issue d'une diversification croissante des institutions. Emblématique du processus d'individualisation caractéristique de la modernité, « l'association de 1901 » formalise une double liberté, celle reconnue aux individus pour s'associer et déterminer leur mode d'existence sociale et celle octroyée aux collectifs ainsi constitués pour s'organiser selon des principes de justice qui leur appartient de définir. C'est pourquoi, l'association peut être qualifiée de « forme sociale » (Simmel, 1897) de l'individualité. En effet, elle articule les deux dimensions constitutives de l'existence individuelle, celle du « rapport au monde, grand ou petit, rapport qui

---

tension entre ces deux processus de rationalisation est inévitable dans la mesure où le droit ne peut jamais rester fidèle à sa propre logique abstraite mais doit bien se plier, au risque de briser sa cohérence, aux exigences de la société concrète dont il réglemente l'ordre », Lallement : 2004, *Théorie économique et sociologie économique : Max Weber et les apories de la rationalisation économique*.

peut être d'actions ou d'idées, de rejet ou d'assimilation, de domination ou de servitude, d'indifférence ou d'intérêt passionné » et celle du rapport à soi, qui signifie que « cet être est un monde pour lui-même, centré sur lui-même, d'une certaine façon autosuffisant et fermé sur lui-même » (Simmel, 1989 : 202). La permanence de cette forme dans une pluralité d'expressions concrètes témoigne d'un fait social qui ne peut être considéré comme anecdotique ou marginal. Si elle ne peut être définie comme une institution au sens durkheimien, elle mobilise l'une ou l'autre de ces dimensions que nous désignerons par « logique institutionnelle ».

De l'arbitraire à la certitude d'un droit : l'émergence d'un champ institutionnel

Par touches successives, se construit l'obligation d'assurer aux travailleurs, et par extension aux travailleurs âgés, les ressources nécessaires à leur existence. Ce qui n'était qu'un système de prévoyance fondé sur l'adhésion volontaire, devient une obligation dont la réalisation s'effectue par prélèvements dans le cadre d'institutions, les mutuelles, et dont la gestion partenariale est assurée conjointement par les employeurs et les salariés. Par une série de dispositions, l'État en détermine les modalités : c'est la loi sur les accidents de travail (1898), la création de l'aide médicale gratuite (1893), le droit au secours pour les vieillards indigents et les invalides (1905). L'extension progressive du système assurantiel lié au salariat, ne supprime pas pour autant les initiatives privées. L'interdépendance de ces dispositifs relevant de logiques différentes, perdure : « Les secours privés privilégient les remèdes moraux et psychologiques sur les aides matérielles » (Castel, 1995 : 287).

L'idée d'une prévoyance élargie à tous les travailleurs et réalisée par l'outil de l'assurance se développe à partir de l'idée d'obligation, conçue pour l'assistance publique, à l'égard d'un certain nombre de groupes d'indigents ; « substituer à l'arbitraire de l'aumône la certitude d'un droit », dira Jean Jaurès. Cependant, alors que l'assistance mobilise une conception inégalitaire du droit puisqu'elle postule l'état d'infériorité d'une personne, l'assurance repose sur la reconnaissance de l'autonomie de la personne et de sa capacité à en contractualiser les termes[7]. Il faudra attendre « la grande transformation » caractérisée par « l'encastrement » de l'économie dans le social (Polanyi) pour voir la construction de l'État social dont l'extension recherchée devrait fonder la solidarité dans une société devenue salariale.

Ce mouvement d'extension ne s'opère pas seulement par la généralisation d'un principe, il advient aussi par la diversification des institutions ou des dispositifs qui s'adressent à des publics de plus en plus spécifiques. C'est l'assistance publique (1887) : héritière des hospices et des dépôts de mendicité de l'Ancien Régime, elle se réalise dans les communes, au plus près des indigents invalides et sans ressources ; c'est encore, la protection de l'enfance dont le traitement de la délinquance sera assuré par une institution judiciaire spécialisée (1912). Alors que la justice pénale se fonde sur l'appréciation du délit, la nouvelle justice des mineurs doit prendre en compte la personnalité et son éducabilité. D'où le déploiement d'interventions où le diagnostic et l'enquête sont privilégiés et où les principes d'éducation prévalent sur la répression dans la détermination de la sanction. Enfin, la famille sera progressivement prise en compte à travers l'attribution de subsides pour les plus nécessiteuses (1913), qui deviendront les allocations familiales octroyées en fonction de la présence des enfants, et non plus sur des conditions de ressources. Deux logiques d'intervention y sont mises en œuvre : l'une se situe dans le prolongement des

7. « Les droits ordinaires sont conférés aux hommes en fonction de quelque avantage acquis sur leurs semblables. Celui-ci (le droit au secours) est accordé en raison d'une infériorité reconnue. Les premiers mettent ces avantages en relief et les constatent. Le second place en lumière cette infériorité et la légalise. » Tocqueville, cité par Castel (1995), p. 286.

publics auxquels elles s'adressent. Il s'agira alors de leur apporter aide et assistance, ce sera principalement les interventions auprès des familles dont les différentes formes ultérieures d'aide à domicile répondront aux demandes des intéressés. Tandis que l'autre, marquant une rupture qui se traduira souvent par un éloignement des intéressés se présente comme une intervention de substitution. Cette pratique trouve sa justification dans un dispositif de protection et contribue à promouvoir l'enfance comme une période spécifique, objet de traitement particulier, qui ne saurait être laissée à la seule responsabilité du père. La notion de « l'intérêt de l'enfant » constituera un principe de justice caractéristique de ce secteur.

C'est dans ce contexte socio-politique qu'il faut replacer la dynamique d'initiatives privées, comme celle des « réformateurs » (Topalov, 1999) qui contribueront aux fondations de l'édifice institutionnel de l'État social en récusant, en particulier l'opposition entre l'assistance publique et l'assistance par le travail et à travers cette question, la division du travail entre l'administration publique et les œuvres privées. Comme le note Topalov, « une forme s'impose qui va constituer à la fois un contenu obligé de toute proposition de réforme et la limite à l'intérieur de laquelle devront s'inscrire les solutions concrètes en conflit : dans le débat sur l'assistance, des adversaires engagés dans une lutte farouche où se joue l'indépendance des œuvres privées ou leur mise sous tutelle par l'État rivalisent pour montrer que l'un ou l'autre système est le plus efficace pour réaliser un objectif sur lequel tous s'accordent : séparer les pauvres valides des autres et gérer de façon scientifique les populations ainsi catégorisées » (*id.* : 38).

Alors que l'État définit par touches successives, le champ d'un social assistanciel érigé en droits pour des groupes de plus en plus diversifiés, des initiatives collectives souvent portées par des personnalités emblématiques de divers courants religieux, philosophiques, professionnels ou politiques se saisissent de questions particulières pour un traitement plus conforme à leurs valeurs. Le processus institutionnel qui est à l'œuvre est une régulation conjointe entre un État qui cherche à organiser, voire contrôler la diversité des initiatives par la définition d'un cadre réglementaire et les associations qui sont des espaces d'initiative critique relevant d'une multiplicité de courants philosophiques ou politiques.

Une dynamique institutionnelle naissante

Cependant, que l'on regarde du côté des initiatives qui prennent forme dans l'association ou que l'on observe l'émergence des professions sociales, on peut retenir trois dimensions constitutives de cette dynamique sociale :

La création d'espaces spécifiques en rupture avec des univers domestiques et cependant, en marge des institutions existantes. Il s'agit de lieux où sont accueillis des enfants, des jeunes, où s'établissent des rapports fondés sur des principes d'éducabilité, de reconnaissance individuelle, toutes valeurs en rupture avec celles du milieu d'origine ou des institutions existantes. En même temps qu'ils contribuent à promouvoir une dignité personnelle, ils aident ces personnes à établir d'autres formes d'échanges et de relations avec la société. Ces innovations sont le fait de personnalités qui, souvent critiquées par leur famille religieuse ou leur milieu social, ont dû trouver un soutien dans des réseaux militants ou dans la création de groupes communautaires. Le courant philanthropique qu'il soit religieux ou laïc a ainsi donné naissance à de nombreuses réalisations, tel celui de « l'accueil de la mère avec l'enfant » pour reprendre l'intitulé de l'une d'elles ; à la famille excluant, l'association offre un autre espace domestique : « C'était très famille, les enfants qui étaient en pension étaient notre famille. » Elles visent la dignité des personnes e par-delà, l'acquisition d'une nouvelle identité sociale, dégagée des considérations morales antérieures : « Nous cherchions à transmettre des valeurs (pas de messages religieux) : aider à repartir avec leur enfant, la tête haute. » Il y a substitution d'un espace privé à un autre dont la fonction est d'offrir les garanties d'une reconnaissance sociale positive : « On était très ouvertes, très attentives aux mères et d'une grande discrétion ; garder le secret de ces femmes, jamais nous ne portions un jugement. [...] Il y avait un hôtel maternel, pour que les mères puissent vivre une année ou deux avec leur enfant. On était là pour les soutenir dans leur recherche de travail, d'un logement et pour l'éducation de l'enfant (crèche). Elles pouvaient aussi laisser leur enfant en pension. »

Dans le milieu urbain et industriel naissant, les résidences sociales, sur le modèle anglo-saxon des *settlements* sont les creusets des centres sociaux caractérisés par la proximité géographique des populations visées, la présence permanente de ceux qui leur proposent une aide, la dimension collective et promotrice de l'intervention dans un milieu particulier (Jovelin et Bouquet, 2005). Ces réalisations sont des lieux de socialisation fondés sur des conceptions et des principes d'action en rupture avec les milieux sociaux d'origine. Il s'y expérimente des pratiques d'émancipation, de liberté individuelle, alliées à des visées de transformation de l'environnement, pour certaines d'entre elles. Les institutions n'échappent pas à cette évolution : dans le champ judiciaire, les « maisons d'éducation surveillée » prennent le relais des colonies pénitentiaires ou correctionnelles légalisées par la loi de 1850. La juridiction des mineurs qui prend forme en 1912, avec la création des tribunaux pour enfants et la liberté surveillée, est confortée par l'action des « comités de défense des enfants traduits en justice » créés dans la plupart des tribunaux et qui deviendront ultérieurement des associations prestataires d'interventions spécialisées.

Lié à ces initiatives, se développe un travail d'analyse, de réflexion et de production de connaissances. Il est source d'apprentissage et de professionnalisation progressive qui le différencie d'autres formes d'interventions fondées sur la compassion ou la philanthropie. En se spécialisant, les pratiques ont recours à un étayage de connaissances puisées aux sources médicales et aux sciences sociales. Des savoir-faire se développent dans une interaction permanente entre une diversité de terrains et les centres de formation professionnelle. À l'école, les travailleuses sociales sont sollicitées pour un diagnostic social, complémentaire du diagnostic médical ; dans l'entreprise ce sont les surintendantes qui développent une expertise sociale spécialisée ; auprès des tribunaux pour enfants, les enquêtes sociales éclairent les magistrats sur la situation du mineur et le contexte familial et social dans lequel il vit, « préalablement à des mesures de surveillance, de protection et d'assistance ». Avec la reconnaissance de diplômes spécifiques, de nombreuses écoles du travail social se créent en référence à un savoir alimenté à diverses disciplines mais ancré dans la diversité des pratiques (Jovelin et Bouquet, 2005). Cet ancrage dans une diversité de « terrains » allie une rationalité à visée scientifique et un engagement sociétal[8]. À côté des écoles, d'autres espaces de collaboration de pratiques réunissent des scientifiques et des praticiens, c'est l'exemple de la Slepe[9]. Plus attentifs à la pratique quotidienne d'élaboration de connaissances, leurs membres réalisent un extraordinaire travail pédagogique de type scientifique pour « ne pas enfermer l'élève désigné anormal dans un cloisonnement définitif : il est toujours pensé comme un enfant normal en puissance. Il ne souffre pas tant qu'une pathologie incurable que d'un manque. Non pas malade, mais retardé. Non plus anormal, mais irrégulier, non pas incurable mais à perfectionner » (Ravon, 2000 : 132). Nous sommes loin des rapports tutélaires caractéristiques de la philanthropie du siècle dernier.

Ce travail de construction de normes, tant dans le champ cognitif que dans celui de l'action pratique, relève d'un processus de légitimation

8. Un rapprochement peut être fait avec la pratique de l'école de Chicago dont les travaux actuels soulignent « l'origine commune du développement du travail social et de la sociologie à Chicago. Les deux se sont développés, c'est-à-dire définis avant 1914 dans un seul et même milieu avec des fondateurs qui sont très proches socialement quand ils ne sont pas confondus. On retrouve dans les deux cas des idées communes : un même souci de démarche empirique et de recherche. La principale différence : dans le travail social, il s'agit de femmes qui s'approprient un sous-marché alors que le marché principal leur est fermé » (Chapoulie : 2001).

9. La Société libre d'étude psychologique de l'enfant, connue aujourd'hui sous le nom de Société Binet-Simon.

dans une démarche d'engagement réciproque sur des représentations qui font sens commun pour les membres. C'est pourquoi on peut le qualifier d'institutionnel. La référence médicale et plus largement le recours aux méthodes d'investigation et de production des sciences humaines font autorité et se substituent aux références morales dominantes. Elle étaye la reconnaissance professionnelle non dissociable d'un engagement sociétal à l'égard des publics concernés. Ainsi, « qu'il s'agisse de l'objet de son activité, entre autres la problématisation de l'anormalité scolaire, ou qu'il s'agisse de son organisation comme coopérative scientifique, la Slepe porte dans toute son action, une exigence démocratique : intégrer les élèves anormaux, réunir les hommes de science et d'éducation, donner une place quasi scientifique aux instituteurs, etc. » (Ravon, 2000, 136). À l'évidence, ce type de légitimation scientifique n'est ni unique ni exclusif d'autres principes d'action comme celui de l'hygiénisme (Jovelin et Bouquet, 2005). Ainsi, les dérives issues d'initiatives philanthropiques donnent lieu à des campagnes de dénonciation de la part de certaines personnalités, tels Alexis Dayan souvent cité ou encore Marie Rouanet dénonçant les bagnes d'enfants réalisés sous couvert d'une « maison de bienfaisance et de philanthropie placée sous la protection des lois et l'action immédiate du gouvernement » que dirigeait un ecclésiastique toulousain (cité par Jovelin et Bouquet, 2005). Ces combats publics sortent les questions d'éducation et de protection des mineurs hors du domaine privé, des rapports de domesticité marqués par la tradition dont elles étaient issues. À la morale traditionnelle s'est substituée une éthique fondée sur les droits individuels ; au caractère confessionnel qui a marqué de nombreuses initiatives, se substitue l'empreinte laïque. De nouvelles logiques d'action apparaissent qui s'appuient sur ces nouveaux professionnels sans pour autant rompre avec les formes d'engagement social antérieures : le courant de l'éducation populaire en est l'exemple le plus illustre.

Cette production multiforme naît d'une société civile où des acteurs, individuels ou collectifs, mettent en questionnement une diversité de réalités sociales concrètes au nom des principes républicains de liberté et d'égalité. C'est au sein de ces espaces publics, constitués selon une pluralité de principes que se débattent, se construisent et s'expérimentent des pratiques d'accueil et d'accompagnement pour des publics identifiés par leur fragilité, leur handicap. L'association, en tant qu'espace formel et légitime, cristallise ces rencontres entre ces pionniers dont les trajectoires révèlent des constructions identitaires au croisement d'une pluralité de courants culturels et d'engagements sociaux.

La régulation publique

L'État intervient pour coordonner ces initiatives, mais aussi pour en contrôler le fonctionnement et ce, au nom de l'intérêt général. Au tournant du siècle dernier, les débats consacrés à l'assistance publique et à la bienfaisance privée sont significatifs des luttes entre les tenants d'une action publique et ceux d'une action relevant de l'initiative privée. L'accord de principe sur lequel se clôt la dispute est une conviction partagée que « les valides doivent être dirigés vers une assistance par le travail et que celle-ci est, par essence, une œuvre privée [...] d'où la redéfinition des domaines respectifs, l'assistance publique traitera des ayants droit selon des critères administratifs, l'œuvre privée attribuera ses secours facultatifs selon des principes scientifiques fondés sur un *work test* à l'anglaise », et pour conclure, l'un des orateurs, le docteur Gibert, déclare à son interlocuteur : « Ce qu'il veut faire avec l'État, je veux le faire sans l'État » (Topalov, 1999 : 18).

Plus tard, c'est Sellier[10], ministre de la Santé du gouvernement du Front populaire, qui œuvrera pour assurer « une coordination

10. Architecte urbaniste et élu local, il fut un ardent défenseur d'une action publique municipale, en charge des domaines d'intérêt général, telles l'éducation, la santé ou l'action sociale. En initiant les coopératives de logements, il entendait soustraire ce bien collectif aux effets du marché en associant les habitants à la gestion de leur habitat. S'il fit autorité dans la conception novatrice pour l'époque, d'un urbanisme promoteur d'une vision sociale de la ville, il fut moins entendu pour sa conception d'un État fédéral. Voir Guerrand et Moissinac (2005).

des œuvres, des associations concernant l'enfance dite déficiente et en danger, et celles concernant la famille » en contrepartie d'un financement public, se substituant progressivement aux ressources privées (cité par Roca, 2000 : 198). Une Inspection générale de l'enfance est ainsi créée. Plus tard, en 1943, les Arsea[11], héritières d'un certain nombre d'initiatives privées sous la dénomination de Comité de défense et de protection auprès des tribunaux, seront officiellement chargées de coordonner ces initiatives et seront les pivots de l'intervention de la puissance publique et de la construction du secteur de l'enfance. « Instrument de collaboration entre les différentes administrations, cette institution est organisée pour la gestion d'intérêts collectifs et pour exercer une surveillance précise et permanente » (*id.*, 2000). Chargées de sensibiliser l'opinion publique sur la situation d'enfants déficients ou en danger, elles auront aussi compétence pour conseiller et aider à la création des établissements spécialisés, ainsi qu'un rôle déterminant dans l'attribution des fonds publics par un système d'affiliation.

Durant cette période d'émergence, un maillage d'initiatives s'organise dans un rapport polymorphe avec l'État, allant du soutien au contrôle. Issues de la société civile, ces initiatives visent à gérer les effets sociaux de la transformation industrielle, notamment dans les domaines de la santé, de l'éducation et de la scolarisation des enfants. Elles prennent sens dans la question sociale de l'époque qui surgit dans l'écart croissant entre les effets de l'industrialisation observés quotidiennement et l'affirmation de droits civiques acquis par une succession de révolutions. Ces initiatives trouvent leur légitimité dans le cadre de « l'association », compromis historique entre les promoteurs d'une liberté civile et les garants d'une conception républicaine de l'intérêt général (Barthélemy, 2000).

---

11. Association régionale de sauvegarde de l'enfance et de l'adolescence.

Au seuil d'une nouvelle période, il convient de souligner à nouveau le processus formel par lequel s'instaure un régime de droit en substitution progressive de principes relevant de l'assistance et de la bienveillance. Il s'agit d'un régime qui produit des catégories génériques à partir desquelles pourront être identifiés les publics spécifiques et s'organiseront des réponses adaptées. Cette montée en généralité ne peut être dissociée d'une diversité d'initiatives qui relèvent de pratiques concrètes, particulières, voire singulières. Celles-ci instituent des espaces favorables à la construction d'identités individuelles, en référence aux valeurs de respect et de dignité, en même temps qu'elles œuvrent à améliorer l'environnement socioculturel par des pratiques collectives d'aide, d'entraide dans la proximité des personnes concernées. On comprend alors comment la rencontre entre un travail social naissant et ces initiatives peut s'établir : par des personnes dont l'autorité repose sur un engagement sociétal et sur des compétences scientifiques, mais aussi par la nécessité de substituer une démarche rationnelle et laïque, dans un contexte historique marqué par la séparation de l'Église et de l'État, là où prévalaient des principes d'ordre moral. Emblématiques de ces initiatives qui ont marqué l'histoire du travail social et plus largement celle de l'action sociale, et dont sont issues nombre d'institutions actuelles, ces pionniers cristallisent des aspirations pour une plus grande reconnaissance des individus, de leur dignité dans un contexte de crise économique.

L'encastrement des associations dans l'État social

La période des Trente Glorieuses, caractérisée par une forte croissance économique et par le défi de la reconstruction du pays, est celle de la montée en puissance d'un système de protection sociale qui a vocation à faire face aux « risques de la vie » en se démarquant de toute forme caritative liée à un jugement moral sur l'individu (Join-Lambert, 1996). L'idée de progrès synonyme de mieux-être anime la société. Un cycle, vertueux par les effets d'intégration et de cohésion sociale ainsi produits, est assuré par une double régulation publique de l'économie du marché et du social. Cette dernière se réalise selon le principe de la redistribution afin d'assurer une égalité de traitement « aux ayants droit » à côté d'autres formes d'échange réciprocitaires ou domestiques. Ce système économique redistributif en appelle à un État central et fort dans sa capacité à réguler les intérêts particuliers dans le cadre de l'intérêt général et à en garantir la gestion.

Une différenciation technocratique

L'État se fait planificateur à partir d'une vision globale d'une société identifiée à un territoire national et impulse des politiques publiques sectorielles de réajustement par rapport aux politiques globales. Le référentiel de son action y est alors décliné directement de l'idéal républicain autour des notions d'égalité et d'intégration. Les associations y sont des médiateurs, traducteurs de questions issues des terrains envers les politiques, tant pour l'élaboration des textes que dans la régulation locale entre les acteurs. Elles œuvrent à l'ajustement du référentiel sectoriel par rapport au référentiel global et contribuent ainsi à la régulation visant une cohérence des politiques publiques (Muller, 1983). Ce positionnement favorise l'émergence d'une nouvelle catégorie d'acteurs, les dirigeants associatifs, interlocuteurs privilégiés des fonctionnaires de l'administration publique. Une élite dirigeante reconnue pour cette expertise naît de cette situation[12]. Les associations s'organisent en fédérations ou unions nationales dont les échelons régionaux et départementaux seront plus ou moins investis par les associations locales adhérentes à ces grandes familles représentant des courants historiques. Ainsi, la légitimité associative s'affirme dans l'espace public, par la capacité à représenter une diversité

12. Elle illustre la « loi d'airain de l'oligarchie » dans les organisations démocratiques, énoncée par Michels : 1971.

d'acteurs et à augmenter leur pouvoir d'influence. Sous un mode souvent corporatiste, il s'agit des représentants d'usagers, de parents ; ou de groupements d'experts, professionnels des secteurs concernés ; ou encore d'administrateurs et gestionnaires de structures.

Les politiques publiques constituent le cadre d'une intégration des initiatives privées qui s'accomplira dans une logique tutélaire légitimée par les financements publics, mais aussi un cadre d'intelligibilité de l'action collective par la formulation de représentations légitimées dans ce processus de concertation. Leur diversification fondée sur une catégorisation des publics est au cœur d'un processus négocié avec les associations. Ce mouvement peut être observé à travers l'exemple de « l'institution du handicap » à partir de la notion générique d'« inadaptation ». En effet, « le passage du couple inadaptation/rééducation » correspondant à la naissance de l'enfance inadaptée, à celui de « handicap/intégration » marque le tournant dans la prise en compte des personnes handicapées dont l'aboutissement est la loi de 1975 (Chauvière, 1980).

L'élaboration de la politique sociale en direction des personnes handicapées illustre la complexité d'un tel processus institutionnel marqué par des alliances, des compromis mais aussi des exclusions. Sa force tient sans doute à ce qu'il ait réussi à imposer une notion générique (« le handicap ») pour regrouper une diversité de situations, à développer une approche interministérielle jusque dans les dispositifs locaux et à reconnaître aux associations un rôle prépondérant dans l'émergence et la mise en œuvre des réponses (Barral, Paterson, Stiker, Chauvière, 2000). Adoptée le même jour de 1975, « l'autre loi » définissant les conditions de la coordination des institutions sociales parachève un dispositif complexe intégrateur de la diversité des initiatives privées. Alors que la précédente reconnaissait le caractère représentatif des associations d'usagers ou de parents, la seconde vise la coordination des structures sans mention des associations rabattues dans leur rôle de gestionnaire.

L'édifice réglementaire définit différents modes de financement qui hiérarchiseront les associations en fonction de leur statut, induisant un isomorphisme gestionnaire qui se traduira par la dissociation du technique et du politique.

La rationalisation des activités

Dans un autre champ, celui de l'urbain, on observe la transformation des associations fonctionnant comme des espaces de représentation et d'action d'habitants en prestataires de services, comme l'effet d'une rationalisation croissante des activités. L'exemple d'un centre social situé dans l'un des quartiers de Marseille, illustre ce passage d'une initiative de quelques habitants rendue possible par la présence active d'une religieuse, infirmière et assistance sociale formée au travail social communautaire et immergée depuis longtemps dans le quartier et le soutien institutionnel d'une fédération locale naissante. Comme beaucoup d'initiatives dans ce domaine, celle-ci s'inscrit dans une culture de l'entraide mutuelle dans un quartier en développement suite au rapatriement d'habitants d'Afrique du Nord. L'association constituée en 1964 se mobilise pour accueillir et soutenir les familles dans leur installation. Les activités qui s'y développent, bibliothèque, couture, sorties, réunions éducatives et alphabétisation, sont indissociables de l'engagement militant et de la capacité des personnes à coopérer dans le quartier. La reconnaissance réglementaire des centres sociaux par l'État permet à l'association d'obtenir des ressources différenciées, les unes pour les activités, d'autres pour la mise en œuvre du projet global, à travers « l'animation globale ».

Des permanents peuvent y être embauchés pour assurer la continuité des activités. Leur professionnalisation se réalise dans le cadre des nouveaux métiers de « l'animation » : « La période 75-79 amorce une diversification des activités et des préoccupations en réponse à une transformation de la composition sociale des cités avoisinantes et des problèmes qui lui sont associés avec l'arrivée massive des familles immigrées pas toujours en situation régulière. C'est à cette époque que le centre social devient un élément moteur d'un programme d'actions concertées, animé par la fédération régionale et décline son engagement aux côtés des immigrés, participant aux comités contre les expulsions, l'équipe subira des alertes à la bombe à chaque représentation théâtrale d'une jeune compagnie[13]. »

Avec la décentralisation en 1986, les centres sociaux doivent faire face à un désengagement de l'État qui assurait jusque-là une dotation au titre de l'animation globale. Celle-ci est aujourd'hui plafonnée et le financement des activités est lié à l'obtention de subventions sollicitées pour des projets d'actions dont la pérennité n'est plus assurée.

D'autre part, le développement d'instances de consultation ouvertes à des représentants des habitants dans le cadre des divers dispositifs de « la politique de la ville » contribue à marginaliser le centre en tant qu'instance de représentation des habitants et à en faire un prestataire d'activités, ce à quoi résistent les membres engagés dans l'association, bénévoles et salariés.

L'éclatement du cadre institutionnel qui régulait les rapports de l'association gestionnaire du centre social avec les pouvoirs publics, l'a transformée en prestataire de services, dissociant ainsi la dynamique associative produite par la participation des habitants et les activités relevant désormais d'une gestion rationalisée en fonction de critères abstraits, applicables à toutes les activités similaires. Le financement s'est autonomisé du projet sociétal, il est désormais adossé à des critères abstraits et universels transformant peu ou prou les habitants en usagers. Il s'y est opéré un double mouvement, celui d'un désencastrement des activités inscrites dans la dynamique associative et leur réencastrement dans une

13. Mémoire de Galus, réalisé dans le cadre de l'Executive master de Sciences-Po intitulé « Sociologie de l'association et action dirigeante ».

économie de la redistribution soumise à une logique de la rationalité formelle.

Des évolutions similaires peuvent être observées dans les services d'aide à la personne relevant originellement de la solidarité domestique. Sous l'effet de politiques ordonnées à la résorption du chômage qui y ont repéré un gisement d'emplois, il s'est opéré un encastrement de ces activités dans un champ concurrentiel, ouvert aux sociétés à but lucratif. C'est la transformation d'une action sociale sectorielle orientée vers le maintien de personnes à domicile, inscrite dans un soutien à la solidarité de proximité, en une diversité de prestations servies à domicile et codifiées en actes dont le contenu, le volume et la fréquence sont déterminés en fonction du degré de dépendance ou de fragilité sociale des bénéficiaires.

Ce changement de référentiel public, fondé sur une vision républicaine adossée à une conception égalitaire de la solidarité où il s'agissait de fournir aux individus un cadre pour l'étayage de droits les reliant ainsi à un collectif protecteur, privilégie la liberté individuelle ancrée sur une autonomie postulée de chaque individu, qui se retrouve ainsi surexposé au risque de sa propre fragilité.

Le social réinterrogé

Deux dates marquent la mutation socio-économique qui affecte les associations à travers deux lois définissant l'action sociale et médico-sociale : 1975 et 2002. La première est une loi de coordination des institutions sociales et médico-sociales. Elle consacre le rôle de l'État social comme pivot de ces secteurs, régulateur institutionnel d'activités relevant d'une économie de la redistribution. Bien qu'absentes de cette loi, les associations y voient une reconnaissance de leur action et non leur instrumentalisation. En 2002, c'est une loi de refondation qui réinscrit les services de l'action sociale et médico-sociale dans une finalité politique de promotion de la solidarité et de la citoyenneté. Elle se décline en une pluralité de modalités qui redessinent le référentiel de la politique publique autour des principes d'individualisation, de contractualisation et d'évaluation en référence à la liberté et à l'autonomie de chaque individu ou acteur collectif. Muller y voit le passage du « référentiel modernisateur » des Trente Glorieuses au « référentiel de marché » où l'État nation n'est plus le cadre de la régulation économique, alors qu'il lui revient de réajuster par les politiques sectorielles les décalages et les effets de la libéralisation d'une économie mondialisée.

Les régulations institutionnelles construites dans le cadre de l'État social touchent leurs limites face à la montée en masse du chômage d'une part, mais aussi à l'émergence d'aspirations plus individualisées. L'État se décentralise et l'action publique se complexifie par le développement de nouveaux secteurs ou territoires. Dans ce contexte de mutations socio-économiques et culturelles, un certain nombre d'auteurs se saisissent de « la question sociale » pour en reformuler les termes afin de proposer un cadre d'analyse et d'interprétation.

Dans la diversité des thématiques abordées, c'est la question de l'individu et de la place de l'État qui est posée : pour Castel, « la propriété sociale », définie comme un ensemble de droits, de protections et de services, doit assurer à l'individu la sécurité qui est le fondement de son existence. L'État social est le garant de la cohésion sociale. Pour Rosanvallon, l'individu doit retrouver une place de sujet actif et autonome, bénéficiant d'un droit articulant secours économique et participation. Providentialiste, l'État doit céder sa place à une forme procédurale plus respectueuse de la liberté et de l'autonomie des individus. Pour d'autres, il s'agit de reformuler les termes d'une solidarité fondée sur des pratiques démocratiques par lesquelles l'individu, animé d'une liberté positive s'investit dans un faire commun, un agir collectif. L'État est attendu pour qu'il en reconnaisse la légitimité et adapte ses interventions dans le respect de ces initiatives. La thématique des services sera particulièrement investie par cette réflexion soulignant que le passage d'une société industrielle à celle des services n'implique pas une hégémonie de l'économie libérale.

Conclusion

Une diversité de sphères de justice

Cette lecture de l'histoire associative qui prend la question sociale comme fil directeur, fait apparaître une dynamique de différenciation, dans la détermination des publics ainsi que dans les principes qui régissent les réponses. Parce qu'il fallait discerner « les indigents invalides », objet d'assistance et de contrôle public, d'autres qualifiés de « valides », des pratiques de catégorisation se sont développées qui définissent une diversité croissante d'institutions sociales. La désignation du public et les interventions de traitement se renforcent mutuellement et produisent des espaces spécifiques de codification, d'intégration, de régulation, voire de promotion, autant de caractéristiques durkheimiennes de ce qui fait institution.

À l'aide d'une multiplicité de catégories, il s'agissait chaque fois de construire une représentation sociale cohérente avec les idéaux politiques ou religieux. Ce faisant, ce sont des biens sociaux qu'il s'agissait de définir (ressources d'existence, soins, prévoyance, etc.) ainsi que les principes de distribution (assistance, solidarité, philanthropie, etc.). Fallait-il promouvoir le libre-échange en libérant l'initiative privée et dans quel domaine ? Favoriser les critères du mérite en s'appuyant sur une distinction individuelle ? Ou encore, partir des besoins identifiés rationnellement ou co-définis avec les intéressés ? Le débat qui a traversé l'histoire, et qui reste d'actualité, est celui de la frontière de ces divers registres, celle des limites de l'extension ou de la généralisation de l'un ou l'autre de ces principes. Le modèle qui s'y est forgé résulte de deux courants historiques qui ont conjugué leur spécificité pour répondre, dans une diversité de formes concrètes, à la question sociale : la société salariale fondée sur la notion de « propriété sociale » (Castel) trouve son inachèvement alors que l'État social des Trente Glorieuses en faisait son projet. La philanthropie, complémentaire au traitement assistanciel, s'épuise devant la massification de la misère, de la pauvreté ou plus proche de nous, de la précarité.

Le traitement de cette question n'a pas été renvoyé à la seule responsabilité de l'État, fût-il social. L'histoire montre qu'il a résulté d'une action conjuguée entre des initiatives multiples quant à ses appartenances et à ses inspirations. Divers principes et moyens y ont été mis en œuvre, qui illustrent une pluralité de principes d'action sous le terme générique de solidarité. Ainsi peut-on distinguer deux formes de solidarité construites, au-delà des liens domestiques qui structurent un système d'appartenances héritées (Laville, 2005 : 23-24) : la première est la solidarité philanthropique fondée sur un sentiment de responsabilité civique à l'égard d'autrui où cependant, le risque d'un « don sans réciprocité » peut enfermer le destinataire dans une relation d'infériorité. Une seconde forme de la solidarité mobilise un principe démocratique où l'égalité visée par un fonctionnement adapté, se réfère à l'égalité de droits reconnus à tout citoyen. Cette dernière « ne se condense pas dans le mouvement social, elle s'élargit à l'entraide mutuelle et au rassemblement des parties prenantes multiples » (Laville, *idem*). Mobilisés dans des espaces spécifiques, ces principes sont caractéristiques de ce que Walzer qualifie des « sphères de justice » pour la détermination des biens sociaux ainsi que leur distribution. C'est au sein de ces groupements, associatifs ou publics, issus de classes populaires ou des élites dirigeantes, que se sont élaborées autant de réponses visant à encastrer l'activité de production et de répartition des ressources dans des pratiques sociales.

Ce mouvement qui a conduit à la différenciation des espaces de socialisation et de codification, ne saurait occulter celui d'une homogénéisation de ces espaces, produite par l'emprise d'une rationalisation formelle qui s'opère à travers les outils de l'assurance et du contrôle. Pour ne retenir que la dernière période évoquée, l'État social, programmateur et administrateur, en est l'acteur principal. À travers la dénonciation de l'instrumentalisation des associations, s'exprime la tension, déjà mentionnée, entre deux types de rationalisation, formelle et matérielle, que doivent gérer les dirigeants associatifs. Mais cette tension est encore repérable entre la construction de catégories génériques, formelles, telle « la protection de l'enfance », « le handicap », « l'insertion »… et la matérialisation des actions autour desquelles se construisent les espaces associatifs.

Ainsi, l'extension de la protection sociale ne se réalise pas seulement par une rationalisation formelle mobilisant les outils permettant d'apprécier les diverses situations à l'aide d'un principe d'équivalence, fondé sur le droit ou le calcul gestionnaire. Elle est encore assurée par une logique du pragmatique, du concret qui prend en compte les situations dans leur singularité, leur particularité afin d'y faire émerger un principe d'action propre, délimitant une sphère distincte d'autres et dont la hiérarchisation des valeurs ne saurait être étendue aux autres sphères. La différenciation institutionnelle a produit une pluralité de sphères dans lesquelles les associations ont créé des espaces particuliers, singuliers, production indissociable d'un autre processus homogénéisant, relevant d'une rationalité plus formelle. C'est pourquoi, la représentation d'un monde associatif homogène, sous l'emprise d'un isomorphisme institutionnel, doit être relativisée à l'aune d'une période historique élargie. La lecture historique donne à voir un double processus, de rationalisation et d'une résistance à celle-ci à travers une pluralité d'initiatives répondant à une diversité de logiques d'action et de légitimités. La tension qui en résulte ne touche pas seulement les rapports entre les associations et les institutions publiques, elle traverse ces espaces. La proximité du public, l'invention de réponses immédiates et individualisées s'inscrit dans une logique du concret qui prend en compte la singularité des univers d'appartenance des personnes concernées et qui offre aux individus des espaces d'expérience sociale. Cette logique de l'individualisation est confrontée à une autre, formelle, où les dispositions d'ordre général sont imposées au nom du droit ou des normes gestionnaires. D'où le risque de clivage entre les acteurs de terrain, bénévoles ou professionnels, et les acteurs gestionnaires dont les instruments du droit ou de la gestion, visent à établir des normes d'équivalence entre cette diversité d'univers. La régulation associative est un enjeu d'autant plus important que le champ institutionnel unifiant, assuré dans la dernière période de l'État social, tend à s'effriter et à se complexifier. Elle ne peut relever d'une technicité particulière, elle en appelle à un principe démocratique. Tel est l'un des enseignements que l'on peut tirer de ce parcours historique.

Une forme sociale de l'individualité

Cette question de la double différenciation institutionnelle, qui touche le rapport des associations à leur environnement, leur rapport au monde, mais aussi leur fonctionnement interne, leur être, est encore liée au processus d'individualisation.

Au fil de ce survol historique, le rapport de l'individu à la société est resté la pierre angulaire du questionnement et des réponses apportées. Les groupements ou les associations sont des espaces d'individualités. Les personnes qui s'y rassemblent, vivent, expérimentent, voire résistent à une évolution sociétale dans cette double dimension de leur rapport au monde et de leur rapport à soi. Ce sont des espaces de construction identitaire dans un environnement de plus en plus diversifié où les individus sont amenés à multiplier leurs appartenances et à devoir se construire une représentation de soi, là où l'ordre ancien incorporait la personne dans un univers homogène et séparé des autres par des statuts hérités. La fin du XIXe siècle, marquée par une production législative consacrée à l'établissement de libertés, a consacré la diversification des activités en désignant des mondes spécifiques, régis par des principes qui leur sont propres. Cette diversification s'est encore accentuée dans le domaine du social, « l'enfance », « la famille », « le handicap », etc.

Certes, la IIIe République a introduit l'intérêt général comme principe régulateur du social et de la société civile. Principe supérieur, il régit les intérêts particuliers que représentent les associations. Le compromis de 1901 en est l'expression (Barthélémy, 2000). Les institutions publiques en seront les dépositaires dans un État social reconnu dans son rôle d'acteur, voire d'animateur et de garant. Si aujourd'hui, il faut constater « le déclin de l'institution » par la panne de son « programme » (Dubet, 2002), on ne peut dénier que les associations « font Institution par l'une ou l'autre de leur dimension » (Lallement, 2004). Parce qu'elles réunissent des individus, et que leur fonctionnement n'est pas établi par une autorité qui leur serait extérieure, leur dynamique collective peut être considérée comme une homologie des dynamiques individuelles. Leur création et l'épreuve de leur durée sont marquées par l'articulation réalisée entre leur rapport à l'environnement et leur être, résultant de leur fonctionnement interne. C'est pourquoi, elles peuvent être tenues pour des formes de l'individualité moderne, en tant qu'elles contribuent à l'individualisation des appartenances personnelles et qu'elles se constituent comme un être social dans un univers complexe et pluriel.

En retenant l'hypothèse que l'association concrétise l'émergence de l'individualité moderne en lui offrant un étayage social, il nous est possible de reformuler un certain nombre de questions et d'enjeux d'actualité et sans doute, d'esquisser quelques pistes de réflexion et d'action.

La multiplicité et la diversification des associations, souvent critiquées par les pouvoirs publics au nom d'une rationalité gestionnaire, sont intrinsèques à la réalité sociale de ce phénomène. Si le processus, par lequel se construit l'individu moderne, est irréductiblement issu de l'affirmation d'une liberté s'affranchissant de ses attaches héritées et s'engageant dans une « lutte pour la reconnaissance » (Honneth, 2000), les associations ne peuvent échapper aux tensions inhérentes à ce processus. La difficulté de nombre d'associations à renouveler leurs adhérents, alors même que la création associative ne cesse de croître, renvoie à des critères de fonctionnement qui ne font pas assez de place aux sujets. La requête de droits pour les usagers ne peut être clôturée par des dispositifs formels. Elle en appelle à une reformulation de la question sociale qui ne peut être rabattue sur la seule qualité des prestations. C'est pourquoi, ancrée dans ce processus d'individualisation, la plasticité des associations est la marque de leur modernité, en ce qu'elle cristallise des mouvements de reconnaissance sociale.

Cependant cette quête de reconnaissance, ce souci de l'estime sociale portée à l'égard d'individus marqués par le mépris, ne peut être dissociée des principes de justice qui président à la production et à la distribution des biens sociaux. Honneth souligne que la dynamique de la reconnaissance ne peut être dissociée de l'acquisition de droits. De plus, elle se développe dans un double registre, celui de l'extension à tous les domaines de l'existence et celui de la montée en généralité, le particulier ne pouvant être dissocié de l'universel. On voit alors la nécessité de repenser les modalités de régulation interne des fonctionnements de ces organisations, en termes d'espaces publics accessibles à la diversité des individus, des acteurs concernés. La question se pose de la place des sujets, ainsi que celle de leur possibilité d'élaborer une cohérence identitaire dans la diversité de leurs expériences sociales. La démocratisation des fonctionnements résulte de cette double exigence d'articuler estime sociale et droits sociaux dans le processus de définition et de distribution de ces biens. Dans cette perspective, la rationalité gestionnaire obture ce processus de reconnaissance en asservissant le projet sociétal à la logique des moyens. C'est pourquoi, la dimension organisationnelle ne peut être la seule ligne d'exploration des fonctionnements associatifs. Les logiques institutionnelles, dont l'hypothèse se fonde sur le constat d'une pluralité de régulations caractéristiques de l'action collective, permettent de caractériser le processus de légitimation de celle-ci et d'identifier les dynamiques de reconnaissance à l'œuvre au sein du fonctionnement de ces collectifs.

2

L'ancrage des valeurs associatives dans l'identité de métier

Marie-France Gounouf*

En trame des nombreux diagnostics que nous avons réalisés depuis une dizaine d'années dans le champ associatif de l'aide à domicile, un discours récurrent nous est chaque fois tenu par un noyau d'intervenantes, les plus anciennes dans leur association. Elles affirment détenir des valeurs qu'elles revendiquent comme celles fondatrices de leur association. Au regard de ce petit groupe, les motivations de la majorité des autres professionnelles dont le recrutement est plus récent, seraient d'ordre strictement professionnel et lucratif. « Les jeunes arrivées, nous a-t-on dit, n'ont pas les mêmes valeurs, il y a un appât du gain et aucune motivation à travailler auprès des personnes âgées[1]. »

Dans le même temps, ces propos sont démentis par la description que nous font ces « autres » intervenantes de leur activité professionnelle. Celle-ci apparaît bel et bien portée par un panel de valeurs. Toutefois, à la différence du premier groupe, celui-ci ne revendique pas ces valeurs comme transmises directement par leur association, héritées de son histoire, mais comme ancrées dans les pratiques professionnelles. Souvent même ces valeurs ne sont pas

---

* Sociologue au Laboratoire interdisciplinaire pour la sociologie économique (LISE – UMR – Cnam – CNRS) et enseignante en formation continue à Sciences-Po Paris.

1. Propos tenus par une intervenante au cours d'une de nos enquêtes et maintes fois répétés en des termes analogues dans chacune des associations que nous avons rencontrées.

nommées en tant que telles dans les entretiens, mais transparaissent dans les récits que nous font ces intervenantes sur les formes d'aide qu'elles dispensent et les multiples rôles et fonctions qu'elles remplissent auprès des personnes aidées. Un simple décryptage de leur discours fait d'ailleurs apparaître ces valeurs sous-jacentes comme sensiblement identiques à celles formulées quelque trente ou quarante ans plutôt par les fondateurs de ces associations.

Ces constats nous conduisent aujourd'hui à faire l'hypothèse, et c'est l'objet de ce texte, que si les associations ont, durant la première phase de leur histoire, transmis directement les valeurs fondatrices à leurs équipes professionnelles, à partir des années 1980, ces valeurs ont progressivement intégré la déontologie du métier d'aide à domicile. Et ceci, d'autant plus que ces associations ont largement contribué à l'élaboration et la construction de cette profession. De plus, au fil du temps, un glissement de la notion de « valeurs », circonscrite au seul registre éthique et militant, s'est opéré vers celle de « compétences » qui, aujourd'hui, alimente le programme des formations et celui de certains textes législatifs, tel celui de la loi 2002-02.

Pour l'avoir plus particulièrement exploré, nous avons choisi, pour vérifier notre hypothèse, de nous limiter au champ associatif de l'aide à domicile et, plus précisément, celui de l'aide aux personnes âgées et/ou handicapées. Ce texte, en effet, s'appuie sur une quarantaine de diagnostics effectués au sein d'associations d'aide à domicile et sur la réalisation d'environ 800 entretiens individuels auprès des administrateurs, des dirigeants, des responsables de secteur, des intervenants à domicile, des personnes aidées. Par ailleurs, lors de chaque enquête, un premier recueil d'informations a permis de reconstituer l'histoire de chacune de ces associations et de constater qu'une majorité d'entre elles s'inscrivent dans une logique initiale d'aide.

Dans la première partie de ce texte, nous retraçons brièvement la genèse de ces services. Dans la seconde partie, nous rendons compte des conditions d'émergence de ce champ associatif et de sa structuration au cours des dernières décennies. Enfin, en dernière partie, à l'appui d'une réflexion sur la notion de « valeurs », nous identifions les formes de transmission et d'intégration de celles-ci développées historiquement par les associations.

La genèse des services à domicile

Les « mouvements fondateurs »

À l'origine de la notion de « service » apparaît au XIXe siècle celle des « œuvres de l'Église » (Chauvière, Dermenjian, Duriez, Merrien, 1982). « Gérées par des religieux assistés par des catholiques bourgeois », ces œuvres ont pour buts de « secourir, élever, moraliser les ouvriers et leurs familles » (Duriez, Nizey, 2002 : 21)[2].

En 1934, à l'initiative d'un petit groupe d'anciens jocistes (Jeunesse ouvrière chrétienne) et de quelques religieux se crée la LOC (Ligue ouvrière chrétienne) qui se donne comme objectif « l'éducation chrétienne, l'entraide et la représentation des familles ouvrières ». Ainsi, s'effectue le passage des œuvres de bienfaisance animées par des notables à des services animés par des militants. Et notamment, la création de services d'entraide en réponse à la pénurie et celle de « l'entraide familiale populaire ».

En 1941, « l'éclatement du mouvement, son extension à la masse, que les services mettent en évidence » conduisent au changement de la LOC en MPF (Mouvement populaire des familles), « première étape de la déconfessionnalisation du mouvement ». Parallèlement, la même démarche s'effectue dans les mouvements ruraux : la LAC, (Ligue agricole catholique), créée simultanément à la LOC avec les anciens membres de la JAC (Jeunesse agricole chrétienne), prend l'appellation de MFR (Mouvement familial rural), au sein duquel se créeront dès 1945 les premières ADMR (Associations d'aide à domicile en milieu rural).

2. Les citations suivantes sont extraites du n° 11 des *Cahiers du GRMF*, p. 21.

Pendant une décennie, le MPF va être à l'origine « d'une galaxie d'organisations familiales, culturelles, sociales et même politiques : les APF, Associations populaires familiales, la Confédération syndicale des familles, la Confédération syndicale du cadre de vie, l'Aide familiale populaire, les Maisons familiales de vacances, Culture et liberté, le PSU, et tant d'autres ».

Amorcée avec la LOC, la création de services, en réponse à des besoins repérés dans les familles ouvrières, va avec la MPF connaître une extension remarquable. « Ce que nous voulons, c'est répondre par l'action à un problème précis, à une souffrance, à une injustice », précise le mouvement. Durant les années de guerre, ce sera la mise en œuvre de formes d'aide en réponse à la situation de pénurie qui frappe toutes les couches sociales : distribution de pommes de terre (le fameux « mouvement patates »), la distribution du bois de chauffage, accueil de jeunes citadins dans les familles paysannes, placement d'enfants en Suisse, en coopération avec le MPF suisse, services d'aide aux prisonniers, aux femmes de prisonniers, aux malades, etc.

Dans les premières années qui ont suivi la Libération, ce sera la structuration et la professionnalisation de l'aide familiale, les premières maisons familiales de vacances, les premières coopératives, les jardins familiaux, l'occupation des squats, le relogement des familles nombreuses, etc.

À la fin des années 1950, le MPF devient le MLP (Mouvement de libération du peuple) tandis qu'une partie de ses responsables font scission et fondent le MLO (Mouvement de libération ouvrière) auquel vont se rattacher les APAF (Association populaire de l'aide aux familles) qui, deux décennies plus tard, seront à l'origine de la création des associations d'aide à domicile aux personnes âgées.

L'« aide aux mères », ancêtre de l'actuelle « aide à domicile »

Nous l'avons vu, c'est au sein du MPF et du MFR, qu'au début des années 1940, se sont organisés les premiers services, voire créées les premières associations d'aide à la famille en milieux urbain et rural. Toutefois, la profession d'aide familiale émerge bien plus tôt avec la création en 1920 par Henriette Viollet, des « Aides aux mères » qui « viennent en aide aux familles nombreuses, quel que soit leur milieu social ».

Deux décennies plus tard, notamment avec la création de l'APF (Association populaire familiale), puis de l'APAF (Association populaire d'aide familiale) en milieu urbain et de l'ADMR (Association à domicile en milieu rural), les responsables participent à la construction et à la reconnaissance de la profession d'aide familiale. Dès l'origine, ils « ont défendu l'idée de la création d'une profession nouvelle. À la différence de la "bonne à tout faire", qui d'ailleurs grâce à l'action de la JOC deviendra "employée de maison", ces nouvelles professionnelles sont employées par l'association et non par les personnes aidées. Ce sont les responsables de ces associations qui jugent des besoins de la famille et lui affectent une aide ». De plus, dès l'origine du service, des formations sont dispensées auprès de ces aides familiales. Un chroniqueur de cette époque décrira d'ailleurs le service comme un « nouveau service social », assimilant l'aide familiale à un « travailleur social ».

L'action de ces responsables militants en faveur de la reconnaissance professionnelle de l'aide familiale conduira en mars 1949 au décret qui l'institue sous l'appellation « travailleuse familiale ». Les années 1960 verront la consolidation de cette profession et le financement de leur formation diplômante.

Émergence et structuration du champ associatif de l'aide aux personnes âgées

Dans les années 1960, émergent de nouveaux besoins d'aide auprès d'un public générique, celui des personnes âgées. Et plus particulièrement, celles à faibles revenus qui, dans la dernière partie de leur vie, n'ont pour alternative que d'être accueillies en hospice ou chez leurs enfants. Ces constats se renforcent de la pénurie des maisons de retraite, d'ailleurs inaccessibles aux personnes sans ressources.

En 1960, les premiers éléments d'une politique de la vieillesse sont ébauchés. La Commission d'étude des problèmes de la vieillesse est instituée dont le Rapport Laroque (1962) définit une politique de la vieillesse qui a pour objectif la prévention des dépendances résultant du vieillissement par le moyen de l'intégration de la personne âgée dans son environnement. La notion de « maintien à domicile » est née, qui va motiver la création par les associations d'un nouveau service et d'un nouveau profil d'intervenante.

On peut d'ailleurs constater que la mise en œuvre de ce nouveau service s'inscrit bien dans un processus historique qui remonte aux années 1940. Quels que soient les besoins insatisfaits et les publics bénéficiaires, des militants associatifs répondent par la création de nouveaux services. Aujourd'hui encore, même si la motivation militante s'accompagne d'un objectif gestionnaire, le processus de création de nouveaux services reste le même. Ainsi, dans le champ associatif de l'aide à domicile aux personnes âgées sont apparues de multiples autres créations, la plus conséquente étant en 1980 celle des SSIAD (Services de soins infirmiers à domicile) mais aussi, au fil du temps, celle de très nombreux autres services : des services complémentaires comme le portage des repas, les services de petit dépannage, de jardinage, de covoiturage, de garde de nuit itinérante jusqu'à la création d'Accueil de jour pour les personnes désorientées, voire de petites unités de vie, etc.

Revenons au mitan des années 1960. Très rapidement, dans plusieurs régions, au sein des APAF (Association populaire de l'aide aux familles), un petit groupe de militants décident en réponse à l'émergence de ce nouveau besoin, d'ouvrir un « Service spécifique d'aide aux personnes âgées ». Au tout début, ce service fonctionne avec quelques travailleuses familiales relayées très rapidement par les « premières » aides ménagères.

Au début des années 1970, l'accroissement de la demande va nécessiter l'autonomie de ce service. C'est dans ce contexte que sont créées les associations d'aide aux personnes âgées et notamment le réseau des ADAR (Associations d'aide à domicile aux retraités[3]) devenues aujourd'hui, en raison de l'arrivée de nouveaux publics aidés, les Associations d'aide à domicile en activités regroupées.

Schéma historique de développement de ces associations

À l'origine de ces créations, on trouve donc un groupe fondateur de militants issus en grande partie des mouvements de jeunesse ouvrière et chrétienne, qui après repérage de besoins non satisfaits auprès de groupes sociaux spécifiques, crée une association qui a pour objectif l'organisation d'activités (de services) en réponse à ces besoins. Ils organisent ces services à partir de leur conception de la qualité des services rendus dans laquelle ils privilégient :

- la création des liens avec l'usager et son implication, ainsi que son positionnement comme acteur et non comme consommateur ;
- l'engagement de leurs professionnels dans un processus de professionnalisation, voire de construction même de leur profession.

Durant les décennies 1970 et 1980, ces valeurs, fondées sur une logique d'aide, ont été motrices pour le développement des services, motivantes pour les intervenantes, à l'appui d'un fonctionnement de type familial qui reposait sur une authentique cohésion sociale et professionnelle.

Au cours des années 1990, sous la pression économique et les contraintes législatives, ces associations passent progressivement à un mode de fonctionnement plus entrepreneurial. Celui-ci va se traduire sur de multiples facettes : recrutement d'un nouveau type de dirigeants, nouvelles compétences requises, complexité d'instruction des dossiers, multiplication des règles de fonctionnement,

3. Cette partie s'appuie sur les recherches que nous avons effectuées dans les associations d'aide aux personnes âgées dans différentes régions, et plus particulièrement, au sein des ADAR, Associations d'aide à domicile en activités regroupées.

affaiblissement du bénévolat, voire sa disparition du fonctionnement. Autant d'éléments qui expliquent dans cette seconde phase, une référence très affaiblie à la notion de valeurs transmises par l'association à ses personnels.

Dans cette seconde phase, les priorités sont maintenant d'ordre économique et organisationnel. Il s'agit de développer des services qui sans être rentables restent viables économiquement pour la pérennité de l'association. Il s'agit aussi de conduire les activités dans le respect de règles de plus en plus nombreuses imposées sur le secteur. Il en résulte le plus souvent un déficit de temps chez les professionnels pour mener à bien toutes leurs missions et notamment celles qui relèvent justement des valeurs fondatrices (création de liens avec l'usager, implication de ce dernier, dispositif de régulation qui garantit un fonctionnement démocratique où chaque groupe professionnel est appréhendé comme partie prenante du fonctionnement global de la structure), etc.

En outre, les professionnels ne sont plus relayés par les bénévoles sur ces missions, qui sont parfois perçus comme relevant d'un amateurisme qui nuirait à l'image professionnelle, voire d'« entreprise », que veut renvoyer l'association.

De la notion de transmission à celle d'intégration des valeurs

Quelques mots sur cette notion de « valeurs ». Dans ce champ associatif spécifique, elle renvoie à une conception de la qualité de l'aide à la personne et du type de liens instaurés avec celle-ci.

Au XIXe siècle et jusqu'aux années 1930, quand il ne s'agissait pas encore de « services » mais d'« œuvres », la notion d'aide reposait sur des valeurs philanthropiques portées majoritairement par des religieux et des notables « appartenant à la bourgeoisie industrielle, bancaire ou bien au Barreau ». On parlait alors de « bonnes œuvres », d'« œuvres de bienfaisance » soulignant ainsi le caractère caritatif des formes d'aide apportées. « Ces "hommes ou femmes d'œuvres" pratiquent la bienfaisance et veulent le bien de leurs semblables moins favorisés. [...] Ce n'est pas tellement l'instauration et le respect du droit des autres qu'ils cherchent, mais plutôt la charité : il s'agit, pour eux, comme d'un devoir à remplir en faveur des pauvres. »

À la fin des années 1930, la notion de « valeurs » va se développer dans une autre approche de l'aide à la personne, fondée non pas sur le concept de charité mais sur ceux de justice et de solidarité. La notion d'aide ne relève plus d'un don fait à la personne, mais du droit de celle-ci à bénéficier de cette aide.

Nous l'avons vu, ces nouvelles valeurs ont été forgées à l'origine par des militants issus pour la plupart des mouvements ouvrier, syndical et chrétien qui partagent entre eux une même conception de la notion d'aide et d'approche de la personne aidée, ici la personne âgée. En témoigne les propos que nous a tenus un membre fondateur d'une des associations que nous avons rencontré : « Il y a au niveau de l'association, au niveau général, une éthique sur laquelle nous sommes fondamentalement d'accord, c'est la notion de service aux personnes âgées, du respect de la dignité, de la volonté de les servir en essayant de les stimuler. Il y a une éthique dans notre fonctionnement, dans notre manière de voir les choses qui nous unit profondément. »

On constate aujourd'hui que ces valeurs, énoncées lors de la création de ces associations, sont régulièrement réaffirmées dans la réédition de certains documents associatifs. On y retrouve réitérées les notions de « justice », d'« équité » et de « solidarité » et celles de « professionnalisation » et de « structuration du métier d'aide à domicile ».

À titre d'exemple, nous citons quelques passages de divers documents associatifs réédités récemment dans lesquels ces notions sont réaffichées.

• Dans le « livret du salarié » de cette association, nous lisons : « priorité à la personne et respect de sa dignité – respect des valeurs éthiques de solidarité, de justice et de démocratie – volonté d'anticipation et d'adaptation » ;

• dans la charte du réseau des associations d'aide à domicile Adessa, nous lisons : « Adessa fait siens les missions, les objectifs et les préoccupations des deux fédérations fondatrices, la Fnadar et la Fnafad ; elle affirme son engagement pour le respect de la dignité des personnes, leur droit à être prises en compte dans leur globalité face à la tentation de les ramener à des consommateurs de service. Elle œuvrera pour asseoir la reconnaissance du professionnalisme » ;

• dans la nouvelle édition des statuts de cette association, nous lisons : « L'association a pour but : de faciliter, sans exclusion et dans le respect de la dignité humaine [...] le maintien des personnes âgées dépendantes dans leur cadre de vie, [...] de mettre en œuvre toute action destinée à favoriser l'épanouissement des personnes vivant à domicile et leur permettre une meilleure intégration sociale [...]. »

Ces valeurs ne perdurent pas uniquement dans l'affichage dont elles font régulièrement l'objet. Elles sont aussi transmises, légitimées, réactivées sur plusieurs registres du fonctionnement des associations, celui de la professionnalisation dans lequel les valeurs sont reformulées en termes de compétences ; celui de la législation où ces mêmes valeurs se traduisent en injonctions faites aux associations pour l'obtention de leur agrément et de leur labellisation ; celui de l'ancrage de ces valeurs dans les pratiques développées par les associations.

L'association, acteur central de la professionnalisation et de la structuration du métier d'aide à domicile

À l'instar de la reconnaissance professionnelle des travailleuses familiales, celle de l'aide à domicile est le fruit de l'action engagée dans les associations et fédérations d'aide à domicile par les membres des conseils d'administration en faveur de la formation des intervenantes et de la construction de leur profession.

Dès l'origine, au sein même des services aux personnes âgées qui ont précédé la création des associations, des stages ont été montés à destination des premières aides ménagères, dont le contenu concernait les deux pôles technique et relationnel de leur activité, à savoir : « couture, cuisine diététique, mais aussi psychologie de la personne âgée[4] ». De plus ces stages étaient co-construits avec les salariées : « Nous avons en quelque sorte contribué à l'élaboration du contenu de ces stages puisque l'essentiel de nos propositions a été retenu par les animateurs. » Dès 1968, les administrateurs ont obtenu des caisses de retraite « du BTP, textile et bâtiment », des fonds pour dispenser ces formations.

Parallèlement à la mise en œuvre de formations, les associations, à dater de leur création et compte tenu du développement de leur activité prestataire, vont engager une « lutte très forte en faveur de la professionnalisation des intervenantes ». Ces luttes seront, dans les années 1970 et le début des années 1980, menées conjointement par les responsables associatifs et les salariées. Elles conduiront en 1983 à l'obtention de la convention nationale collective qui définit et reconnaît la profession d'aide à domicile comme celle des autres intervenants à domicile ; et, en 1988, à la création d'un premier diplôme, le Cafad (Certificat d'aptitude aux fonctions d'aide à domicile).

Ces luttes peuvent d'ailleurs être qualifiées de mouvement de professionnalisation dans la mesure où elles ont été menées sur l'ensemble du territoire national et ont fait l'objet de nombreux articles dans la presse locale. Ainsi, en 1980, la *Voix de l'unité* témoigne des « dix ans d'efforts et de lutte d'aides ménagères qui, au départ, ont commencé à se réunir à la base pour avoir une convention collective. Un collectif de travail au niveau national a été mis en place avec la participation d'une intervenante de Mazamet ». La même année, le *Bulletin de la fédération* CGT publie un article « Femmes au foyer [...] des autres » dans lequel on lit : « Elles sont des centaines de Metz, de Mazamet, de Grenoble et

4. Les passages présentés ainsi sont extraits de témoignages que nous avons recueillis auprès d'anciennes aides ménagères.

d'ailleurs à avoir choisi le chemin de l'action et de l'efficacité avec la CGT. De premiers acquis attestent une fois de plus que c'est le bon chemin. »

Au fil des années et en dépit des problèmes économiques récurrents dans ces associations, ce mouvement de professionnalisation a perduré, mobilisant les associations et les fédérations dans la mise en œuvre d'actions de formation à destination des personnels d'intervention et d'encadrement et de la structuration du métier d'aide.

Au plan de la formation, ce mouvement a conduit en 2002 à la création du DEAVS (Diplôme d'auxiliaire de vie sociale) qui réforme et remplace le Cafad. Ce diplôme s'acquiert par la formation initiale ou en cours d'emploi ou encore partiellement ou totalement par la Validation des acquis de l'expérience. À la lecture des objectifs avancés par cette formation, on remarque que ceux-ci se fondent largement sur les valeurs associatives d'origine, érigées ici en compétences à acquérir : « La formation vise à permettre aux auxiliaires de vie sociale d'acquérir les compétences nécessaires pour effectuer un accompagnement social et un soutien auprès de publics fragiles, dans leur vie quotidienne. Les auxiliaires de vie sociale seront amenées à intervenir auprès des familles, des enfants, des personnes âgées, des personnes malades et des personnes handicapées, pour une aide dans la vie quotidienne, leur maintien à domicile, la préservation, la restauration et la stimulation de leur autonomie, leur insertion sociale et la lutte contre l'exclusion » (Gassier, Cordon, 2004).

Au plan de la structuration du secteur de l'aide à domicile, les efforts collectifs ont conduit, en 2002, à l'*Accord de la branche aide à domicile relatif aux emplois et aux rémunérations*[5]. Selon cet accord qui regroupe le personnel au sein de trois filières d'emploi, celle des personnels d'intervention reconnaît trois catégories : l'agent à domicile/l'agent polyvalent, l'employé à domicile (en

5. Accord du 29 mars 2002, modifié par l'avenant n° 1 du 4 décembre 2002.

cours d'accès au DEAVS ou détenteur d'un CAP) et l'auxiliaire de vie sociale (détenteur du DEAVS ou du Cafad).

La hiérarchisation de ces différentes catégories professionnelles s'appuie bien sur le suivi ou non sur une formation diplômante qui permet l'acquisition de savoir-être et de savoir-faire dans lesquels les valeurs associatives sont induites.

Reprise partielle des « valeurs associatives » dans les textes de loi

Pratiquement depuis ses origines, le secteur médico-social fait l'objet de lois, de décrets et de textes réglementaires qui contraignent ses modes de fonctionnement et d'organisation.

En témoignent pour les services aux personnes, les textes de demandes d'agrément, l'élaboration de normes, la réglementation de l'attribution d'allocations, telle la PSD (Prestation spécifique dépendance[6]) dans un premier temps, et plus récemment, l'APA (Allocation personnalisée d'autonomie[7]). Enfin l'édiction de lois et décrets qui viennent réglementer le mode de réalisation des prestations, mais aussi la gestion des emplois et celle des modes de régulation entre les acteurs.

En filigrane de ces textes, notamment ceux concernant les demandes d'agrément et les normes, on retrouve les valeurs fondatrices associatives traduites en modes de fonctionnement prônant des pratiques et des modes relationnels spécifiques.

À titre d'exemple, nous avons extrait de ce *Dossier de demande d'agrément qualité d'une association de services aux personnes*[8], les commandements suivants : « l'aide recouvre une dimension matérielle à caractère ménager, une dimension physique en aidant la personne à réaliser les actes de la vie courante qu'elle ne peut

6. Loi du 24 janvier 1997.
7. Loi du 20 juillet 2001.
8. Loi n° 96-63 du 29 janvier 1996 en faveur du développement des emplois de services aux particuliers. Décret n° 96-562 du 24 juin 1996 relatif à l'agrément des associations et des entreprises de services aux personnes.

plus effectuer sans aide et une dimension psychologique en participant au maintien des liens sociaux » ; « l'association cherche à préserver la plus grande autonomie des personnes » ; « (les responsables) s'assurent de la qualité du travail fourni par les intervenantes tant sur le plan matériel que physique ou psychique » ; « l'association recourt à du personnel formé et cherche à assurer l'adéquation de la compétence du salarié assurant l'intervention avec la nature de celle-ci ».

En ce qui concerne les textes de loi, celui de la loi 2002-02[9] est particulièrement significatif d'un mode d'approche de la personne aidée, d'une conception de l'« usager », développé dès les années 1940. En effet, déjà en 1949 des militants du Mouvement populaire des familles s'interrogeaient : « Comment faire des "adhérents-confiture" ou des "adhérents-patate", des "adhérents conscients" ? » En écho à cette approche, aujourd'hui la loi 2002-02 replace l'usager au centre du dispositif d'aide. « Elle prône le développement ou l'instauration de nouvelles relations entre les services et les usagers, on n'est plus dans l'assistance et la protection mais dans une relation avec une personne citoyenne en difficulté, c'est l'affirmation des droits des usagers : respect de sa dignité, de son intégrité, de sa vie privée, de son intimité et de sa sécurité. »

« Cette loi offre aux associations la possibilité de valoriser la dynamique associative en ré-interrogeant et re-pensant le fonctionnement et le projet associatif pour la mise en œuvre de la loi. L'association a l'opportunité de repenser ses pratiques en lien avec ses valeurs, la loi incite à trouver un second souffle pour dynamiser le projet et les actions de l'association[10]. »

Ainsi, en filigrane des contenus de formation, des règlements et des textes législatifs, une certaine conception de l'aide à domicile est régulièrement réitérée, tant au plan de la qualité du service

9. Loi n° 2002-02 du 2 janvier 2002 rénovant l'action sociale et médico-sociale.
10. SYDO, *Loi 2002-02*, février 2004.

rendu que de l'approche de l'usager et des compétences professionnelles requises chez l'intervenant. Il s'agit bien là d'une traduction des valeurs associatives, induites de façon plus ou moins consciente dans le comportement des acteurs, et perçues par ceux-ci comme valeurs de métier à travers un panel de compétences spécifiques.

Les « bonnes » pratiques, lieux d'activation, voire d'appropriation, des valeurs associatives

Il s'agit là d'un troisième registre sur lequel les valeurs associatives sont activées. Par « bonnes » pratiques, nous entendons des modes singuliers de fonctionnement dont on ne peut affirmer qu'ils relèvent de la seule spécificité associative mais dont on sait qu'ils ont été au fil du temps forgés dans le champ associatif, même s'ils sont aujourd'hui tout ou partie repris par des entreprises privées.

Quoi qu'il en soit, ces pratiques supposent pour être mises en œuvre l'existence d'un cadre collectif puisqu'elles se fondent sur la relation entre trois groupes d'acteurs : les personnes aidées, les intervenants et les responsables. Ce que ne permet pas le contrat de gré à gré qui repose sur le seul face-à-face de la personne aidée avec son intervenante dont elle est l'employeur.

Dans le champ associatif, si ces pratiques se fondent sur les acquis de l'expérience, elles sont néanmoins réinventées par chaque association qui en établit les règles de fonctionnement. Elles se développent sur deux volets de l'organisation, celui de la gestion de la prestation d'aide et celui de la professionnalisation des aides.

En ce qui concerne la gestion de la prestation d'aide, ces pratiques sont mises en œuvre à différents moments de celle-ci, pour l'essentiel :

• La *mise en place du service* qui fait l'objet d'une visite à domicile d'un responsable de l'association pour effectuer une

« évaluation des besoins de la personne ». Au cours de cette première rencontre, la personne aidée est sollicitée en « acteur » dans la co-construction du service qui va lui être rendu et non comme simple « consommateur » de ce service.

Dans certaines associations, cette approche se concrétise par l'établissement d'un contrat tripartite qui engage les trois parties concernées : la personne aidée, l'association et l'intervenante. Ce trépied a d'ailleurs été qualifié de « triangle d'or » par la Fédération UNADMR (Union nationale des associations à domicile en milieu rural).

• Le *suivi* de la prestation est, dans certaines associations, assuré par des visites des responsables au domicile de la personne. Mais il l'est aussi par la réalisation d'enquêtes de satisfaction ou encore plus sûrement dans la fonction de veille remplie par les intervenantes auprès de la personne qu'elles aident. Il s'agit là d'un rôle qui confirme l'intervenante comme professionnelle du secteur médico-social dans la mesure où témoin, voire seul témoin au quotidien de la personne âgée et/ou handicapée, elle pourra soit intervenir directement en cas d'urgence, soit alerter les proches de la personne ou informer les responsables associatifs si elle constate une dégradation de la situation de la personne ou l'apparition de nouveaux besoins d'aide non satisfaits.

En ce qui concerne la professionnalisation des intervenantes, nous l'avons vu, celle-ci reste un objectif prioritaire pour les responsables associatifs qui, depuis des décennies, œuvrent pour la reconnaissance du métier d'aide à domicile et l'élaboration de formations diplômantes. Mais la professionnalisation des intervenantes s'effectue aussi au travers de modes spécifiques de fonctionnement, en particulier :

• des pratiques de *tutorat* dans lesquelles des professionnelles confirmées remplissent un rôle de tutrice auprès de stagiaires placées à leur côté en situation de travail ;

• l'organisation de *réunions endoformatives* régulières ; de petits groupes d'intervenantes constituent pour celles-ci un moment d'échange, source de mutualisation et de transfert de connaissances et d'expériences ;

• l'inscription des professionnelles dans des *formations diplômantes*, mais aussi, en interne des associations, le montage de formations à destination des intervenantes sur différents thèmes concernant leur activité professionnelle.

Enfin, dans l'objectif clairement énoncé d'amélioration de la qualité et de l'accroissement des formes d'aide dispensées auprès des personnes, certaines associations créent de nouveaux services, tels le « portage de repas », les « conduites accompagnées », la « garde itinérante de nuit », voire une structure d'« accueil de jour » pour personnes désorientées, etc.

Ce peut être aussi la *création de nouveaux profils de postes* recouvrant des fonctions innovantes. Ainsi dans cette association, au regard d'un déficit de fonctionnement des équipes de coordination gérontologique sur le territoire, la direction a recruté deux coordinatrices hospitalières qui ont pour mission de visiter des personnes hospitalisées adhérentes à l'association et de préparer leur retour au domicile. Il s'agit là d'un service gratuit, non marchand, rendu, nous dit-on, par l'association au titre « d'une plus value du bien-être des personnes âgées ».

Conclusion

Il paraît donc évident que les valeurs initialement forgées par les associations lors de leur fondation, ne font plus, à quelques exceptions près, l'objet d'une transmission historique directe. Nous avons essayé de montrer qu'au fil du temps, elles ont trouvé de nouveaux modes d'affichage, d'ancrage, d'activation, qui conduisent à les ériger aujourd'hui en valeurs de métier. Celles-ci, toutefois, sont rarement avancées comme telles par les professionnelles mais se déduisent du regard qu'elles portent sur leur activité que beaucoup qualifient de « mission ».

Pour conclure cette réflexion, il nous paraît toutefois intéressant de rappeler que, dans leur discours, les membres des conseils d'administration de ces associations réaffirment leur rôle historique de « gardiens des valeurs ». Pour eux, aujourd'hui cette mission se traduirait moins par un affichage direct que par une posture de veille qu'ils développent au cœur même de leur rôle politique, attentifs à ce que les valeurs de « solidarité, de justice et de participation des adhérents au projet social » (Gounouf, 2005) soient toujours prises en compte dans les nouveaux modes d'organisation et de fonctionnement mis en œuvre.

Dans la réalité, des acteurs forts du secteur associatif[11] relativisent ces affirmations et témoignent d'un réel affaiblissement de cette dimension militante que les conseils d'administration continuent de revendiquer. Au sein de ces conseils, ils constatent une évolution des mentalités, voire de nouveaux positionnements devenus dominants avec le renouvellement progressif de leurs membres. Nous rappelons ici quelques repères historiques de cette évolution (Gounouf, Jouvenot, 2007).

Jusqu'à la fin des années 1980, les membres fondateurs, issus des mouvements ouvriers et/ou chrétiens ont géré leurs associations et décidé de leurs orientations politiques dans le respect, voire l'inspiration, des valeurs initiales qu'eux-mêmes avaient forgées.

Au début des années 1990, les contingences économiques vont contraindre ces associations à élargir leurs publics de personnes âgées à celui des familles et des couples bi-actifs et à développer, parallèlement à leur service prestataire, un service mandataire qui, de plein fouet, va porter atteinte aux acquis forgés depuis plusieurs décennies par les associations, notamment en matière de professionnalisation des intervenantes, voire de qualité des services

11. Cette dernière partie s'est largement nourrie du long entretien que nous avons eu avec Christian Paul, directeur général d'une importante ADAR du Nord depuis deux décennies et aussi d'une série d'entretiens que nous avons réalisés avec des directeurs et des présidents d'associations d'aide à domicile dans le cadre d'une action d'évaluation.

rendus. Pour garder la maîtrise de ce nouveau contexte économique, la plupart des conseils d'administration vont d'un commun accord recruter un nouveau type d'administrateurs détenant des compétences spécifiques qui les prédestineront à des responsabilités particulières au sein du bureau, notamment aux plans comptable et gestionnaire. Avec eux, nous dit ce directeur, « l'ADAR a introduit une nouvelle génération d'administrateurs : les experts ».

Enfin, du fait de l'élargissement des prestations à tous les publics, les années 2000 ont vu arriver, au sein des conseils, de nouveaux administrateurs issus de la clientèle de ces nouveaux publics aidés, portés par une logique entrepreneuriale et non par la logique initiale d'aide, voire pour certains membres d'un conseil d'administration, dans le seul but de protéger leurs intérêts.

Pendant un temps, aux côtés de ces nouveaux administrateurs, va subsister un noyau des « anciens » qui exerceront un rôle de veille et de préservation des valeurs fondatrices dans les orientations politiques et gestionnaires débattues et décidées en conseil d'administration. Mais, progressivement, ce noyau de militants va s'amenuiser jusqu'à disparaître en raison de leur âge avancé. De plus, leur renouvellement est impossible du fait de la dissolution des mouvements ouvriers et chrétiens qui constituaient les viviers dans lesquels se recrutaient ces militants.

À l'appui d'un long parcours associatif, les responsables que nous avons rencontré font l'hypothèse que ce rôle de « gardien des valeurs » ne relève plus aujourd'hui d'un rattachement institutionnel, mais de l'émergence d'acteurs bénévoles ou professionnels qui intègrent à leur fonction une dimension militante : « Il reste des acteurs, mais ce sont des personnes et non un organe », nous dit ce dirigeant. Ce dernier précise aussi que, lui-même, dans ses fonctions dirigeantes, intègre un rôle de préservation des valeurs initiales qui le conduit parfois à alerter le conseil d'administration sur la teneur de « tel ou tel projet ».

Ces constats, s'ils restent à vérifier, viennent renforcer une nouvelle configuration de ce champ associatif dans lequel la préservation des valeurs fondatrices relèverait d'une part de l'engagement individuel d'acteurs bénévoles ou professionnels, d'autre part du contenu des textes législatifs qui régissent ce secteur.

3

Le bien commun, entre public et privé

Joseph Haeringer

Le parcours historique, tracé à grands traits dans le précédent chapitre, a souligné la permanence du « fait associatif » dont les contours varient selon les époques mais qui, au demeurant, ne cesse de questionner en raison de sa malléabilité et de son ouverture. En suivant le fil de « la métamorphose de la question sociale » que nous propose Castel, les associations y apparaissent, certes, comme des initiatives concrètes mais aussi comme des représentations de la solidarité implicites à ces actions, là où surgit la fracture entre des situations d'indigence, de misère, ou d'insécurité qu'éprouvent des personnes et l'affirmation des droits fondateurs d'une communauté politique. Comment en effet, repenser conjointement la liberté de l'individu et l'affirmation de leur égalité ? Comment agir pour réduire les effets sociaux de l'inégalité concrète sans remettre en cause le primat de la liberté ? Telles étaient quelques-unes des interrogations sous-jacentes à « la question sociale ».

En s'associant, les individus se saisissent de cette question sous des formes diverses et, la formulant, la mettent en acte. Ce faisant, ils recomposent les liens qui les unissent entre eux mais aussi avec leur environnement, et contribuent à l'émergence de nouvelles individualités. L'hypothèse que l'association serait la forme sociale de l'individualité moderne, s'est présentée, au terme de ce parcours historique, pour rendre compte de ce processus permanent d'un détachement des individus de leur appartenance primaire et de leur attachement à des liens relevant d'autres principes référés à une liberté et à une autonomie revendiquées, détachement et attachement inscrits dans de nouvelles régulations économiques. En ce sens, l'individualité moderne se réalise dans l'association. Mais cette dernière, une fois établie, n'échappe pas à la dynamique critique. C'est l'ambivalence associative que de relever de deux principes apparemment contradictoires, l'émancipation et l'attachement. Celle-ci trouve sa réponse toujours partielle et précaire, dans une élaboration de l'expérience à laquelle tout individu est confronté aujourd'hui comme condition de sa reconnaissance. C'est pourquoi, l'association comme espace d'individuation reste soumise à cette tension.

Pour rendre compte de cette tension qui caractérise la dynamique associative, Laville (1997) part de la distinction faite par Tönnies entre communauté et société pour en conclure que l'association, issue de la modernité, relève d'un double principe sociétaire (parce qu'elle est regroupement d'individus libres) et communautaire (en ce qu'elle postule une appartenance commune réciproquement reconnue, dont la communauté politique est l'horizon).

Sans rien renier de cette lecture de référence, maintes fois rappelée dans cet ouvrage, nous tenterons de la prolonger par une autre dimension de la modernité, celle de l'individualité qui s'expérimente dans une tension entre l'autonomie, la relation à soi et la solidarité, la relation aux autres. Pour ce faire, nous puiserons dans une autre matrice de la modernité, celle de « la condition moderne » théorisée par Simmel (Martucelli, 1999), pour rendre compte de la dynamique associative comme une tension jamais acquise entre l'aspiration à plus d'individualité et la quête d'un monde commun, d'une part et entre l'expérience de l'individu dans son rapport au monde et la forme sociale dans laquelle celle-ci prend corps, d'autre part. Notons cependant, que cette thématique de l'individualité prise comme condition de l'homme moderne, ne peut être dissociée de celle développée par Weber, à savoir le rapport entre la rationalisation sociale et la liberté individuelle que nous évoquerons plus loin.

Le questionnement du fait associatif

Notre point de départ est le questionnement d'une réalité mouvante, multiforme et cependant résistante aux mutations socio-économiques. La première observation est celle de la très grande diversité de ces organisations qui se réfèrent toutes à un même concept générique d'association incluant une vision sociétale et un statut juridique. Les essais de typologie ne manquent pas pour tenter de rendre compte de l'unicité d'un phénomène et d'en caractériser les éléments de différenciation. Une lecture fonctionnaliste y verra l'expression de la division sociale théorisée par Durkheim, ou dans une perspective wébérienne, une résistance à la rationalisation croissante de la société. La seconde observation, liée à la précédente, concerne l'évolution des associations : s'il y a consensus pour reconnaître l'initiative bénévole comme une figure idéale typique de l'association, les appréciations divergent lorsque cette même initiative se déploie en une diversité d'activités et gère un grand nombre de professionnels avec des financements publics. Son statut particulier ne cache-t-il pas une réalité d'entreprise ou d'institution déléguée de l'administration publique ? Qu'y a-t-il de commun entre ces deux moments d'un seul parcours historique où les acteurs se différencient et se réclament pourtant de la même identité associative ? Enfin, ce dernier questionnement nous impose de prendre en compte la dynamique socio-économique de ces organisations qui ne cessent d'être confrontées à ces deux modèles d'organisation orientés vers la distribution de biens que sont l'administration publique et l'entreprise privée. Si l'histoire, comme nous l'avons vu, a légitimé « un tiers secteur » résiduel par rapport aux deux précédents modèles, qu'en est-il aujourd'hui de cette capacité à réguler les principes économiques dans le cadre d'un projet sociétal ? L'économie solidaire dont se réclament un certain nombre d'acteurs aujourd'hui, n'est-elle pas une critique implicite de cette économie sociale instituée regroupant des organisations dont le fonctionnement réel est bien plus proche d'une administration ou d'une entreprise que de cette figure idéale apparue au cours du XIXe siècle ? Si la souplesse et la malléabilité de ces organisations rendent compte de la permanence du phénomène à travers l'histoire, faut-il en conclure que leur configuration résulte de déterminants externes au fil de leur développement ? La croissance de ces organisations échapperait-elle à leurs initiateurs, les fondateurs militants seraient-ils remplacés par des managers ?

L'un de nos postulats est que la diversité des associations et leur développement procèdent d'une différenciation des modes d'agir dont il nous faut montrer les dynamiques institutionnelles. L'exploration historique à laquelle nous nous sommes livrés dans le précédent chapitre offre quelques exemples où, des individus ont coordonné leur action en mobilisant différents registres d'action et de représentation. Ces initiatives n'ont pas été isolées, elles sont souvent apparues reliées dans des réseaux ou surgies dans des contextes institutionnels particulièrement denses en questionnements et en pratiques. Qu'il s'agisse des « philanthropes » de la fin du XVIIIe siècle ou des « réformateurs » de la seconde moitié du XIXe siècle, ils se trouvent au croisement de réseaux personnels et d'institutions qui viennent en quelque sorte encastrer leurs initiatives dans des dispositifs leur assurant une capacité d'action qui est allée au-delà du cercle d'initiés. Si des généalogies peuvent être reconstituées pour mieux souligner des filiations culturelles, toutes ont été mises à l'épreuve de la durée et de la transmission de ce qui a été entrepris. Depuis le régime de déclaration établi par la loi de 1901, les actes de naissance sont connus. Mais trop d'imprécisions règnent sur les conditions d'arrêt des associations parce que les dissolutions de fait, les plus fréquentes, échappent à la statistique. On observe cependant que dans cette mise à l'épreuve de la durée, l'adossement à des institutions publiques constitue un réel avantage, un atout pour assurer la poursuite de l'activité (Tchernonog, 1999). Un ensemble d'interrogations s'impose à nous : comment saisir ce processus d'émergence associative, quels en sont les étayages ? En regardant la manière dont certaines ont traversé l'histoire, ne peut-on pas repérer des changements de cap, voire des mutations où l'on passe d'un mode d'agir à un autre ? Se posera aussi la question des critères qui nous permettront de déterminer la clôture d'une phase et le passage à une autre, et plus précisément ce qui la différencie d'autres formes de coordination, telles l'administration ou l'entreprise, elles aussi orientées vers la production de services ou l'administration de prestations.

L'hypothèse développée ici[1] est qu'il existe un certain nombre de registres par lesquels les individus confrontés à des situations particulières élaborent ce qu'il convient de faire, à partir d'un sentiment éprouvé d'injustice et qui justifie à leurs yeux leur propre engagement à modifier le réel. Leur coordination au sein d'une organisation associative, résulte d'un processus au cours duquel se construit une représentation collective de l'action, qui ne peut être dissociée des expériences individuelles. Cette vision, indissociable de l'action engagée, acquiert une légitimité à travers l'élaboration d'un « bien commun » qui stabilise l'engagement et clôture momentanément le processus. Ainsi, la dynamique associative procède conjointement d'une action à entreprendre et d'une représentation sociale, incluant une vision normative sur ce qu'il « convient de faire » et qui peut être référée à un principe de justice. Dans cette perspective, ce que nous désignons par « logiques institutionnelles » est un principe d'action légitimé selon des processus spécifiques.

1. Elle affine et prolonge celle présentée dans notre précédent ouvrage.

Une expérience fondatrice

Pour justifier leur initiative, les fondateurs évoquent une rencontre, un événement particulier déclencheur à leurs yeux d'une nécessité à agir et qui apparaîtra à leurs successeurs comme une œuvre, c'est-à-dire un objet qui témoignera de ce moment particulier. Le récit qu'en fait le fondateur de l'association Aides nous offre un exemple privilégié[2], à bien des égards typique de ceux entendus ou transmis généralement.

Il évoque deux rencontres, la mort d'un ami atteint du sida, « c'était insupportable que des gens soient confrontés à un tel silence social, au fait d'être jeunes devant une mort à brève échéance sans le savoir, sans échange de paroles » ; c'était en 1984. Un peu plus tard, « par hasard, j'ai lu dans *Libération* la lettre d'un garçon qui disait : je viens d'apprendre que j'ai le sida, c'est insupportable de le savoir » et d'ajouter, « c'était un peu l'envers que ce que j'imaginais, puisque je proposais un droit de savoir. [...] Je l'ai contacté et il est apparu que la chose essentielle était le soutien au malade et pas seulement ses droits. Il fallait un rapport de proximité par rapport à la personne, un réseau de paroles. Nous avons initié des groupes d'auto-support où des gens pouvaient partager dans la confidentialité ce qu'ils ne pouvaient expliquer ni partager nulle part ailleurs ».

Le groupement constitué est en quelque sorte en miroir à la situation : « L'association s'est créée avec des personnes qui prenaient une initiative individuelle, des gens confrontés à la maladie, par exemple, une femme dont le mari était mort, des gays militants, des médecins, des mères, il y avait quelque chose de très aléatoire dans cette mobilisation, vous aviez des énarques et des cuisiniers. [...] C'était un réseau aléatoire lié à l'aléa du virus, mais à l'époque, le dépistage était rare, il n'était pas standardisé et sa compréhension était problématique. »

2. Voir l'interview de Daniel Defert dans *Sociologies Pratiques* (n° 11, 2005) dont le numéro est consacré à « La santé en réseaux, quelles innovations ? »

Comment s'organiser pour répondre à ce mouvement vital, à cette dynamique d'engagement ? C'est la référence à une forme déjà existante qui lui sert de repère pour définir une stratégie spécifique au nouveau groupe. « J'avais pris comme modèle le Groupe d'information sur les prisons, créé avec Michel Foucault qui était un instrument de contestation radicale de l'institution. Il n'était pas question de faire la même chose avec les hôpitaux. Le problème était d'y être accueillis, soignés. » À partir de ce positionnement novateur et des échanges entre les personnes engagées dans ce mouvement, se crée une identité propre au groupe : « Nous étions des volontaires, précisément pour souligner la différence politique et technique avec le bénévolat. [...] Nous connaissions le diagnostic des gens que nous voyions. Ce n'est pas le cas du bénévolat. Cela demandait une formation éthique claire. Nous représentions l'entrée de la culture des malades à l'hôpital, la culture homosexuelle en particulier. [...] Il n'y a pas de vrai volontariat sans une connaissance de ces problèmes. »

Progressivement, s'élabore un savoir-faire spécifique à partir de pratiques, d'expérimentations et de formations où « les malades formaient des professionnels, car les malades étaient les seuls à vraiment connaître le vécu quotidien de la maladie, des effets des traitements et les conséquences à l'époque ». Il s'y élabore une manière de poser le problème en « termes de santé publique, plus que de formes institutionnelles. Il n'y avait pas de prise en compte politique du sida. On a conceptualisé à partir de notre expérience. Cette association est un mouvement social qui identifie une crise de la santé publique et aide à l'évolution des pratiques, pas une entreprise de réforme, cela c'est une réponse de professionnels ».

D'autres récits sont construits sur une même architecture. Dans un autre domaine, le fondateur du Secours catholique évoque l'hiver 1954 et la présence dans la rue de nombre d'hommes et de femmes pour expliquer l'implantation de tentes, « véritables cités » qui rendent visibles cette réalité sociale jusque-là cachée. Ces cités sont pour lui des « prototypes » pour d'autres initiatives dont chacune doit rendre visible cette pauvreté cachée en même temps que « la charité, véritable signe de l'Église dans la société ». Sur un autre registre et dans un autre domaine, la fondatrice du Planning familial évoque le sentiment d'injustice qu'elle éprouve en 1960 quand, témoin de la souffrance de jeunes femmes, elle constate que l'argent constitue pour nombre d'entre elles un critère d'accès à la contraception encore illégale à l'époque, et *a fortiori* à l'avortement.

La structure de ces récits met en évidence une coopération d'individus dans l'espace public, en y portant une difficulté, voire une souffrance ressentie et qui affecte le sens donné à son existence. Cette expérience subjective prend forme à travers une qualification qui trouvera sa réponse dans une double direction, l'action à entreprendre pour répondre au problème et la mise en relation d'individus dont les histoires particulières se croisent et créent un sentiment d'appartenance dans leur reconnaissance mutuelle. Enfin, il en naît une représentation partagée qui soutient l'activité et son développement et qui permet aux individus de se comprendre et se reconnaître participant à une même aventure.

Dans tous ces récits, il y est question d'individus dont l'engagement répond à un double mouvement, celui d'objectiver une histoire singulière en l'ouvrant à l'espace public et de créer les conditions particulières permettant un processus collectif de réflexion. Il nous faut maintenant chercher à comprendre ce mouvement d'objectivation dans une forme concrète qui serait indissociable de ce processus de subjectivation par lequel le sujet s'affirme, et qui est au cœur de la dynamique institutionnelle de l'association dans sa phase émergente.

De l'expérience individuelle à l'action collective

L'individualité moderne, la mise en forme d'une tension

Pour Simmel, l'individualité inclut deux aspects : « un rapport au monde, grand ou petit, rapport qui peut être d'actions ou d'idées, de rejet ou d'assimilation, de domination ou de servitude, d'indifférence ou d'intérêt passionné », mais aussi « un monde pour lui-même, centré sur lui-même, d'une certaine façon autosuffisant et fermé sur lui-même » (Simmel, 2004 : 202). Leur inclusion, définie comme une « forme sociale », se réalise sous des modalités diverses, selon qu'est privilégiée l'une ou l'autre de ces dimensions, à savoir l'existence de l'individu pour lui-même, autonome ou que ce dernier tire le sens de son existence de sa relation au monde, de sa comparaison aux autres. Cette forme est une construction qui résulte d'une diversité de combinaisons entre ces deux dimensions. Mais quel que soit l'équilibre atteint, « un être vit ensemble les deux en un : la concentration intérieure, le fait d'avoir un monde à soi, l'être-soi suffisant et, le rapport positif ou négatif, la tendance à s'identifier et à se retirer par rapport à un tout auquel l'être appartient » (*id.* : 203). L'individualité moderne est la combinaison variable et évolutive des deux dimensions constitutives et indissociables que sont le rapport à soi et le rapport au monde. Mobilisant cette forme sociale de l'individualité, Simmel montre comment elle permet de comprendre la manière dont, à différentes périodes de l'histoire, ont pu être construites des synthèses successives entre la liberté et l'égalité, principes fondateurs de la modernité. Ainsi, au XVIIIe siècle, celui de la Révolution française, la liberté est-elle associée à l'égalité dans une conception de l'unicité d'un être humain, abstrait car universel. L'individu libéré de ses attaches corporatives, religieuses ou féodales était rendu à lui-même, à sa propre autonomie « naturelle » le réintroduisant ainsi dans un rapport d'égalité avec les autres sur la base d'une commune humanité. Cependant, comme le note Simmel, « pour la conscience universelle à cette époque au sujet de l'essence de l'individualité, cette contradiction entre son égalité et sa liberté restait néanmoins cachée et c'est seulement le XIXe siècle qui l'a révélée dans une certaine mesure » (*id.* : 213). Ainsi apparaît, au siècle suivant, une nouvelle synthèse où l'égalité n'est plus le fondement de la liberté mais l'inégalité, « seulement celle qui était posée de l'intérieur » issue d'une différenciation qualitative. Ayant acquis cette culture de l'égalité et de l'universalité, l'individu cherche alors à se différencier de ses semblables : « La liberté reste le dénominateur commun, même dans cette opposition entre ses corrélats. Dès que le Moi fut suffisamment renforcé dans la conscience de l'égalité et de l'universalité, il chercha à nouveau l'inégalité, mais seulement celle qui était posée de l'intérieur. Après que l'individu a été libéré en principe des chaînes rouillées de la corporation, de la position sociale due à la naissance, de l'Église, l'inégalité vient largement de ce que les individus ainsi rendus autonomes veulent se séparer aussi les uns des autres : il ne s'agit plus qu'on soit en général un être particulier libre, mais qu'on soit cet être déterminé et non un être interchangeable. L'effort moderne de différenciation parvient ainsi à un niveau qui dément la forme qu'il venait d'obtenir, sans que cette opposition puisse dévoyer l'identité de la tendance fondamentale ; tout au long de l'époque moderne, l'individu se cherche lui-même, cherche un point de stabilité sans ambiguïté, dont il a un besoin de plus en plus pressant au fur et à mesure que s'étend de façon inouïe son horizon théorique et pratique et qui, pour cette raison même, ne peut plus être trouvé dans une instance extérieure » (*id.* : 213-214).

Le mouvement de différenciation qui se déroule sur un horizon sans limite externe et entraîne l'individu dans une quête inassouvie, est issu d'une culture où l'égalité « exprime l'être le plus profond des hommes et qui, par ailleurs, doit être réalisée ». Ici encore, la revendication à la différence s'exprime en référence à une égalité posée comme fondement universel et acquise par la liberté.

En conclusion de son étude, Simmel souligne que ces deux synthèses historiques ont trouvé leur traduction dans le domaine de l'économie : « La doctrine de la liberté et de l'égalité est la base fondamentale de la libre concurrence, celle des personnalités différenciées est la base fondamentale de la division du travail » (*id.* : 216.) Ainsi, nous invite-t-il à regarder l'organisation productive comme une régulation entre deux principes, la liberté et l'égalité, constitutifs de l'individualité: l'acteur ne peut être dissocié de l'agent. Il s'y joue une dynamique de différenciation, pour la reconnaissance du sujet.

La notion de « forme sociale » construite par Simmel pour rendre compte de la manière dont la société moderne se constitue à partir des échanges entre individus, nous offre une grille de lecture pour comprendre l'association comme phénomène d'une expérience subjective, fondée sur la liberté. Retenue comme l'une des formes sociales de l'individualité moderne, l'association « moderne » concrétise une synthèse fragile et jamais achevée, de la liberté se déployant dans une différenciation sociale croissante et de l'autonomie fondée sur l'unicité et l'altérité de la personne. Elle est au cœur de l'interaction entre les deux dimensions constitutives de l'individu dont elle assure l'unicité. Ce faisant, elle en permet la réalisation et offre aux individus un espace social de leur reconnaissance. Dans cette perspective, si chronologiquement l'association précède l'individu ou naît de son initiative, elle ne saurait être tenue pour une entité extérieure à sa propre constitution, dont dépendrait son existence, elle en offre un cadre d'expérience. La notion de forme sociale[3] souligne l'unité constituée d'une multiplicité d'interactions entre les acteurs et non produite par un ensemble de contraintes normatives externes; c'est un principe de structuration sociale. C'est en ce sens que l'association, issue de la modernité, instaure une rupture avec l'ordre ancien structuré en corporations ou autres confréries par lesquelles l'individu était incorporé socialement au point de n'exister que par la communauté de métiers ou de statuts. Elle le constitue socialement, dans son rapport à soi, comme monde autonome, en même temps qu'elle est le produit de ce double engagement de l'individu.

3. « Comment les formes sociales se maintiennent? », *Année sociologique*, première année, 1896-1897, p. 71-109.

C'est pourquoi, en tant que médiation entre l'individu et son environnement, l'association doit être appréhendée conjointement, dans son entité propre, autonome, fruit des échanges multiformes entre les individus qui, se référant à une même égalité constitutive de leur agrégation, s'y différencient dans leur coopération ; mais elle doit aussi être prise dans son rapport avec le monde extérieur à elle, avec un ensemble qui la dépasse et dont elle est une partie. Il nous faut donc penser la vie associative comme une dynamique issue de cette tension irréductible à la modernité.

L'expérience individuelle, une combinaison de logiques d'action

On le voit, l'individualité moderne n'est pas une donnée naturelle, un objet concret, elle résulte d'une construction sociale qui, sans s'y superposer, n'est pas étrangère à l'expérience que l'individu fait de son être au monde et de son rapport à soi. Au-delà du vécu émotionnel par lequel l'individu éprouve sa subjectivité, le terme d'expérience renvoie aussi à une activité de construction, de connaissance par laquelle l'individu se représente le monde auquel il participe et dont il peut vérifier la consistance. Définie comme « une combinaison de logiques d'action, logiques qui lient l'acteur à chacune des dimensions d'un système », l'expérience est un travail par lequel « l'acteur articule des logiques d'action différentes et c'est la dynamique engendrée par cette activité qui constitue la subjectivité de l'acteur et sa réflexivité » (Dubet, 1995 : 105). Autonome et réflexif, l'acteur élabore sa propre expérience à partir des logiques d'actions et, sujet, il exerce une capacité de distanciation critique sur les dominations dont il est l'objet. Les sentiments d'injustice qu'il peut éprouver dans un certain nombre de situations, résultent d'une appréciation critique qui mobilise des principes de justice construits au fil de son expérience.

Prolongeant les travaux de Weber sur les formes de rationalisation, Dubet identifie trois logiques qui font système dans leur articulation respective : une logique d'intégration par laquelle s'opère la socialisation de l'individu, une logique stratégique où l'individu mobilise ses ressources pour augmenter sa capacité d'action et enfin, une logique de subjectivation où l'individu opère un mouvement distancié et réflexif, voire critique de sa propre relation au monde. Pour cet auteur, « l'action est définie par les relations sociales. Une action est une orientation subjective et une relation. Il existe beaucoup plus qu'une simple correspondance entre les deux ; on peut considérer que l'orientation ne se développe que dans le type de relations qui lui correspond, et de manière complémentaire, qu'un type de relation appelle un type d'orientation. L'articulation de ces deux dimensions constitue une logique d'action » (*id.* : 108). Il n'y a donc pas d'extériorité de sens à l'action et, l'acteur autonome détermine ses propres jugements à partir d'une expérience sociale structurée par des logiques. Il n'y a pas de conduite sociale indépendante de l'interprétation qu'en donne l'acteur. L'acteur est alors confronté au décalage entre les situations concrètes et son appréciation subjective de la justice. C'est pourquoi Dubet part « du postulat selon lequel chaque logique d'action [...] est sous-tendue par un principe de justice fondamental. [...] On peut parler de l'aspect normatif de l'expérience sociale dans le double sens du mot normatif ; d'abord celui d'un ensemble de principes considérés comme légitimes, obligatoires aurait dit Durkheim, ensuite comme une activité normative du sujet, comme l'exercice d'une délibération et d'un jugement autonomes donnant au jugement le sceau de sa véritable moralité. Chaque principe de justice est indépendant de l'acteur et le précède, mais la polyarchie de ces principes, associée à la diversité des situations, conduit les individus à développer une activité normative propre au sein de cadres, de règles et de combinatoires » (*id.*, 2005 : 495-496).

La combinaison de ces logiques dans l'expérience sociale s'inscrit dans le système social dont elle est le versant individuel. Les principes d'action à partir desquels l'individu élabore son expérience, ne lui appartiennent pas, elles sont en quelque sorte déterminées, issues des différentes logiques du système social.

De la même manière que l'acteur individuel doit composer l'unicité de son expérience à partir d'une pluralité de logiques d'action, l'acteur collectif se construit par un processus similaire, celui d'un « travail démocratique » où s'élabore une cohérence à partir de la pluralité des registres d'action. Dans cette perspective, l'association peut être considérée comme une communauté d'individus dont la logique d'intégration assure la socialisation à travers un certain nombre de normes, mais ce faisant, elle est traversée par la diversité des intérêts qui entrent en concurrence les uns envers les autres au sein de jeux de pouvoirs faits d'alliance, d'opposition ou de négociation. Enfin, elle ne peut dénier aux individus une capacité à faire valoir leur critique issue d'une appréciation subjective entre une conception de ce qui est bien et juste d'une part et les rapports de domination de l'autre. Ce faisant, elle ordonne au sein d'une même représentation des ordres de grandeur, des conceptions du bien et elle organise son activité en référence à ces principes d'action. Cette construction est soumise à l'épreuve permanente de la justification, instance critique exercée par ses membres. L'émergence d'un principe supérieur commun est l'enjeu du processus de justification inhérent à l'action collective (Boltanski, Thévenot, 1991). Ainsi, peut-on trouver une homologie de forme : de même que l'individu moderne est condamné à trouver le sens de son existence par un travail sur soi, dans une tension permanente entre soi-même et sa relation au monde, l'association comme forme de l'individualité moderne, se constitue dans un processus démocratique par lequel l'action collective prend sens à travers la définition d'un bien commun.

La question de la « force » de l'accord collectif se pose alors pour rendre compte de la permanence d'une organisation construite sur une représentation commune dont elle doit en reformuler la validité à chaque mise à l'épreuve. Si le procès de justification se déroule idéalement à travers un développement argumentaire et donne à saisir le moment de cette mise à l'épreuve, que constitue le débat entre les acteurs, il ne saurait à lui seul fonder la continuité d'une coopération qui peut s'observer sur plusieurs décennies. Nous avions souligné précédemment combien l'idée d'une forme sociale pouvait rendre compte d'une construction historique, sorte de patrimoine social et politique dans lequel les initiateurs pouvaient puiser des logiques d'actions. Il nous faut chercher à expliciter le processus de légitimation de ces logiques d'action, dans la durée d'une histoire.

Le projet, un principe de légitimation institutionnelle

Force est de constater que l'accord entre des acteurs mus par leur capacité critique ne tient que, dans la mesure où il répond à des attentes partagées. La logique de la contrainte nécessairement assortie d'une sanction ne suffit pas à rendre compte de la force de l'accord collectif. Dans un contexte de compétition, où une pluralité de légitimités se confrontent et constituent des ressources que mobilisent les acteurs selon leur logique propre, « la légitimité repose sur une invocation. Mais elle ne peut être invoquée en général, comme si celui qui a réussi à la saisir ou qui détient le pouvoir pouvait le faire à tout propos. Elle est en général relative à un objet, à un domaine, au sens très large du mot : à un projet » (Reynaud, 1997 : 41). Or, celui-ci renvoie autant à une représentation de ce qu'il convient de réaliser ou de défendre, de l'inégalité injuste à combattre, à côté d'autres qui sont considérées comme acceptables ou justifiables, qu'à des dispositifs de coopération qui rendent l'échange possible ou l'imposent, assurent le succès de l'action, et constituent des expériences de reconnaissance pour les individus engagés dans cette coopération.

Ainsi, la légitimation d'une logique d'action dépend autant de sa capacité à répondre aux attentes multiformes des acteurs que du processus par lequel celle-ci devient autonome et acquiert une autorité. Le principe de cohérence implicite à cette conception de la légitimation concerne autant les termes de la vision sociétale portée par le projet que le système de règles inhérentes à cette représentation collective. « Ce qui assure la stabilité des règles, ce qui permet leur maintien, ce n'est donc pas à proprement parler leur poids ou leur inertie [...] ce sont les stratégies des acteurs qui les utilisent et les construisent » (*id.* : 61).

Parce qu'elle assure le maintien d'une référence commune pour l'action, ainsi l'autorité qui lui est attachée, elle constitue un héritage commun pour la compréhension des situations. Elle n'est pas seulement mise en ordre par des prescriptions qui assurent la coopération, elle est aussi une manière de connaître, de classer les éléments d'une réalité et de construire une représentation sociale, d'en formuler la question sociale. Elle se constitue comme principe cognitif légitime pour l'action collective : « Celui qui l'invoque invite à une action en lui proposant un sens. Enfin, elle est une solution à un problème pratique posé, solution qu'un acteur indique ou impose aux autres, mais qui, parce qu'elle répond à une question dont la formulation est acceptée en commun, crée une possibilité d'accord » (*id.* : 68). En ce sens, la règle légitime est « une convention » non seulement parce qu'elle contraint les acteurs mais d'abord parce qu'elle est la condition de la coopération.

Dans cette perspective, nous qualifierons de « logique institutionnelle », la logique d'action qui structure l'association dans sa double dimension, cognitive et normative, et qui, de ce fait, légitime la coopération entre les acteurs associés.

Les effets de la reconnaissance institutionnelle

En rappelant les limites d'une régulation de contrôle pour fonder la coopération entre individus libres et en invitant à explorer le processus de légitimation des règles de coopération, Renault nous autorise à explorer plus avant les processus par lesquels les attentes formulées par les individus peuvent trouver ou non les conditions de leur reconnaissance. Celles-ci, nous l'avons vu, ne peuvent être conçues comme autonomes, détachées des interactions sociales et des logiques d'action. C'est dire que si les demandes de reconnaissance sont liées à des rapports de pouvoir, en ce qu'elles traduisent des sentiments d'injustice issus par exemple, de la violation de règles légitimes, explicites ou non, elles relèvent aussi d'une capacité critique. C'est pourquoi, « la théorie de la reconnaissance permet de mesurer la valeur des institutions à la lumière des attentes fondamentales qui se situent en deçà des règles de la vie sociale et des principes de justification institués. Mais pour que cette théorie des attentes fondamentales puisse conduire jusqu'à la critique des institutions, il convient de repenser les attentes de reconnaissance à partir des effets de reconnaissance produites par les institutions elles-mêmes » (Renault, 2004 : 190). Or, l'institution produit trois types d'effets. Elle influe sur le comportement des individus en ce qu'elle les contraint à la coordination des actions par l'énoncé de règles. Le processus de reconnaissance est lié aux relations de pouvoir que structure le système d'action local, à la place occupée par l'individu dans l'organisation. Mais l'institution produit encore une modélisation des attentes ainsi qu'une mobilisation de la subjectivité des acteurs en ce sens qu'elle appelle à l'engagement des personnes. C'est l'incitation normative à se conformer aux finalités poursuivies par l'institution ; le déni y prend alors la forme de « l'invisibilité ou de la mort sociale ». Enfin, elle constitue un lieu de socialisation et de production identitaire spécifique, elle résulte d'un processus de subjectivation par lequel l'individu tente de construire son identité à partir d'une multiplicité d'appartenances. Les formes de déni sont alors « une reconnaissance fragmentée » marquée par l'impossibilité dans laquelle se trouve l'individu à construire une cohérence identitaire du fait de dispositifs institutionnels paradoxaux.

Aussi, pour Renault, « prendre au sérieux la dimension institutionnelle de l'existence permet donc de passer d'une théorie des institutions comme expression de la reconnaissance à une théorie des institutions comme constitution des relations de reconnaissance » (*id.* : 194). Confronté en permanence à ces demandes de reconnaissance, le fonctionnement institutionnel est soumis à des processus d'évolution ou de crise où les conflits apparaissent aux victimes de déni, comme la seule issue possible dans la lutte pour la reconnaissance. Mais, ajoute cet auteur, « si la reconnaissance a toujours à voir avec l'institution, elle est aussi intimement liée à la question des identités sociales et professionnelles, ainsi qu'aux problèmes posés par les différentes formes de la souffrance sociale qui résultent de la stigmatisation, de la méconnaissance et de la reconnaissance fragmentée » (*id.* : 194).

La logique institutionnelle : une forme de régulation sociale

En posant l'association comme une coopération d'individus, orientée vers la réalisation d'une activité, celle-ci doit faire face à une pluralité de logiques d'action. La recherche d'accords afin de rendre possible cette coopération entre ces acteurs instaure un principe de légitimité, hiérarchisant les représentations inhérentes à ces logiques d'action. À travers ce travail de mise en cohérence s'opère la socialisation d'individus portés, dans leur engagement, par une dynamique de reconnaissance. La régulation institutionnelle est la mise en cohérence de ces trois dimensions. Nous la qualifions de logique institutionnelle pour mieux souligner cet ordonnancement particulier d'une représentation et d'un dispositif favorisant la coopération. Nous y retrouvons ainsi trois caractéristiques de ce qui fait institution : un ensemble de règles qui contraint les individus afin de garantir la stabilité de la coopération, une instance de socialisation où s'opèrent des transactions identitaires et une instance de légitimation culturelle.

On peut ainsi schématiser les composantes de cette forme sociale qui se construit dans la régulation institutionnelle :

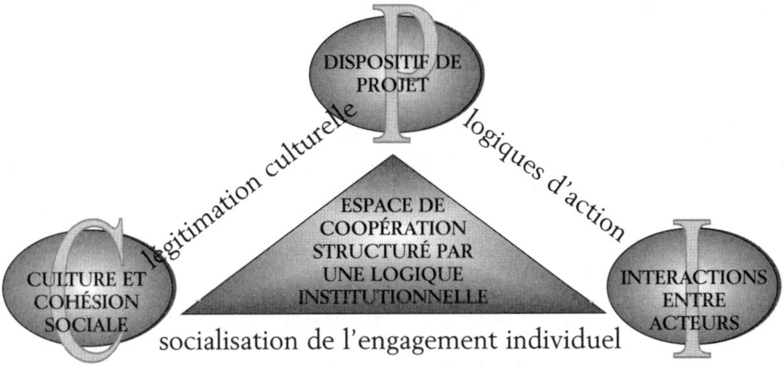

En nous référant à l'ensemble des travaux réalisés, nous proposons un essai de typologie des logiques émergentes, constitutives de la plupart des associations du secteur social et médico-social, ainsi que leurs critères d'identification[4]. Comme toute typologie, elle synthétise et schématise une diversité de situations afin de proposer un cadre de compréhension.

4. Cette typologie est le fruit d'une élaboration à laquelle ont participé Elisabetta Bucolo, Marie-France Gounouf, Joseph Haeringer, Jean-Louis Laville et Fabrice Traversaz, dans le cadre de l'Executive master, « Sociologie de l'association, action dirigeante » à Sciences-Po.

Les éléments du cadre institutionnel		La logique domestique	La logique d'aide	La logique d'entraide	La logique de mouvement
Les conceptions partagées, « le monde commun »	La solidarité	Dons mutuels, partage entre les membres de la « famille », de la « maison », l'échange est au service du lien	Philanthropie, sollicitude, sentiment de responsabilité à l'égard des plus démunis	Le lien de proximité fondé sur un principe de liberté et de démocratie	L'exercice démocratique pour infléchir l'action publique
	L'action collective	Action de proximité, interpersonnelle et inscrite dans les réseaux primaires	Engagement auprès de publics déterminés dans des catégories abstraites	Auto-organisation	Action revendicative pour un changement institutionnel élargi
Les formes et les dispositifs de régulation	Le rapport entre espace public et production	Rabattement sur l'espace privé, importance des « services rendus »	L'espace public instrumenté par l'activité auprès des publics	Valorisation socio-économique de la production de services	L'activité de services encastrée dans l'espace public
	Rapports sociaux entre promoteurs et bénéficiaires	Personnification de l'action à travers le personnage charismatique du promoteur	Promoteurs « notables » distincts des bénéficiaires, inégalité sociale	Groupe socio-culturel homogène partageant des mêmes besoins	Pluralité de groupes sociaux dont l'égalité est postulée
	Place statutaire des destinataires de l'action	Non-membre	Non-membre	Membre	Membre
	Modes de socialisation entre acteurs (promoteurs, salariés et destinataires)	Prolongement des réseaux primaires antérieurs à la création associative, distance avec bénéficiaires	Cooptation entre promoteurs au titre d'une « qualification sociale », distance avec bénéficiaires	Personnes associées à la construction de solutions	Appartenance idéologique par l'adhésion commune à l'action revendicatrice
	Principe de résolution des conflits	Soumission à l'autorité charismatique du promoteur	Recherche de compromis sur des valeurs	Recherche de consensus sur des conceptions	Expression majoritaire instrumentée par le vote
	Principe dominant pour la mobilisation des ressources	Patrimoine constitué par des relations privées	Don, donation, accent mis sur l'action morale et libre du donateur	Contributions et travail volontaires, réciprocité égalitaire	Pressions pour mobiliser la redistribution publique

De l'émergence au développement, une mise à l'épreuve institutionnelle

De l'échange domestique à la philanthropie, ou encore au solidarisme et à l'associationnisme : une pluralité de référentiels de la « solidarité » ont légitimé les groupements associatifs qui se sont institutionnalisés. Les logiques institutionnelles émergentes que nous avons identifiées précédemment, en sont des expressions concrètes. Elles mobilisent des représentations spécifiques de la solidarité, en même temps qu'elles fondent un dispositif de coopération qui, durant la période de création, sera faiblement étayé d'un point de vue technique et organisationnel. Là, les fonctions sont attachées aux personnes, identifiées aux individus qui les remplissent. Les activités ressortent de l'échange qui mobilise les ressources et les compétences des bénévoles. L'organisation et l'activité sont encastrées dans la conception de la solidarité dont se réclament les fondateurs et leurs successeurs immédiats. La socialisation s'opère au sein d'une communauté fondée sur la proximité. Pour le dire autrement, la socialisation secondaire, établie sur des échanges fonctionnels, se différencie faiblement de la socialisation primaire de laquelle sont issus les initiateurs.

Cependant, l'histoire de ces associations est, pour la plupart d'entre elles, marquée par une croissance d'effectifs et un développement d'activités plus ou moins diversifiées qui résultent d'âpres négociations avec les administrations publiques, d'opportunités saisies ou encore de sollicitations publiques directement adressées à elles. De véritables transformations affectent l'organisation de ces groupements jusqu'à leur composition puisqu'on y observe corrélativement à l'augmentation des professionnels, le rabattement des bénévoles à des fonctions d'administrateurs et l'augmentation de ressources publiques pour leurs activités, en relais des contributions volontaires. Certains auteurs y voient un processus d'isomorphisme qui rendrait compte de leur relative homogénéisation autour de ces deux modèles organisationnels dominants que sont l'administration publique et l'entreprise privée.

Une épreuve de légitimité

Les enquêtes réalisées dans de nombreuses associations sur leur évolution, nous ont amenés à faire le constat de la fragilisation des logiques institutionnelles émergentes que nous avons qualifiées de « domestique et d'aide », voire de leur disparition sous l'effet d'une double critique : institutionnelle, au regard du décalage entre les valeurs affichées et le fonctionnement réel, c'est-à-dire leur qualité civique et organisationnelle, du fait de leur difficulté à objectiver la qualité de leurs prestations au regard de critères marchands. D'où notre hypothèse, d'une nécessaire re-légitimation de ces organisations. Elle se pose à partir d'une double mise à l'épreuve de l'*ethos* associatif : celle issue de la transformation des politiques publiques et de leur référentiel, et celle générée par l'emprise grandissante du marché. La première se situe sur le registre de la citoyenneté, de la capacité à développer une pratique démocratique conçue comme un principe d'action mis en œuvre par des individus pour la résolution de problèmes les concernant, ainsi que de l'aptitude à souligner la plus-value qu'une telle organisation apporte par rapport à l'administration publique, compte tenu de l'importance des financements publics. Une seconde mise à l'épreuve est celle posée par l'hégémonie du marché et son emprise sur des secteurs d'activités jusque-là préservés de cette logique. Elle questionne la qualité de la prestation associée à leur professionnalisation, mais aussi la performance au regard d'un principe de concurrence érigé en épreuve susceptible de départager les prestataires de services.

Cependant, cette épreuve de légitimité non dissociable des dispositifs organisationnels et opératoires, n'entraîne pas nécessairement l'instrumentalisation de ces associations, leur rabattement à des principes utilitaristes, puisque des valeurs viennent fonder et étayer ces logiques d'action et que des régulations préservent un espace propre à l'association, fût-il résiduel. *A contrario*, la persistance des logiques « d'entraide ou de mouvement », dans certaines d'entre elles, peut être rapportée à une résistance entretenue face à l'emprise de la logique productive. Elle s'exprime par une volonté de réguler l'activité, de s'opposer à sa normalisation par les administrations publiques et pour ce faire, elle mobilise une capacité réflexive des organisations pour justifier ces choix. On y observe des pratiques de débat et des dispositifs participatifs alimentant une mise à distance critique des institutions publiques conjointement à la mobilisation de ressources diverses. En résumé, dans cette double mise à l'épreuve des associations, les unes se transforment sous l'effet de l'intégration de nouveaux acteurs, porteurs de représentations de l'action assurant une régulation avec leur environnement institutionnel soit sur le mode « public » soit sur le mode « privé », tandis que d'autres enracinent leur autonomie dans des espaces publics internes où se définissent selon des processus démocratiques, des principes d'action légitimes.

Une dynamique de « montée en généralité », entre privé et public

Trois types de parcours peuvent être dégagés de l'évolution des associations du secteur social et médico-social, au regard de leur rapport aux pouvoirs publics. Le premier est celui d'une initiative de personnes concernées par une même question, par un même besoin. Le recours à l'État est porté par une volonté d'obtenir les ressources nécessaires à la réalisation du projet qui est présenté comme relevant d'un intérêt partagé par un groupe d'individus et devant, à ce titre, être pris en charge par les pouvoirs publics, dans le cadre de l'État social. Nombre d'associations se sont développées en exerçant un pouvoir d'interpellation ou de *lobbying* envers les pouvoirs publics, afin que soit reconnue la qualité d'intérêt général de leur cause et que des dispositifs publics soutiennent ces activités au nom de cette reconnaissance. L'histoire du handicap en est une illustration marquante. Un second exemple est celui d'associations dont l'engagement est fortement ancré dans la critique sociale, que l'on songe à nombre d'associations d'éducation populaire, comme certaines d'entre elles, gestionnaires de centres sociaux ou d'autres mobilisées sur des luttes sociales ou culturelles. Elles maintiennent une coopération conflictuelle avec les pouvoirs publics en négociant les objectifs et les modalités des activités qui seront agréées et conventionnées par les institutions publiques. C'est pour elles, une condition afin de s'assurer de la maîtrise du projet, et par-delà éviter la colonisation de leur espace par la logique administrative publique qui s'exerce au moyen d'une normalisation de leurs activités. Enfin, un autre développement observé est celui impulsé par les pouvoirs publics envers les acteurs de la société civile pour mettre en œuvre des activités définies par la programmation des politiques publiques. Cette adresse s'est concrétisée par la création d'associations spécifiques, chargées d'une mission inscrite dans un quasi-monopole, telles les « sauvegardes » ou par l'agrément d'associations antérieures déjà présentes auprès des publics concernés et reconnues pour la pertinence de leur action pionnière (Tétard, 2001). Qualifiées de parapubliques par ceux qui méconnaissent la réalité de leur fonctionnement et de leur régulation avec les pouvoirs publics, elles rusent de stratégies pour asseoir leur autonomie.

Dans les deux premiers exemples, il s'y opère une transformation de questions individuelles, relevant de l'espace privé, de la sphère intime, en questions sociétales. Dans le premier cas, elle s'opère dans un rapport à l'État nécessaire pour la réalisation de ses objectifs, en termes de revendication de droits sociaux, mais aussi pour répondre aux besoins de leurs usagers. « L'institutionnalisation du handicap » (Barral, Sticker, 2004) illustre ce passage progressif où, sous l'action persistante et militante des parents d'enfants, se construit conjointement avec les pouvoirs publics et l'expertise médicale, une représentation du handicap qui trouve sa légitimité et son opérationnalité à travers une diversité de dispositifs légaux, réglementaires, administratifs et financiers. Cette approche institutionnelle qui privilégie le rôle de l'État ne dit rien de la dynamique de ces associations, et plus précisément de la logique d'action qui structure leur développement sur lequel nous reviendrons ultérieurement. Dans un mouvement inverse, la protection de l'enfance et le traitement des mineurs délinquants trouve son impulsion dans le besoin, exprimé par les magistrats, d'une expertise sociale afin d'éclairer « le discernement » dont ils doivent faire preuve dans leur décision (Tétard, 1998). Là, c'est l'État, à travers l'institution judiciaire, qui en appelle aux initiatives privées pour singulariser un principe général de justice et, pour ce faire, établit avec elles un régime d'habilitation et de financement. Il ne cessera de les solliciter au point que l'administration de la protection judiciaire de la jeunesse les considère comme ses opérateurs privilégiés face à son propre service public, parfois plus rétif à intégrer et à réaliser les objectifs fixés par leur ministère de tutelle. La ténacité dont certaines d'entre elles font preuve face aux décisions unilatérales de l'État, souligne s'il en était besoin, la consistance de cet acteur de la société civile qui ruse de stratégies pour se maintenir incontournable.

Dans ces deux types de processus, se jouent des modalités différentes d'un même rapport du particulier au général. Dans le premier cas, l'aide à la personne handicapée se réalise sur le registre de la proximité, du parent à son enfant, ou dans le cas de la personne âgée, de l'adulte à ses parents vieillissants. Peu à peu, les initiateurs de l'association sont mis à l'épreuve pour la continuité de leur projet, parce que les enfants handicapés grandissent ou que les parents vieillissants deviennent de plus en plus dépendants. Il s'y opère « une montée en généralité » (Boltanski et Thévenot, 1991) qui se traduit par la mise à distance de la situation initiale et l'élargissement de l'objet associatif originel. La prise en charge initialement organisée pour leurs propres enfants ou leurs propres parents, s'ouvre à tous les enfants handicapés, à toutes les personnes âgées qualifiés d'« ayants droit ». Dans le second cas, les initiatives privées trouvent leur légitimité dans les principes généraux énoncés par les politiques publiques en les déclinant dans une pluralité d'activités qui offrent aux usagers autant de points d'accès particuliers aux services dont ils ont besoin et auxquels ils peuvent prétendre, ou adaptent la norme administrative à la singularité des situations présentées.

Un espace d'engagement

Ainsi, quel que soit le processus dans lequel opèrent les associations, celles-ci se situent à la croisée du particulier et du général. On le voit, les dispositifs d'étayage de ces différents processus ne sont pas identiques : les uns sont issus d'une connaissance expérientielle, voire domestique, des publics visés par les politiques publiques, les autres relèvent d'une expertise construite dans d'autres espaces, professionnels en l'occurrence, parmi lesquels les centres de formation et les services spécialisés. Les premières se situent dans le prolongement de la domesticité, de l'espace privé lorsque les solidarités primaires trouvent leurs limites, les secondes s'inscrivent dans les solidarités secondaires, spécialisées, développées par les institutions de l'État social. Cette différenciation de légitimités a pu s'observer tout récemment lors de débats parlementaires sur le projet de loi relatif à « l'égalité des droits et des chances, la participation sociale et la citoyenneté des personnes handicapées » où des élus ont voulu récuser la légitimité des « associations gestionnaires » à représenter les personnes handicapées parce qu'elles seraient « juges et parties » dans certaines instances de consultation. Dans le dialogue et la négociation avec les élus se joue la question de la légitimité des représentations : qui parle et au nom de qui ?

Cependant, le registre du « particulier » s'ouvre sur celui de l'intime, du sujet. Là, se jouent la reconnaissance ou son déni, voire d'autres formes de méconnaissance. Celles-ci dépendent des modalités de construction de la réponse apportée au problème soulevé. Si les identités individuelles ou collectives se construisent au sein des relations de pouvoir, elles se forment aussi en rapport avec l'offre institutionnelle, comme nous l'évoquions précédemment.

Qu'ils soient parents d'enfants, proches de personnes âgées ou administrateurs bénévoles, tous ces individus sont engagés dans un processus de construction identitaire qui ne peut être rabattu du seul côté de la sollicitation des ressources qu'ils apportent à l'association. Dans les processus décrits précédemment, d'une montée en généralité ou de l'adaptation à la singularité des situations individuelles, ce sont des expériences subjectives qui sont mobilisées, qui donnent du sens et soutiennent les engagements des personnes. La mise à distance de cette expérience que requièrent ces processus ne peut faire l'économie des subjectivités qui s'y déploient : « C'est bien que des institutions peuvent nous faire faire ce travail d'autonomisation des enfants, de nous aider à prendre de la distance ; il y a chez nous une culpabilité, une pression intime autour de l'abandon, une culpabilité à ne pas nous occuper nous-mêmes de notre enfant et de la confier à d'autres[5]. »

Tout dirigeant associatif mesure la difficulté à mobiliser des bénévoles, puis à soutenir leur engagement dans ces associations. D'aucuns en interpellent les salariés sur leur implication : « On ne pouvait pas faire autrement dans une société de plus en plus complexe, il faut que nous ayons des professionnels de plus en plus armés. Le bénévolat d'intervention il y a trente ans, c'est fini. Ce n'est pas à regret, c'est une évolution normale avec ce que ça a de bon et de mauvais côtés. À l'assemblée générale de l'association, je l'ai dit : "Et vous professionnels, que faites-vous ? Quelle part de risque, aujourd'hui, êtes-vous prêts à prendre pour qu'on relance l'action associative[6] ?" »

Les ancrages à la dynamique d'engagement sont multiples et interdépendants. C'est la possibilité de donner un sens à l'activité réalisée pour d'autres (être utile, combattre l'injustice) conjointement à sa propre trajectoire individuelle (donner un sens à sa vie). La gratification personnelle, tant celle du bénévolat que celle

5. Extrait d'entretiens avec des parents d'enfants placés en institut médico-éducatif.
6. Extrait d'entretien avec un président d'association.

du salariat ne peut être dissociée de la valorisation sociétale de l'engagement associatif. « L'individu ne trouvant des ressources qu'en lui-même, défiant à l'égard de toutes les formes collectives d'encadrement, est surexposé, fragile, menacé, il a besoin de supports pour construire son autonomie » (Havard-Duclos et Nicourd, 2005 : 201).

C'est dire combien le fonctionnement de ces organisations est un espace de construction sociale de l'engagement des personnes qui ne peut être réduit à sa rationalité organisationnelle. La résistance à cette emprise s'observe en particulier dans la constitution et le fonctionnement de l'espace public, pôle de débat sur les orientations. Reformulée dans une problématique habermasienne, son instrumentalisation à des fins stratégiques empêche cette intercompréhension fondée sur la reconnaissance « des mondes vécus » et la nécessité de préserver des espaces publics autonomes non colonisés par d'autres logiques de systèmes que représentent le pouvoir de l'État ou l'argent dans une logique de marché.

Une double mise à l'épreuve

Ainsi, la régulation avec l'environnement public concerne autant l'inscription des activités dans des dispositifs de coordination visant l'efficacité, que la pertinence du projet associatif par rapport à l'état de la question sociale et par-delà, de l'engagement des sujets. Ce sont autant de règles par lesquelles les acteurs établissent leur mode de coopération que de référentiels au moyen desquels ils parviennent à construire des représentations partagées, ancrées dans des expériences personnelles. En optant pour cette perspective, on s'attachera à observer les processus par lesquels les acteurs s'ajustent mutuellement, élaborent des représentations de la réalité qui vont guider leur action et, ce faisant, structurent des espaces particuliers offrant aux acteurs d'établir leur autonomie.

Il nous faut donc examiner successivement ces deux mises à l'épreuve, par rapport à l'action publique dont les transformations affectent les associations dans leur légitimité institutionnelle et organisationnelle, mais aussi, par rapport à l'économie dont l'emprise croissante du marché modifie les régulations de la production des services aux personnes, jusque-là inscrite dans le cadre de la solidarité primaire ou reprise par l'État social.

Les mutations de l'action publique

Dans le cadre des décentralisations successives, l'État a transféré la plupart de ses compétences dans le domaine social et de la formation aux collectivités locales ou territoriales. Ce passage du niveau national et central aux instances locales décentralisées a profondément transformé le contexte dans lequel évoluent les associations. La régulation institutionnelle, jusqu'alors réalisée dans le cadre de l'État social, n'opère plus la cohésion d'un champ d'activités soumis de plus en plus à des logiques centrifuges sinon paradoxales. À la conception d'une politique conçue comme « l'action des autorités publiques » sur la société et orientée vers une finalité référée à l'idéal républicain, se substitue l'idée d'« une action publique, produite par des ajustements mutuels » dans des espaces autonomes (Massardier, 2003). Des réseaux traversent les institutions et fragmentent le social, morcelant l'intérêt général en une diversité d'intérêts, de sens et de valeurs partagées entre des acteurs réunis autour d'un projet commun. « C'est donc moins d'ordre dont il convient de parler que d'action ou plutôt d'un entrelacement d'actions multiples, complémentaires et contradictoires, juxtaposées. La construction de l'ordre social et politique se fonde moins sur un système "autocentré et hiérarchique" qu'il ne repose sur une multitude d'actions et d'ajustements partiels, par ajustement de stratégies et de contrôles contradictoires » (Commaille, Jobert, 1998).

Cette mutation d'une politique publique, imposant l'unité sous l'égide d'un État central à une représentation de l'action publique polycentrique, s'est opérée sous deux processus, la territorialisation d'une part, et « l'entrée impromptue des publics dans l'arène des politiques publiques » (Massardier, 2003). De nouvelles régulations définiront des espaces spécifiques et investis par de nouveaux acteurs.

D'administrés qu'ils étaient, les publics, dans la diversité de leurs appartenances (habitants, usagers de services publics, parents, etc.) peuvent devenir des acteurs potentiellement critiques au nom d'un vécu. Ils contribuent, de ce fait, à l'émergence d'une dynamique participative où se confrontent la rationalité des projets et l'expérience multiforme des citoyens. La logique territoriale de l'action publique tente de conjuguer ces dimensions en voulant rapprocher les instances de décision des terrains de leur mise en œuvre. La loi 2002-02 est exemplaire de ce retournement puisqu'elle instaure des droits aux usagers jusque dans le choix des prestations relevant, jusqu'alors presque exclusivement des acteurs institutionnels. Certes, elle détermine les espaces de consultation tels les conseils de la vie sociale, elle définit les outils permettant un ajustement de l'offre et de la demande comme le livret d'accueil et le contrat de séjour. Il n'en demeure pas moins qu'elle instaure l'obligation d'un processus d'évaluation, préalable à la poursuite de l'activité, qui dépasse la simple question de la qualité des prestations puisqu'elle renvoie à la prise en compte d'un référentiel global, élaboré et validé, ou à défaut défini par une instance nationale, le conseil de l'évaluation. Concernant des publics dont les capacités participatives sont souvent limitées, du fait même de leur handicap ou de leur dépendance, ces dispositions questionnent les pratiques professionnelles jusque-là centrées sur la technicité de leurs interventions. En témoignent les longues discussions et négociations avec les organisations gestionnaires et professionnelles préalables à la parution des décrets d'application qui restreignent la portée des énoncés initiaux. Ainsi, les modalités de « la participation des usagers » relèvent d'une obligation pour les structures d'accueil et d'un droit pour les usagers dont l'évaluation doit rendre compte. Ces nouvelles règles intègrent les acteurs dans le fonctionnement des structures, en tant qu'usagers, au détriment sans doute d'une conflictualité inhérente aux rapports sociaux puisqu'elle les considère dans l'homogénéité d'une relation d'usage quelles que soient les inégalités existantes entre eux. Cette pacification des rapports entre les usagers et les institutions publiques n'exclut pas la nécessité de médiations, dont la multiplication des « médiateurs » est le signe. À défaut d'être des « actionnaires », membres associés, ils sont « parties prenantes » et à ce titre sollicités sur les interventions les concernant.

La territorialisation

Autre mutation, celle-ci a fragmenté le social et les institutions sous l'effet des réseaux qui les traversent. Qu'ils soient thématiques autour de projets réunissant des acteurs issus d'une diversité d'organisations associatives et publiques ou qu'ils soient politiques, réunissant les représentants de ces organisations, les réseaux fragmentent l'intérêt général en une diversité d'intérêts sur lesquels se mobilisent ces acteurs. La régulation y est assurée sous « l'égide de procédures d'institutions ou de croyances » (*id.* : 160). Ces régulations impliquent les institutions politiques qui, sortant de leur neutralité administrative, prennent part à l'action au risque d'être juges et parties : elles participent à la résolution des problèmes dans la multiplication des instances techniques de réflexion et de coordination, et à ce titre, sont partenaires de l'action avec les autres opérateurs, sans pour autant se départir de leur rôle de « puissance publique » imposant leur décision et exerçant leur tutelle sur ces mêmes opérateurs. Il y a alors un déplacement du processus de décision vers une gouvernance locale, en puisant dans ce fonctionnement la légitimité d'orientations jugées prioritaires et « proposées » aux acteurs locaux. Ainsi, de véritables « ordres sociaux locaux » se développent autour de valeurs partagées qui alimentent une culture commune. Des représentations dominantes guident les acteurs et légitiment leur raison d'agir, qui peuvent par ailleurs être plus ou moins décalées avec les finalités vécues par les publics concernés. Ces évolutions ne peuvent être prises pour de simples contingences externes aux organisations associatives. Elles en modifient les régulations internes par la dissolution des frontières de l'organisation et, par-delà son propre fonctionnement, et en brouillent les repères en faisant du partenariat une figure imposée dans l'espoir de promouvoir un consensus. Ces mutations sont d'autant plus visibles et opérantes que les activités sont produites dans des échanges d'expertise fondés sur des relations interpersonnelles s'inscrivant dans des réseaux qui échappent en quelque sorte à l'encadrement. Il y a ainsi un bouleversement des relations de pouvoir et une différenciation accrue entre les niveaux des organisations. Les régulations de contrôle fondées sur la légitimité de leur procédure et sur la rationalité de leur contenu sont souvent inopérantes, voire conflictuelles, car elles opposent l'autonomie des opérateurs à la volonté d'intégration des institutionnels. C'est le constat d'une absence de régulation négociée qui seule permettrait de définir des modalités de coopération dans la différenciation des acteurs. Or, les consensus locaux, dont ne sont pas exclues les relations interpersonnelles, voire notabiliaires, entretiennent cette ambivalence et pèsent sans doute plus lourdement sur les autonomies que les règles formelles.

La temporalité

Enfin, il s'agit d'un processus par lequel les acteurs collectifs ajustent leurs comportements et qui peut se conclure par des conventions formalisant les points de convergence afin de lier les acteurs dans une certaine durée. Ce faisant, il y a comme un rétrécissement de l'horizon temporel : les conventions sont à durée limitée et se situent naturellement dans le cadre d'une programmation politique. De plus, elles se substituent souvent à des règles et à des statuts qui s'imposent aux acteurs locaux, contribuant ainsi à la déqualification des institutions. Par-delà ces dispositifs, la continuité est donc davantage garantie par les acteurs de l'interface dont la connaissance et l'estime mutuelle facilitent ces démarches, que par les institutions qui sont liées aux programmations. On assiste alors à cette situation paradoxale où se publicisent les informations avec la multiplication d'espaces de consultation ouverts à tous, tandis que se privatise la décision politique réservée aux acteurs dirigeants de l'interface institutionnelle (Massardier, 2003). Ces derniers y trouvent des motifs pour renforcer leur capacité stratégique. La négociation entre acteurs dirigeants, associatifs et publics, vise alors à ajuster les cadres statutaires ou réglementaires aux situations locales, aux besoins des organisations engagées dans des modifications et des changements. Il se produit alors un décrochage entre des normes nationales, relevant d'un compromis élaboré avec les fédérations ou syndicats, et des ajustements convenus entre acteurs locaux. D'où cette situation paradoxale où les associations et leurs dirigeants contribuent à l'éclatement d'un champ par le développement de stratégies individuelles mais génératrices de concurrence qu'ils dénoncent par ailleurs.

Des effets hétérogènes

Avec Massardier, on peut s'interroger sur les effets produits par cette mutation de l'action publique, et en particulier sur la conception même du changement dans les politiques publiques. Une première réflexion est issue du constat que « le changement est plus endogène et incrémental, qu'extérieur et volontariste ». Les ajustements mutuels produisent en effet des changements partiels, sectoriels pouvant être contradictoires : ils relèvent moins d'une conduite rationnelle et englobante que d'un pragmatisme dont l'horizon limité laisse place à toutes les alliances et oppositions tactiques possibles. C'est le renforcement des acteurs stratèges et le renforcement des dirigeants permanents et salariés. Ce pragmatisme ne saurait pour autant sous-estimer l'effet exogène de certaines idées, voire programmes. Certains auteurs précédemment mentionnés soulignaient la transformation du référentiel public sous l'effet d'une conception libérale de l'économie. Le débat autour de la directive Bolkenstein, du nom de son auteur, retient comme principe la référence au pays d'origine pour définir le droit social dans les sociétés de services ; il a permis une prise de conscience sur les effets des directives européennes sur la législation sociale nationale. Sans doute n'est-il pas étranger au récent règlement relatif aux obligations de service public, pour les transports locaux, n'obligeant pas ces collectivités à s'adresser au marché pour trouver des opérateurs[7]. La situation actuelle, « sortant » les services sociaux d'intérêt général du champ soumis à la concurrence, ressemble davantage à un *statu quo* entre représentants européens qu'au résultat d'une véritable négociation.

La réelle complexité de l'action publique réside dans le fait que ces changements ne résultent pas d'un processus linéaire, mais laissent apparaître des courants contradictoires : des signes d'une emprise du libéralisme en même temps que le renforcement de secteurs protégés par l'État. On l'observe dans la différenciation croissante entre les associations de services aux personnes renvoyées à un champ concurrentiel et celles de la protection de l'enfance, mises sous une quasi-tutelle par les pouvoirs publics. C'est dire combien les frontières sont floues, instables et constituent autant d'enjeux pour les acteurs. L'émergence d'un néo-corporatisme dont sont quelquefois accusés les acteurs associatifs ou professionnels de l'action sociale, serait-elle une simple réaction aux changements et une défense des acquis ? Face à la faiblesse d'une société civile atomisée, et où les organisations intermédiaires ne relaient plus les questions locales, ces réactions

7. Adopté le 9 juin 2006 par le conseil des ministres de l'Union européenne. Voir la réponse faite par le gouvernement français à la consultation sur les SSIG qui reprend en grande partie les propositions élaborées par l'Uniopss.

s'adressent directement au politique. Attestant de ce vide, elles dénoncent les enjeux des mutations quand précisément ces réactions ne sont plus problématisées, mais renvoyées au vécu des individus. Dans ce contexte, le risque n'est pas tant la révolution, la prise de parole que la défection débouchant sur l'implosion (Capdevielle, 2001). La réaction du Conseil supérieur du travail social au projet de loi relatif à la prévention de la délinquance, faisant obligation aux travailleurs sociaux de transmettre aux maires les informations qu'ils ont pu recueillir auprès de leurs usagers, n'est pas la simple défense corporatiste d'un statut en l'occurrence, celui du « secret professionnel[8] ». Elle est aussi la dénonciation d'une remise en cause de l'intérêt général, reconnue à l'action sociale tant pour le respect de la vie privée des personnes en difficulté que pour l'exercice professionnel autonome d'intervenants nécessitant que puisse s'établir un rapport de confiance entre eux.

Ainsi, émerge « le schéma binaire » entre « la politique électorale », où la démocratie représentative valorise le modèle d'une intervention publique, efficace et corrective des inégalités produites dans les sphères productives de la société, au nom de l'intérêt général, et « la politique des problèmes », laissant aux ordres sociaux locaux et à leurs acteurs en particulier, le soin de solutionner les questions concrètes auxquelles sont confrontés les citoyens. Les associations n'ont-elles pas à explorer des pratiques pour développer « la petite démocratie » et ce faisant, contribuer à re-légitimer « la grande démocratie » ? (Mothé, 2006.)

Dans ce contexte, les associations s'inscrivant dans l'action publique sont sollicitées sur le registre de la pertinence de leurs activités en direction des publics auxquels elles s'adressent, mais aussi sur leur capacité à négocier des régulations publiques qui non seulement respectent l'espace d'autonomie mais légitiment un

8. Avis sur l'avant-projet de loi relatif à la prévention de la délinquance et sur le projet de modification de l'article 226-14 du code pénal, en date du 17 mai 2006.

projet qui dépasse l'énoncé de valeurs généreuses et ostentatoires pour constituer un dispositif de coopération fondé sur ces options. « Ces espaces intermédiaires entre le domaine privé et le domaine public, entre la vie quotidienne et le domaine universel de la politique constituent des laboratoires dans lesquels de nouvelles pratiques démocratiques émergent » (*id.*, 2006 : 53).

La question de l'économie

Le constat relève de l'évidence : les associations sont confrontées à une double pression économique, celle d'une réduction des ressources publiques, soutenue par une normalisation tutélaire des activités, et celle d'une mise en concurrence à travers le recours à la technique des appels. Elles sont ainsi placées devant un profond retournement : alors qu'elles trouvaient dans les financements publics le moyen de s'émanciper des réseaux domestiques et d'inscrire leurs activités dans le registre de l'intérêt général, elles sont acculées à mobiliser des ressources privées au risque d'écorner, voire de réduire leur projet au périmètre de ce qui est finançable et accepté par l'opinion publique. Alors émerge une opposition réductrice, voire manichéenne, entre le social et l'économique qui consiste à associer l'intérêt général des activités associatives au statut public estimé seul garant de la promotion, en défense de la solidarité nationale face à l'économie marchande génératrice d'inégalités car fondée sur la défense d'intérêts particuliers et inscrite dans une logique libérale. Cette posture défensive révèle cependant l'ampleur de la mutation provoquée par le délitement du compromis fordiste mis en évidence par les économistes pour rendre compte de la croissance exceptionnelle des Trente Glorieuses. La synergie entre l'économique et le social y était opérée par un encastrement du premier dans le second, régulé par l'État social. Les institutions sociales opéraient cette régulation en assurant une économie de la redistribution tant monétaire, par une diversité d'allocations, que substantielle, par la multiplicité de services sociaux et éducatifs accessibles directement aux personnes au nom de l'égalité. Or, pour efficace qu'il ait été, ce compromis est historique. Il ne peut être tenu, de l'aveu même des économistes de l'école de la régulation, pour un horizon pertinent, car élargi aux dimensions de la planète (Laville et Catani, 2006). Il y a donc nécessité à reformuler les termes de l'encastrement de l'économie et explorer des processus simultanés de désencastrement de l'économie opérés par le marché et de ré-encastrement des activités de services dans un projet de solidarité. Cette approche consiste à déconstruire les éléments du compromis et à en reconstruire de nouvelles ébauches, en se saisissant des critiques formulées de l'une par rapport à l'autre.

Une première critique de l'ordre marchand est celle d'une défense de l'individuel face à l'emprise d'un collectif institutionnel, du libre choix par rapport à la contrainte du collectif. Si le marché prône la liberté de choix, au nom d'une conception abstraite de l'égalité réalisée dans l'échange, il en appelle cependant, à la nécessité d'un accord normatif entre individus pour que puissent se réaliser ces échanges. La liberté en appelle à l'égalité réelle des individus rendue possible par la solidarité, elle se prolonge par la requête d'une inégalité portée par le désir de singularité recherché par tout individu par rapport à son semblable, ainsi que nous le rappelle Simmel. Ainsi, l'individualisation ne peut être rabattue du seul côté de l'utilitarisme et de sa forme économique, le marché ; elle répond à un désir de reconnaissance de la singularité individuelle qui prend appui sur la capacité relationnelle, celle d'établir des échanges avec d'autres. Comme nous l'avons souligné précédemment, elle est un trait caractéristique de la modernité et incite les associations à se départir de leur modèle communautaire, marqué par la disparition de l'individu derrière le collectif, pour reformuler leur projet à partir de la pluralité des appartenances individuelles, et plus précisément des trajectoires individuelles.

D'autre part, en questionnant les associations sur ce qu'elles produisent, sur les biens qu'elles distribuent et leur valeur, l'économie dominante mobilise ses propres outils, ceux qu'elle a forgés dans un contexte différent et marqué par la production industrielle. À cette aune, ce sont toutes les activités de services qui se trouvent rabattues sur ces modèles peu pertinents car ils supposent la séparation entre le moment de la production et celui de la consommation, entre les biens produits et les personnes, tant productrices que consommatrices. Ce modèle industriel ne peut être tenu pour pertinent dans une société développant une économie des services. Mais il va aussi à l'encontre d'une vision étatiste du social considérant l'intervention du seul côté des intervenants légitimés dans leur mission et négligeant les effets produits par les organisations, si ce n'est pour dénoncer le caractère normatif, voire répressif, des institutions sur les comportements individuels.

Aujourd'hui, cette question doit être reprise sur de nouvelles bases, car la question économique actuelle est celle des conditions de la production de services aux personnes et de leur nécessaire rationalisation et, par-delà, celle de la reconnaissance de la place des associations dans l'économie face aux entreprises et à l'administration publique. En récusant les modèles construits historiquement dans la société industrielle d'inspiration taylorienne pour appréhender leurs activités, les associations n'en sont pas pour autant renvoyées à leurs seules convictions, elles doivent puiser dans nombre de recherches économiques des outils pertinents pour rendre compte de leurs activités et prendre le risque de soutenir la comparaison avec d'autres organisations productives de services, mais référées à d'autres principes d'action (Laville, 2005).

Enfin, pour hégémonique qu'elle soit, l'économie de marché ne saurait être la seule forme des échanges. D'autres principes rendent compte d'une pluralité d'échanges économiques. C'est pourquoi, la prise en compte de cette dimension ne signifie pas une allégeance au libéralisme.

Des régulations institutionnelles différenciées

Confrontées à ces diverses évolutions et mutations, les associations sont prises dans des dynamiques de différenciation que l'on peut seulement observer sur le long terme, celui de leur histoire. En cela elles participent de la dialectique entre l'organisation sociale et la liberté individuelle caractéristique de leur modernité, telle qu'analysée par Simmel.

Pour Simmel, « l'élargissement d'un groupe va de pair avec l'individualisation et l'autonomisation de ses membres particuliers » (*id.*, 1987 : 433). Plus le groupe s'élargit (en taille) et devient hétérogène, plus les individus assurent leur autonomie par rapport à l'emprise du groupe et se libèrent de l'emprise de la proximité. Ce faisant, ils affirment leur liberté dans la recomposition des relations qu'ils établissent et des appartenances multiples qu'ils recherchent. L'intégration à un seul groupe détermine l'individu beaucoup plus que dans un groupe élargi où il peut choisir les relations en fonction de critères qui lui sont personnels. Prolongeant cette analyse, Simmel distingue ainsi un individualisme générique englobant l'ensemble de l'humanité et fondé sur une égalité de droits universels, qui ne peut être confondu avec un individualisme concret valorisant la différence entre les individus, la singularité de chaque personne. Nous avions souligné la dimension culturelle de ces diverses conceptions que Simmel observe à des périodes historiques particulières et dans des pays différents. Cette distinction trouve sa traduction sur le plan de l'activité productive dans la concurrence que se livrent les individus pour acquérir l'objet désiré et dans la division du travail, forme objectivante d'une relation d'interdépendance qui ne peut, en raison de son caractère objectif, aliéner la liberté individuelle. Dans cette perspective, l'objectivation des rapports sociaux, réalisée par l'organisation formelle du travail, ne peut être opposée à la liberté individuelle, parce qu'elle lui assure un espace d'autonomie inconcevable dans des groupes où les relations sont fortement personnalisées et affectives. Ainsi paradoxalement, la dépersonnalisation des relations sociales entraîne la libération des rapports de dépendance personnelle. Elle en appelle cependant à une plus grande diversification des étayages garantissant la sécurité nécessaire aux existences individuelles.

Cette dialectique de l'objectivation des rapports sociaux et de la libération formelle de l'individu, développée par Simmel, peut être mobilisée pour comprendre l'évolution des associations. Créées comme une réaction souvent passionnée et concrète à un besoin, elles intègrent des individus dans un ensemble communautaire sur la base d'une intention d'autant moins formalisée qu'elle n'est pas ou peu confrontée à l'exigence de justification. Le développement en nombre et en diversité de ses membres, conduit à différencier les engagements individuels, les raisons que chaque individu peut avoir pour s'associer et celui du groupe laissant ainsi dans l'incertitude la question de la distance critique que chaque membre associé peut avoir sur le projet collectif. Ce même développement amène à rechercher des permanents, puis des professionnels, pour assurer une permanence d'activité en relais des participations jusque-là bénévoles. Cette différenciation concerne aussi les publics accueillis dont la représentation s'affine, et ce faisant, distingue ceux qui sont recevables et les autres, etc.

Ce processus de différenciation, qui conduit à une forme d'instrumentalisation des acteurs par l'attribution de places, de fonctions et de rôles, ne saurait occulter l'engagement individuel qui relève de cette liberté et qui s'observe dans les itinéraires personnels, constructions stratégiques où se déploient des quêtes et des revendications identitaires.

En référence à Weber, on peut formuler l'hypothèse d'une double rationalisation, relative aux activités que l'on qualifiera de « formelle/concrète » et celle relative à la nature des relations engagées dans les échanges et qualifiée de « personnelle/fonctionnelle ». La première marque la distance entre les dirigeants gestionnaires et les intervenants auprès des publics. Ces derniers se constituent comme acteurs dans la relation à la personne accueillie ou prise en charge : il s'y échange des données référées à des situations concrètes et singulières. Ils partagent des connaissances situées dans l'espace et dans le temps. Les dirigeants gestionnaires mobilisent des outils formels puisque leur tâche est d'assurer les échanges entre une diversité de situations. Il s'agit pour eux de faire la synthèse, de rapprocher des situations particulières pour en tirer une modélisation qui pourra être transférée sur d'autres cas de figure. D'où la tension inhérente entre les acteurs du face-à-face où la confiance est gagée sur la relation singulière, et ceux de la dirigeance qui doivent assurer une compréhension transversale et donc formelle de la diversité des situations concrètes.

La seconde rationalisation concerne les fonctions, selon qu'elles sont assurées par des volontaires bénévoles ou des salariés professionnels. Historiquement premiers, les volontaires trouvent leurs limites dans leur indisponibilité à assurer en permanence le fonctionnement et dans leur volonté de bien faire. L'appel à l'expertise, au savoir-faire, a aussi accompagné toutes les formes de solidarité, de la philanthropie au travail social. Leur coopération, lorsqu'elle existe, renforce les complémentarités. Dans l'entre-deux, le permanent salarié prend le relais du bénévole engagé. Il est intégré dans le projet aux côtés du bénévolat ou en appui à ce dernier.

Rationalisation	Engagement personnel	Engagement fonctionnel
Activité formelle	Administrateurs	Dirigeants salariés
Activité de médiation	Permanents (salariés)	Cadres intermédiaires
Activité concrète	Bénévoles	Professionnels

L'analyse de « la division du travail » met en évidence cet agencement des tâches et des domaines de compétences. Là, se construisent des espaces spécifiques, des « écologies » bénévoles et professionnelles, dont l'équilibre résulte de rapports d'influence et de pouvoir entre eux, mais aussi avec d'autres dans le cadre de recherche d'alliances, d'oppositions et de négociations se déroulant dans une pluralité d'espaces publics. Des liens de « juridiction » soutiennent ces processus : ils dépassent les frontières de l'organisation pour trouver leur validation auprès d'acteurs appartenant à d'autres espaces sociaux, politiques ou culturels (Abbott, 2003). Ainsi, les groupements « professionnels » participent activement à la professionnalisation de certaines activités en négociant avec les pouvoirs publics, la définition de leur contenu ainsi que les critères d'évaluation, les conditions de leur mise en œuvre, les qualifications requises, et leur financement. Elles contribuent à qualifier les pratiques associatives en leur donnant une légitimité référée à la figure du professionnel. Un exemple récent nous est donné par « la médiation ». L'action d'un ensemble de salariés, travailleurs sociaux ayant une pratique d'activités de médiation, réunis en fédération, a permis la reconnaissance de leur spécificité, par les pouvoirs publics et par les employeurs associatifs, à travers la création de formations qualifiantes et la rémunération de ce type d'intervention. Une charte de « bonnes pratiques » en constitue le référentiel.

Ainsi, l'évolution de ces organisations ne peut être réduite à de simples ajustements rationnels et réactifs à une contingence externe. Elle doit se comprendre aussi comme des stratégies de légitimation de la part d'acteurs qui sont aussi des sujets, ainsi que nous le soulignions précédemment, stratégies qui ne s'arrêtent pas aux limites des organisations. C'est pourquoi, la clé de lecture du développement des associations dans leur environnement peut aussi être recherchée du côté des réseaux que les individus tissent par-delà les limites organisationnelles et qui encastrent celles-ci dans une pluralité d'échanges et par-delà, de mondes sociaux et culturels. N'est-il pas significatif à cet égard que la plupart de ces associations maintiennent leur appartenance à un réseau promoteur de la dynamique associative, mais aussi à un autre, centré sur la professionnalisation des activités et des services ? Résistance au changement face aux risques d'emprise d'un acteur sur l'autre ou stratégie de légitimation dans des univers instables et sans cesse contraints de revisiter le contrat associatif ? Sans doute les deux.

L'association, un agencement institutionnel d'espaces

On le voit, l'environnement des associations ne constitue pas, loin s'en faut, un ensemble homogène. Il est composé d'une pluralité de territoires avec lesquels l'association régule ses échanges dans une diversité de dispositifs plus ou moins formalisés. Sa complexité et les mutations qui le traversent renforcent la différenciation organisationnelle de l'association comme autant d'espaces institutionnels. Il ne s'agit pas seulement d'organiser un processus de production de services, mais d'en définir le contenu et les principes de justification. Ce ne sont pas seulement des espaces qui configurent des situations de travail, les acteurs y construisent aussi des représentations qui légitiment leurs interventions. C'est pourquoi, les trois niveaux ne peuvent être rabattus sur un schéma sociotechnique distinguant les opérateurs, l'encadrement intermédiaire et le sommet stratégique. En les qualifiant d'espaces, nous voulons souligner qu'ils sont des lieux non seulement d'échanges opératoires, mais aussi de débats sur les représentations institutionnelles (Dacheux et Laville, 2003). Il s'agit d'abord de l'espace où s'effectue le service à la personne. Il peut être qualifié d'« espace civil de médiation » car il vise au rétablissement des liens sociaux de l'usager avec son environnement. Qu'il s'agisse d'interventions de médiation au sens technique du terme ou d'interventions qui favorisent le maintien à domicile, par exemple, les prestations ont une dimension civique puisqu'il s'agit de restaurer ou de maintenir les liens de la personne avec la cité où elle vit. À un autre niveau, c'est celui où s'effectuent les coordinations techniques entre « partenaires » au sein d'un territoire pour y mobiliser les ressources nécessaires à la réalisation du service. Les acteurs dirigeants trouvent leur légitimité à négocier des projets et à formaliser des accords dans ces espaces de médiation institutionnelles. Enfin, il y a l'espace politique, celui où se débattent, se négocient des orientations relatives à l'action sociale locale, domaine habituellement reconnu ou dévolu aux administrateurs bénévoles.

Dans cette perspective, la cohérence associative relève de processus démocratiques différenciés par lesquels les acteurs associatifs déterminent conjointement les modalités de leur coopération : la réussite d'une relation d'aide requiert la participation active, voire contractualisée du destinataire ; la professionnalisation des interventions se construit dans une élaboration collective de pratiques régulées par des normes spécifiques à partir des situations rencontrées ; la dirigeance mobilise les acteurs concernés dans des procédures participatives visant à faire émerger un bien commun à partir d'une pluralité d'intérêts ; elle en détermine ensuite l'opérationnalité à travers des orientations stratégiques. Ainsi, convient-il de distinguer la participation démocratique qui s'inscrit dans le registre de l'espace le plus étendu possible afin d'assurer l'efficacité d'une mobilisation des « parties prenantes » autour de la réalisation des services, et la démocratie participative qui vise le processus délibératif par lequel les dirigeants procèdent à la détermination des compromis nécessaires au fonctionnement (Donzelot et Epstein, 2006).

Or, si on observe cette configuration idéale-typique dans un certain nombre d'associations, qui se réfèrent explicitement aux principes de l'économie solidaire et entretiennent un espace public autonome, force est de constater fréquemment dans le domaine de l'action sociale et médico-sociale, l'existence d'une différenciation, voire d'une séparation entre l'espace politique, lieu statutaire de la décision et de la négociation avec les élus, et l'espace de la gestion des moyens et de la production des services. L'espace public est alors réduit à une forme institutionnelle, statutaire qui n'assure plus la régulation entre les divers acteurs et leurs représentations, souvent par défaut, en l'absence d'objets légitimes pour un réel débat. La cohésion associative est alors assurée par une régulation administrative visant la préservation de l'intérêt général défini conjointement avec les pouvoirs publics. Le consensus interne est consolidé par le pacte établi entre l'association et les pouvoirs publics. Telle est la situation de nombre d'associations d'action sociale. Une régulation d'un autre type s'observe dans des organisations associatives qui définissent leur objet commun comme des services adaptés aux besoins et aux demandes identifiés par les acteurs. En qualifiant celle-ci de stratégique, nous voulons souligner la logique de performance et de résultat qui sous-tend leur fonctionnement.

Les logiques institutionnelles régulatrices avec l'environnement

Ainsi, aux logiques institutionnelles « émergentes », se sont adjointes ou substituées, des logiques « subséquentes », qualifiées d'ordre « public » ou « privé » selon la référence dominante et caractéristique de leur champ d'activités. En d'autres termes, il s'agit d'analyser les organisations associatives comme des construits sociaux encastrés dans des dispositifs publics ou de production privée et dont les régulations avec leur environnement résultent d'« échanges par lesquels se constituent les règles d'interactions » (Reynaud, 1997).

Celles-ci constituent « le cadre institutionnel » identifié par les cinq éléments suivants : la représentation des destinataires, l'inscription dans l'action publique locale, la professionnalisation, l'hybridation de l'économie et la régulation politique/économique.

Six éléments les caractérisent :

1) La représentation des destinataires : si le public de l'action sociale et médico-sociale est déterminé juridiquement à l'aide de catégories administratives et qualifié d'« ayants droit », on ne peut ignorer le processus qui aboutit à déterminer les bénéficiaires réels à partir des besoins identifiés par les acteurs du social et les demandes exprimées par les individus (Noguès, 1998). Il s'agit

d'une construction sociale dont on peut dégager les principes. S'inscrivant dans une démarche de prestations, certaines associations y développent un rapport d'échange à l'usager se situant dans le cadre d'une contractualisation de services. L'établissement du rapport de confiance, évoqué précédemment, est recherché par la mise en place d'outils visant à expliciter le contenu de l'intervention et à informer le plus précisément possible les usagers de leurs droits. La loi 2002-02, déclinant toutes les obligations d'un service en termes d'information, consacre cette vision en faisant droit aux attentes légitimes des usagers. C'est une rupture avec les pratiques bureaucratiques où l'usager était pris dans les rêts d'un système dont « il faisait l'objet » de soins ou de prise en charge. Elle valorise la demande de l'individu en l'inscrivant dans un rapport technique centré sur le savoir-faire de l'intervenant. Dans cette logique, on privilégie une définition la plus « objective » possible de la qualité du service à rendre afin de faciliter la délimitation des champs de compétence entre l'intervenant et l'usager. La contractualisation en est le processus le plus achevé. Afin de répondre aux exigences culturelles de leurs destinataires, mais aussi, pour mieux se positionner sur un champ devenu concurrentiel par l'arrivée d'entreprises à but lucratif, les services d'aide à domicile ont mis en œuvre des dispositifs gestionnaires permettant d'évaluer la qualité de leurs prestations, jusqu'à promouvoir une procédure de certification, gage de leur compétence dans un champ concurrentiel entre opérateurs relevant de divers statuts.

À côté de cette approche que certains qualifient de « quasi marchande » (Enjolras, 1994), une autre plus institutionnelle, mobilise d'autres ressorts pour ce traitement. Ici, l'adaptation permanente entre l'offre d'un service et la demande, exprimée par le mandant ou l'usager, vise aussi à réduire les écarts entre les besoins exprimés par les usagers, ou identifiés comme tels par les travailleurs sociaux, et ces catégories ou nomenclatures, référence obligée pour une intervention institutionnelle. Cette « désignation » relève d'un jugement, d'une appréciation de la situation concrète, qui mobilise tout autant la connaissance que l'on peut avoir de ce public, que celle de la diversité de l'offre d'intervention, mais aussi de la manière concrète de l'aborder pour que la demande soit recevable. L'intervenant mobilise, pour se faire, un référentiel, celui de son institution.

Un système d'action local relie les différents acteurs, parties prenantes de cette désignation, et tente d'articuler leurs logiques particulières autour de ce qui peut faire « accord », c'est-à-dire une conception partagée sur ce qu'il convient de faire entre partenaires. Une culture commune, élaborée dans ces enceintes, légitime les actions concertées. Si l'usager en constitue la référence principale, il n'en est pour autant que rarement présent. C'est la culture de « l'entre soi » (Ion, 1990).

La régulation de la demande propre à chaque dispositif est faite de procédures plus ou moins formelles qui visent à stabiliser les jeux de pouvoirs faits d'alliances, de négociations, voire d'oppositions entre ces acteurs. L'intérêt général n'est pas mécaniquement le résultat des intérêts particuliers. Il résulte d'une volonté politique, d'une mise en accord des acteurs sur de nouvelles régulations. Faute d'instances de régulations opérantes, tels les conseils ou commissions départementales qui restent formels quand ils existent, les acteurs développent leur rationalité propre, nécessairement limitée, au regard des enjeux collectifs.

On le voit, ce processus, contrairement au précédent, ne conduit pas à l'émergence d'un « marché », mais à la construction d'un champ institutionnel. La régulation est socio-politique : les besoins sont autant ceux des usagers, des administrations chargées de la mise en œuvre de programmes préétablis, que des acteurs, quelquefois portés par une revendication corporatiste. La régularité du « flux » d'activités est assurée au sein du système d'action local. Il en est de même quant au profil des publics. L'ajustement se réalise au sein de cet univers de proximité où la recherche d'un compromis institutionnel constitue un élément déterminant pour que la régulation puisse fonctionner dans la durée.

Ces deux types d'approches se réclament cependant d'une volonté de mettre « l'usager au centre ». L'ambivalence d'une telle affirmation tient à ce que sous un même énoncé de principe, elle désigne deux registres différents, celui d'une transformation des organisations à l'instar de ce qui se réalise dans les entreprises où la notion de service se substitue à celle de production et celui d'une modification du rapport social à l'usager, au nom d'une exigence démocratique.

L'économie des services marchands montre que la transformation des entreprises de distribution en « entreprises de services » répond à une volonté de prendre en compte le rapport au client à tous les niveaux du dispositif. « L'attention prêtée au client va, cette fois, jusqu'à concevoir les produits en partant, non plus tant de ce que l'on sait faire, industriellement parlant, que du besoin global que peut éprouver le client dans le domaine où l'on cherche à lui vendre ce que l'on sait faire. Il ne s'agit plus seulement d'être spécialiste d'une production mais de savoir repérer les conditions d'usage de la marchandise proposée pour organiser une réponse globale à ces conditions d'usage » (Ughetto, 2003.) En se référant implicitement à ce modèle, nombre d'associations visent l'adaptation de leur offre, introduisent des procédures de qualité permettant de vérifier la remontée de l'information relative aux attentes jusqu'aux décideurs. Elles se rapprochent ainsi du modèle des entreprises de services. Ont-elles pour autant modifié leur rapport social à l'usager, comme le laisse entendre le principe de référence ?

Dans la seconde perspective, d'une conception plus institutionnelle, cet énoncé renforce la position des « acteurs du guichet » et sert aussi de levier légitime aux dirigeants pour questionner le processus de traitement réalisé par des agents au sein d'une organisation bureaucratique. Dans ce cas, l'usager contribue au processus de modernisation d'une organisation administrative, voire à la définition du contenu des services. Mais son absence des instances de consultation, voire de décision, souvent expliquée par le handicap, ou le statut de mineur, le laisse au seuil d'un univers réservé aux professionnels. Il s'agit pourtant d'un véritable défi démocratique que ces associations doivent relever (Janvier et Matho, 2005).

2) L'inscription dans l'action publique locale : les régulations avec l'environnement se complexifient avec la diversité des pouvoirs publics.

Il faut sans doute davantage parler d'encastrement qui rend compte des modes de régulation avec l'environnement[9].

3) La professionnalisation : si le modèle professionnel est caractérisé par la maîtrise du marché du travail et de la formation par les professionnels, force est de reconnaître que le travail social relève plutôt du modèle de la qualification. Celui-ci repose sur une régulation entre l'État, les employeurs et les représentants des salariés. Les partenaires sociaux en négocient les termes, et la hiérarchisation des qualifications traduit un rapport de forces, non directement lié aux situations de travail. Le contenu des postes de travail y est défini par une convention collective nationale, le dispositif de formation délivre des diplômes nationaux contrôlés par le ministère des Affaires sociales. Cependant à côté des professions « canoniques », fondatrices du travail social, une myriade d'interventions sociales sont apparues sous l'impulsion des politiques publiques spécialisées autour de l'insertion. Le modèle de la compétence y trouve un regain d'actualité puisqu'il répond à une plus grande individualisation des besoins, importante lorsqu'il s'agit de recruter des salariés dans le cadre d'emplois dits d'insertion. Enfin, il a pour effet de renforcer le maillage entre les dispositifs de formation et les situations de travail. Sa diffusion au sein des associations s'opère par le développement de la gestion prévisionnelle des compétences, lieu d'excellence pour légitimer une direction technique tant au regard des salariés, des administrateurs bénévoles, que des pouvoirs publics.

9. Voir dans cet ouvrage, le chapitre « L'encastrement politique des associations » d'Elisabetta Bucolo.

Aussi, l'exigence de « professionnalisme » très largement répandue recouvre deux modèles différents selon que la régulation s'opère dans un cadre national entre l'État et les partenaires sociaux peu réactifs aux évolutions du travail concret, ou que celle-ci s'effectue au sein des associations au risque de faire éclater le cadre statutaire et de fragiliser, *in fine*, les salariés. Si le premier modèle a marqué le développement du travail social salarié et a légitimé l'entrée d'un travail social qualifié dans les associations, il n'en a pas moins fragilisé les logiques institutionnelles émergentes, voire entraîné leur disparition en transformant ainsi les bénévoles en employeurs. On peut alors comprendre l'intérêt que représente le second modèle pour des associations voulant assumer pleinement leur rôle de garant d'un projet sociétal dont la réalisation est confiée à des salariés. La professionnalité reste donc un point de tension dont le mode de régulation permet d'identifier les acteurs et le champ de compétences qui les légitime.

4) L'hybridation de l'économie : aux financements publics pour les structures s'inscrivant dans les différents dispositifs, s'adjoignent d'autres financements plus aléatoires et constituant des ressources en propre, soit pour soutenir et rendre possible des actions expérimentales, ou pour compléter l'insuffisance des premiers. Leur gestion, et plus précisément les règles de la répartition de ces ressources, sont un autre enjeu des rapports entre les structures et le siège. La référence normative d'un budget alloué par les administrations publiques et souvent opposée au principe de mutualisation dont se prévalent les associations.

L'apport d'expertise bénévole par les administrateurs est implicite et peu valorisé, mais néanmoins réel et évaluable.

5) Le principe de légitimité : l'intérêt général adossé aux dispositifs publics ou le bien commun issu de la pratique de délibération collective.

6) La régulation politique/économique/technique : par-delà le couple « président-directeur », il y a des instances participatives et représentatives. Elles peuvent être consultatives, ou délibératives tel le bureau, voire le conseil d'administration et le conseil de direction. Si la dirigeance peut être définie comme la régulation entre toutes les parties prenantes, elle donne lieu à des configurations différentes[10].

Dans le cadre d'une logique publique, les associations construisent cette régulation autour d'un système hiérarchique de représentation qui articule les divers niveaux entre eux. L'autorité légitime est fondée sur la compétence pour les professionnels et sur la capacité à représenter l'association auprès des pouvoirs publics pour les administrateurs bénévoles et à garantir un fonctionnement orienté vers « un bien commun », déclinaison civile de l'idéal républicain.

La différenciation des champs d'intervention, voire quelquefois leur séparation, est très peu formalisée et, par conséquent source de tensions dont la personnalisation handicape la résolution.

10. Sur ce sujet, Haeringer J. et Sponem S., « La régulation dirigeante », in Hoarau et Laville J.-L. (dir.).

Les éléments du cadre institutionnel	La logique « publique »	La logique « privée »
La représentation des destinataires	Les ayants droit, déterminés par les politiques publiques. Catégorisation des publics-cibles.	Les usagers définis comme des clients, la satisfaction mesurable par le volume et la régularité de la demande.
L'inscription dans l'action « publique locale » : - la régulation avec l'environnement institutionnel, - le contenu de l'évaluation.	- Tutélaire : fixation des normes par les pouvoirs publics, - qualité évaluée par la conformité aux normes et aux attentes des pouvoirs publics.	- Concurrentielle : libre choix des usagers, - qualité évaluée par les usagers, clients ; recours à des certifications.
La professionnalisation : - Critères de recrutement, - Résolution des conflits.	- Qualification appropriée aux tâches et conforme aux règles administratives, - Recours au droit.	- Compétences, efficacité et rendement, - Performance, compétitivité.
L'hybridation de l'économie : Mobilisation des ressources.	Financement public prédominant, ressources privées éventuelles consacrées au patrimoine.	Financements marchands et publics quasi marchands.
Le principe de légitimité	L'intérêt général validé par les pouvoirs publics.	Le bien commun défini à partir des biens particuliers.
La régulation politique/économique	Ajustement interpersonnel entre président et directeur.	Stratégique/instrumentale.

Conclusion

L'analyse du fonctionnement des associations par l'identification des logiques institutionnelles met en évidence le principe d'action qui légitime l'intégration d'une diversité d'activités dans l'association, et qui se dégage des diverses phases de son développement. Ces logiques rendent compte des raisons d'être qui structurent la coopération entre les divers acteurs que sont les bénévoles, les salariés et les destinataires de l'action. Elles sont identifiables à travers un certain nombre de dispositifs internes qui organisent la place des acteurs dans l'action collective. Elles énoncent les raisons de l'agir collectif, dont ne rendent pas entièrement compte les projets ou les discours managériaux dont la visée est moins celle d'une connaissance partagée de la dynamique sociale que la mobilisation de tous au bon fonctionnement d'un ensemble aussi complexe et fragile.

Confrontée à l'évolution de son environnement, l'association est sommée de justifier ses raisons d'agir d'autant plus clairement que les institutions publiques en appellent à l'intérêt général pour déterminer les conditions de leur soutien, définies dans des dispositifs réglementaires. Ainsi, se réalise le passage d'une solidarité domestique ou philanthropique, à une solidarité instituée fondée sur l'intérêt général. Si ce processus assure la pérennisation d'activités relevant de cette solidarité institutionnelle, il n'en est pas moins réducteur, au sens où la rationalisation qui lui est intrinsèquement liée dissocie l'activité de service, la réponse à apporter, du processus par lequel les acteurs déterminent leurs besoins et les modalités de leurs réalisations.

Nous avons vu que les associations inscrites dans ce processus sont mises à l'épreuve sur leur capacité à faire valoir le lien entre la qualité d'une prestation et celle de leur fonctionnement au regard d'une solidarité démocratique en ce sens qu'elle se fonde sur la participation des individus à la résolution de questions relevant du vivre ensemble. La démocratisation de ces organisations ne relève pas seulement d'un idéal à réaliser, mais d'une capacité à opérer le passage de questions d'ordre domestique et personnel à la question sociale. Cette disposition relève de multiples pratiques inscrites dans le quotidien d'une coopération et qualifiées de « petite démocratie » informelle par opposition à « la grande démocratie » (Mothé, 2006).

La seconde mise à l'épreuve est posée par l'univers marchand où la mise en concurrence brise les régulations assurées jusque-là par l'État social pour les activités de services aux personnes. Ici encore, en s'inscrivant dans une tradition historique dont nous avons esquissés quelques repères dans un chapitre précédent, les associations ont à se saisir de la question économique pour définir les modalités de l'accès à des biens collectifs sur des critères autres que la solvabilité ou la dépendance à une offre institutionnelle prédéterminée. En s'engageant dans une redéfinition de leurs activités en termes de « services à la personne », finalisée par l'émergence d'un bien commun dont l'initiative et le contrôle sont assurés par les parties prenantes et non plus seulement par les décideurs institutionnels, les associations peuvent alors problématiser leur autonomie en termes de liberté d'initiative et de choix et assurer celle-ci sur l'hybridation de ressources issues d'une pluralité de principes économiques.

Les deux logiques institutionnelles identifiées dans ce processus d'adaptation ou de refondation d'association n'impliquent pas leur instrumentalisation par les pouvoirs publics ou par les acteurs marchands puisque les régulations qui encadrent les échanges avec cet environnement définissent des espaces d'autonomie. Leur démocratisation en est la condition d'existence.

4

De la philanthropie à l'action publique

Laurent Gardin*
Joseph Haeringer

Le récit de l'histoire est un élément récurrent dans les entretiens avec les acteurs associatifs. Par-delà son usage pour justifier ou dénoncer une orientation, il met en scène des représentations sociales de l'action entreprise, ainsi que la construction de dispositifs destinés à étayer, consolider et pérenniser celles-ci. Confrontés à des situations de manque ou de carence, les acteurs mobilisent des registres de justice pour qualifier celles-ci et entrevoir des formes d'action. Ces représentations sociales sont des opérations de jugement sur des réalités, elles qualifient celles-ci selon un registre particulier. Elles ordonnent aussi les personnes et les actions selon des principes de « justice » en ce qu'elles assurent une forme de répartition des « ressources » (des symboles et des objets matériels) nécessaires à l'action. Ce sont des « sphères de justice » structurées autour d'une logique dominante. Cette dernière donne sens à l'action collective au sein d'un processus de légitimation spécifique à cette sphère.

Ces récits n'excluent pas l'énoncé de difficultés rencontrées pour convenir de ce qu'il fallait faire et décider. Tensions, conflits

* Maître de conférences à l'Université de Valenciennes et du Hainaut Cambrésis, chercheur à Réseau 21 et au Laboratoire interdisciplinaire pour la sociologie économique (LISE – UMR – Cnam – CNRS).

et rapports de force sont repérables dans ces moments critiques. Moins que toute autre organisation, l'association fondée sur l'adhésion libre et volontaire n'échappe pas à ces difficultés. Elle vit au rythme de ces mises en accord/désaccord. L'exploration de ces situations particulières révèle les modalités de la résolution des problèmes posés et rencontrés par les acteurs, les ressources qu'ils mobilisent pour légitimer à nouveau une décision. Ces modes de résolution se stabilisent en quelque sorte dans des dispositifs qui résultent de ces crises, en même temps qu'ils contraignent les acteurs à s'engager dans la coopération et à donner du sens. Ce faisant, ils contribuent à la pérennisation de la conception dominante, à son institutionnalisation.

Si l'analyse de l'histoire permet d'identifier une logique dominante, elle donne aussi à voir d'autres formes de légitimation qui rendent compte des régulations propres à certains secteurs ou à des groupes d'acteurs. Leur présence rendra compte de certaines évolutions, de certaines tensions latentes qui contribuent à la reproduction d'un système de légitimation, alors même que l'association peut avoir modifié son fonctionnement afin de prendre en compte des contraintes de son environnement institutionnel.

Une logique d'aide

Un engagement au nom de la personne

Créée en 1860, pour « aider la mère et l'enfant », la congrégation de « dames patronnesses » se transforma dès 1915 en association. Elle fut impulsée par un médecin qui, à la mort de sa jeune femme, entreprit des études de théologie à Rome. Il y découvrit l'existence d'une maison maternelle et voulut, à son retour en France, prolonger l'œuvre italienne en lui donnant les moyens de son développement. Sous l'impulsion de ce prêtre, la nouvelle congrégation acquit une propriété en région parisienne ainsi que d'autres lieux en France. Dans les années 1955-1960, l'œuvre assurait l'accueil de jeunes femmes dans cinq établissements, soit près de quatre-vingts résidentes issues de toute la France, mais aussi de Belgique et d'Italie. Il s'agissait en effet, « d'éloigner ces jeunes mères de leur lieu d'origine pour les cacher tristement ». C'est pourquoi un dispositif d'accueil diversifié répondait aux multiples situations rencontrées selon que la jeune mère pouvait ou non assurer l'éducation de son enfant. Il est le marqueur d'une mission originelle assurée tout au long de l'histoire : « En 1970, il y avait un hôtel maternel, pour que les mères puissent vivre une année ou deux avec leur enfant. On était là pour les soutenir dans leur recherche de travail, d'un logement et pour l'éducation de l'enfant (crèche). Elles pouvaient aussi laisser leur enfant en pension. »

En 1974, ne pouvant plus assurer la continuité de la mission compte tenu de la diminution de ses membres, la congrégation céda « l'œuvre et ses biens » à l'association dont le relais avait déjà été pris progressivement par des laïcs : « Ça s'est très bien passé ; le président était un ami de la maison. Dans le conseil d'administration, il y avait trois quarts de laïcs. »

Quelques années plus tard, un président dira : « Ce n'est pas par idéologie, je n'ai pas les motivations du fondateur ; mais alors que l'État ne peut pas tout régler, l'association peut faire beaucoup ; nous sommes volontaires pour participer à la gestion qui concourt à la résolution de problèmes sociaux. »

Dans une diversité de motivations personnelles, selon qu'ils sont membres de la congrégation ou laïcs, les acteurs témoignent tous d'un engagement personnel qui se justifie au nom d'une certaine idée de la personne, par-delà les jugements moraux, et les appartenances sociales ou culturelles :

« Le travail était heureux, dynamique, j'avais choisi d'y prendre part ; on avait envie que ces jeunes mères s'en sortent avec l'enfant » (une bénévole).

« Il faut que les candidats au conseil d'administration puissent dire : "Ça m'intéresse de m'occuper des gens un peu en difficulté", j'ai incité quelqu'un à ne pas venir parce qu'il était dans une activité débordante ; son désir était un souci intellectuel d'informations » (le président).

« Aider la mère et l'enfant »

Constant dans les diverses phases de l'histoire de l'association, l'objet est « d'aider à garder les enfants sans pour autant rejeter les autres femmes qui abandonnaient leur enfant ».

En des termes plus génériques, « il y a eu continuité et élargissement sur les valeurs et les principes d'action : certes la résidence sociale pour personnes dans la rue n'existait pas, mais la crèche et l'école existaient depuis le début. Les efforts de développement se sont toujours faits dans la continuité de la mission d'origine ».

Cette continuité est d'autant plus significative, que l'option d'aider la mère et l'enfant s'est souvent trouvée en décalage par rapport à la représentation socioculturelle dominante. Alors que les jugements moraux éloignaient, voire excluaient ces jeunes mères de leur environnement familial d'origine, l'association proposait un espace de reconnaissance de la personne et de sa dignité : « Les grands changements ? La société a fait un bond énorme. [...] En 1974, on était avec des femmes qui se sentaient rejetées, depuis les années 1980, la femme est reconnue. Avant, il y avait deux origines, bourgeoise... ces femmes visaient l'adoption ; l'autre rurale... Depuis deux, trois ans, on demande aux jeunes pères d'assumer leur naissance. Beaucoup de demandes en recherche de paternité, peu de renseignements exploitables. »

Aujourd'hui, d'autres difficultés ont relayé les jugements moraux : « Problème de travail, de logement ; aujourd'hui, dans ces domaines, nous rencontrons de grandes difficultés pour trouver des solutions permettant à ces personnes de quitter notre résidence, c'est un point énorme. Les mamans ne sont plus regardées du doigt, de travers. On va ouvrir la crèche sur le quartier : pour que les résidentes ne soient plus seulement entre elles, qu'elles puissent voir d'autres modèles familiaux, avoir un contact avec l'extérieur. »

L'action collective de l'association s'est ainsi redéfinie tout au long de son histoire en fonction de la représentation sociale dominante et de l'évolution du public accueilli. Au jugement moral d'antan, facteur de rejet pour ces jeunes femmes qui avaient « fauté », il fallait pouvoir leur offrir les occasions de « partir la tête haute ». Aujourd'hui, d'autres problématiques viennent renforcer l'exclusion d'une population migrante : « Aujourd'hui, c'est différent : ce sont beaucoup d'Algériennes et d'Africaines, peu d'Asiatiques… »

Du privé au public : des espaces différenciés

En offrant des unités d'accueil diversifiées à des jeunes femmes exclues de leur environnement familial pour avoir eu un comportement contraire aux normes sociales admises dans leur milieu, l'association les met à distance de ces appartenances sans pour autant les renier, et ce, au nom de la dignité de la personne. De nouvelles valeurs et normes y organisent les relations dans un espace spécifique et adapté aux situations individuelles. Elles visent la dignité des personnes et par-delà, l'acquisition d'une nouvelle identité sociale, dégagée des considérations morales antérieures : « Nous cherchions à transmettre des valeurs (pas de messages religieux) : aider à repartir avec leur enfant, la tête haute. »

À la famille qui rejette, l'association offre un autre espace domestique : « C'était très famille, les enfants qui étaient en pension étaient notre famille. » Il y a substitution d'un espace privé à un autre dont la fonction est d'offrir les garanties d'une reconnaissance sociale positive : « On était très ouvertes, très attentives aux mères et d'une grande discrétion ; garder le secret de ces femmes, jamais nous ne portions un jugement. »

Cette même manière de gérer l'exclusion familiale dans un espace privé se retrouve dans la dynamique actuelle. Les professionnels organisent ces prises en charge dans des unités spécialisées hors d'intervention des acteurs publics associatifs, les dirigeants. Une division des tâches est ainsi réalisée, différenciant l'espace des services professionnels où se gèrent les parcours et les difficultés d'insertion des personnes accueillies et celui des administrateurs, chargés de la gestion sociale et économique du dispositif d'accueil, de sa modernisation : « On s'est dit qu'il faut moderniser, compléter nos activités actuelles, il faut un large panel pour des jeunes femmes en difficulté et élargir la gamme avec une crèche parentale et familiale, une halte-garderie et travailler en réseau : accueillir sur place des associations extérieures » (les administrateurs). Les acteurs associatifs œuvrent à enrichir l'offre de services, à gérer le développement de l'association. La notoriété associative et sa capacité interne à débattre de son objet sont orientées vers la gestion d'un patrimoine immobilier et sa modernisation.

La reconnaissance sociale à laquelle travaillent les dirigeants associatifs est celle de « l'œuvre » en tant qu'entité dans un espace public, comme l'exprime un administrateur : « Nous avons notre utilité au milieu d'autres associations, il faut laisser vivre l'histoire, les femmes qui ont créé l'histoire, je ne vais pas gommer cela ; [...] les personnels que nous avons, doivent être attentifs et disponibles, il faut leur donner les conditions nécessaires. »

L'évolution ainsi perceptible dans l'histoire de l'association illustre une grande continuité dans son adaptation à un contexte dont l'évolution modifie les publics accueillis ainsi que les modes d'intervention. Si les dirigeants associatifs actuels témoignent d'une réelle fidélité au legs de l'œuvre en assumant l'histoire dont la dimension religieuse est rappelée symboliquement sans être imposée, les acteurs de proximité avec les publics ont changé avec l'arrivée progressive de professionnels de l'éducation spécialisée. On y observe l'émergence d'une nouvelle dynamique qui sera analysée ultérieurement.

Une inégalité de situations

Entre les acteurs associatifs et les personnes accueillies, aucun lien social ni économique ne préexiste. Leur rencontre se réalise dans un espace tiers, spécialisé et reconnu institutionnellement comme tel.

Selon les « générations » de promoteurs de l'association, les rapports avec les personnes accueillies ont pris diverses formes : « Les enfants qui étaient en pension, étaient notre famille » ; « nous cherchions à transmettre des valeurs (pas de message religieux) », disent les plus anciennes religieuses ; plus tard d'autres administrateurs laïcs diront : « Il faut que les candidats au conseil d'administration puissent dire : "Ça m'intéresse de m'occuper des gens un peu en difficulté." »

Si l'inégalité des situations sociales et économiques marque les rapports entre les membres associés et les résidentes, le degré de proximité, voire de partage, entre les intervenants et les personnes accueillies a varié selon les périodes en fonction des conceptions que l'on se faisait de l'intervention. Aux côtés des professionnels, les religieuses ont adapté leurs pratiques à de nouveaux référentiels. Ainsi, disent-elles : « Certaines mamans voulaient rester travailler au pensionnat comme enseignantes ; aujourd'hui on dirait que c'est très mauvais, psychologiquement, qu'il ne faut pas mélanger ; autrefois les femmes étaient dans l'œuvre et pouvaient devenir professionnelles ; l'œuvre protège l'enfant et la mère, certaines pouvaient rester tout en travaillant. »

Une cooptation sur le registre de la compétence

Comment devient-on administrateur dans l'association ? « Il faut avoir quelqu'un qui vous sollicite. » Aussi, pour un président, composer une équipe d'administrateurs relève ici, d'un souci de réunir des personnes dont la disponibilité permettra un investissement réel dans les tâches et dont la compétence contribuera à l'enrichissement collectif : « Un ancien DRH, un entrepreneur en bâtiment, un menuisier de l'association, une jeune femme très impliquée au Secours catholique, une femme impliquée dans la formation des travailleurs sociaux. On est un bureau compétent, on est des amis, et pour moi, c'est majeur » (le président).

Pour assurer l'accueil et l'accompagnement des personnes, l'association a depuis longtemps sollicité la compétence de personnes, parmi les membres de la congrégation d'origine dans un premier temps, puis par un recrutement externe de personnels qualifiés.

La recherche d'accord

Au cours de son histoire, l'association a connu un certain nombre de conflits internes : ce fut lors du retrait de la congrégation à l'association avec l'arrivée massive de professionnels de l'éducation : « En 77-78, il y a eu une crise ; les éducateurs contre la direction de l'association ; la DDASS était intervenue ; il y avait, chez certains éducateurs, un côté un peu anticlérical », dira l'une des témoins. Cet épisode illustre la rupture culturelle entre deux générations d'intervenants porteurs de conceptions différentes de l'engagement professionnel. La direction de l'association assurera le lien historique par le rappel des origines inscrit dans les bâtiments et l'engagement à certaines actions de solidarité en Colombie. Il semble que la volonté de continuité ait prévalu autour d'un certain nombre de valeurs qui animent les décideurs actuels dans leur stratégie de modernisation du patrimoine et d'ouverture de l'association. Est-elle partagée au-delà de l'équipe du siège, voire par les plus anciens salariés ?

La gestion d'un patrimoine

La continuité évoquée précédemment se retrouve quant à la mobilisation des ressources. C'est le patrimoine dont il faut gérer l'utilisation, ainsi que sa valorisation, qui constitue la ressource autonome de l'association. Son importance responsabilise les dirigeants dans leur fonction gestionnaire mais leur donne aussi une capacité publique à poser librement des projets d'investissement et des choix d'orientation. Il s'agit moins d'agir contre les pouvoirs publics que de solliciter leur contribution pour le fonctionnement des structures, en relais des fonds privés. Certes, le bénévolat des religieuses a pris fin. Il a été relayé par des salariés dont les coûts exigent des financements publics pérennes. Cette contrainte impose des rapports négociés avec les collectivités compétentes, ce à quoi s'emploient les dirigeants de l'association.

De même que l'association valorise ses locaux, par l'hébergement d'un certain nombre d'associations dont l'activité vient très opportunément enrichir les interventions des professionnels et de maintenir une ouverture sur l'extérieur, elle sait utiliser les ressources locales pour des projets d'investissements.

Si la création et l'histoire de l'association se sont structurées autour d'une dynamique d'« aide » où les administrateurs successifs ont réussi à se mobiliser pour assumer la continuité d'une mission historique inscrite dans la gestion d'un patrimoine, le développement des activités s'est peu à peu distancié de celle-ci en se référant à une autre légitimité. Il s'est inscrit dans un environnement marqué par les politiques publiques et leurs dispositifs gestionnaires qui lui ont donné, outre les ressources nécessaires à son développement, la légitimité nécessaire à son projet. Les professionnels ont déployé progressivement leur espace autonome d'intervention, au départ des religieuses, par de nouvelles pratiques se distanciant ainsi des représentations portées par les acteurs témoins et garants de l'histoire.

L'encastrement de l'activité dans une dynamique institutionnelle

Cet exemple illustre le processus par lequel l'association assure la poursuite de l'initiative originelle. Forgée dans le parcours personnel de son fondateur, l'idée de venir en « aide à la mère et à l'enfant » se concrétisa par la création d'un dispositif particulier répondant certes, aux ressources dont disposaient les initiateurs, mais aussi à la représentation qu'ils se faisaient : un accueil familial en réponse au rejet de la famille d'origine. Ce qui était au point de départ un petit réseau de dames patronnesses devint progressivement un réseau d'institutions dont l'accueil s'élargit ensuite à d'autres situations de rejet.

La représentation philanthropique de « la mère et l'enfant » se transforma peu à peu en une question touchant l'émancipation des individus et les conditions de leur protection, rejoignant en cela, les objets de la politique publique de l'aide sociale à l'enfance, diversement définis dans ses diverses formulations historiques. Les acteurs de l'association, se succédant dans une grande diversité d'appartenances (dames patronnesses, religieuses, professionnelles de plus en plus spécialisées) organisent leur coopération dans une plus grande différenciation des tâches générant ainsi une diversité de modes d'intervention, qu'il s'agisse des questions touchant à l'orientation générale, à la gestion financière ou de l'accueil des usagers. Leur attachement à l'association se fonde sur une transaction permanente entre l'offre identitaire concrétisée par les membres associés et la quête de reconnaissance particulière des personnes sollicitées par la cooptation. Il s'y forge une culture dont les processus d'acquisition et de transmission légitiment sans cesse le projet initial.

La dynamique associative résulte de ces interactions déployées autour de l'objet érigé en bien commun. Dans l'exemple présent, la régulation entre les acteurs s'établit autour de la question patrimoniale, celle d'un héritage foncier et financier, symbole de la philanthropie qui s'y est exprimée. Dans d'autres parcours associatifs, un besoin durablement partagé, telle la prise en charge d'enfants handicapés indissociable de l'expérience subjective où se mêlent la souffrance de parents et la volonté farouche de repousser les limites du handicap, constituera le bien commun, principe de la régulation des acteurs. Ailleurs encore, c'est une réflexion sur l'éducation et la place des jeunes dans la société qui régulera la diversité des engagements individuels.

Cet exemple illustre la portée symbolique des échanges réalisés et accumulés, tel un patrimoine, dans la durée d'une histoire : « On peut caractériser un patrimoine par le fait que sa valeur pour un individu ou une collectivité n'est entièrement réductible ni à sa valeur monétaire, ni aux valeurs d'usage dont il permet la production. Un patrimoine est conservé, éventuellement enrichi, pour être transmis sans perte ni dégradation aux générations suivantes. [...] La notion de patrimoine peut être rapprochée de celles de corps et de monde. Ce qu'ont en commun les corps et les mondes (aux sens physique, social ou métaphorique), c'est que nous leur sommes liés de manière constitutive, c'est-à-dire avec une intensité et dans une durée que nous ne maîtrisons pas. Dit d'une autre manière, nous ne pouvons ou ne voulons pas en disposer à des fins sans rapport avec leur nature propre » (Perret, 2006 : 293). Constitutif de l'association comme entité autonome à la manière d'un patrimoine social, ce bien commun se transmet et ce que nous désignons, ici, par logiques institutionnelles est le processus de légitimation d'une telle transmission. Cette référence à l'institution souligne qu'une telle histoire, en raison de sa force symbolique, ne peut être réduite à une lecture utilitariste basée sur la recherche d'intérêts communs. Elle rend compte aussi de la manière dont les acteurs ont internalisé des questionnements et des évolutions, en même temps qu'ils ont contribué à faire émerger une cause sociale dans l'espace public et à en gérer la permanence.

L'intégration des activités par une logique publique

Ainsi, aux logiques institutionnelles « émergentes », se sont adjointes ou substituées, des logiques « subséquentes » qualifiées de « public » ou « privé » selon que l'objet commun est référé à l'intérêt général ou à l'intérêt particulier du collectif associatif. En d'autres termes, il s'agit d'analyser les organisations associatives comme des construits sociaux encastrés dans des dispositifs publics ou de production privée et dont les régulations avec leur environnement résultent d'« échanges par lesquels se constituent les règles d'interactions » (Reynaud, 1997).

La représentation des destinataires

Alors que les religieuses, promotrices de l'association, opposaient au rejet des mères « fautives » un accueil centré sur le respect des jeunes femmes et se proposaient de les « aider à garder leur enfant, sans pour autant rejeter les autres femmes qui abandonnaient le leur », aujourd'hui, les salariés décrivent les résidents comme des personnes en difficultés psychosociales, puisant dans la grammaire des dispositifs de la protection sociale ou de l'insertion sociale les codes de désignation de ces publics.

Ainsi : « Aujourd'hui, il y a de très jeunes femmes, elles ont des comportements d'adolescentes, elles sont davantage en rupture que dans la construction, avec, pour certaines d'entre elles des expressions pathologiques, elles sont sans projet de vie. » Ou encore : « Elles descendent du nord du département ; elles ont des parcours de vie très différents : des Maghrébines mises à la porte, des femmes d'Afrique noire après quelques années en France ; des histoires difficiles (maltraitance, viol, précarité psychique), père plus ou moins présent (quand il l'est) disparaissant souvent à l'annonce de la grossesse suite à un chantage ; la problématique est sociale, culturelle et psy. » Et « c'est une population de plus en plus psy : pathologie (maladie mentale), situations précaires par rapport à l'insertion, aux droits et aux refus de cartes de séjour ; il y a souvent des mères avec leur enfant malade à qui est adressé le refus de régularisation ; ça oblige à redéfinir sans cesse le travail à faire auprès d'elles ; les partenaires : "On fait des liens avec les professionnels en fonction de la situation." »

Ces personnes sont orientées vers l'une ou l'autre des unités de l'association par différents dispositifs publics, départementaux, locaux ou nationaux : ici c'est l'assistant social polyvalent de secteur qui oriente vers le service d'accompagnement social au logement ; là, c'est une commission réunissant sous l'égide de la DDASS les Centres d'hébergement et de réinsertion sociale du département pour étudier et orienter les dossiers en attente, [...]

etc. Ainsi, la qualification de ces publics et leur gestion dans le dispositif public relèvent d'un processus institutionnel auquel participent les équipes de l'association. En effet, plus qu'un simple langage commun nécessaire à la communication entre une diversité d'acteurs, cette grammaire contribue à élaborer une connaissance de ces publics et à organiser des formes d'intervention différenciées par leur projet. Elle est autant productrice de connaissances que référentiel pour l'action.

L'inscription dans l'action publique locale

Un ensemble de normes déterminent les rapports des unités de l'association avec leur environnement institutionnel : qu'il s'agisse des critères d'orientation du public, de la répartition des places en fonction de l'origine territoriale, de la durée de leur accueil ou de leur prise en charge, des ressources disponibles et des *ratios* d'encadrement, etc. Les unités doivent composer, voire négocier avec les administrations compétentes leur marge d'autonomie. Sur les questions relatives à la prise en charge des publics, l'ajustement avec les besoins se réalise dans des espaces de concertation qui dépassent la sphère autonome de l'association, tandis que pour les questions budgétaires, la marge de liberté dans l'affectation des crédits est beaucoup plus faible.

Afin d'être identifié le plus clairement possible sur l'échiquier des prescripteurs locaux, mais aussi pour assurer une meilleure intégration des équipes dans un ensemble, le recours au projet d'établissement est une manière de réguler les rapports à l'environnement en référence à une politique publique, principe de coordination supérieur pour les acteurs : « Le code de l'Aide sociale à l'enfance définit les hôtels maternels : centrés sur l'enfant et la mère ; ils relèvent de la protection de l'enfance et non du logement ; c'est une position institutionnelle interne que d'avoir recentré le projet du centre maternel sur cette mission. » Et : « Nous commençons à élaborer un projet ; les partenaires ne sont pas clairs avec certaines circonscriptions dans la pertinence de l'orientation ; certaines relèvent bien de l'orientation vers le logement, d'autres non, cela s'explique en partie par la surcharge des assistantes sociales de circonscription. »

Ainsi, des dispositifs publics locaux gèrent les ajustements entre les besoins identifiés et les réponses mobilisables, désignent les places des uns et des autres, structurent leurs relations d'interdépendance et forgent leur représentation mutuelle. Ici, ils engagent l'association dans une pluralité de missions selon la diversité de ses unités d'intervention, ce qui fragilise les régulations internes, en même temps qu'ils contribuent à consolider l'action associative et à lui reconnaître une réelle légitimité territoriale. La cohésion associative, jusque-là assurée par la référence à une mission unique, originelle, en appelle à d'autres formes de régulation puisqu'à côté des administrateurs et des bénévoles, des professionnels assurent le fonctionnement et le développement des activités en se référant à d'autres représentations que celles véhiculées antérieurement. Et ce sont les administrations publiques qui assurent la régulation institutionnelle relative aux activités sous le double registre de la professionnalisation et du contrôle des moyens octroyés.

La professionnalisation

Les religieuses ont peu à peu passé le relais à un personnel salarié qualifié. Ce dernier est requis pour assurer l'accueil des publics et par-delà, pour garantir le bon fonctionnement des unités dont l'habilitation détermine avec précision les qualifications et les *ratios* d'encadrement. Ainsi, sont définis les organigrammes, le nombre de postes en « équivalents temps plein », leur niveau de qualification, au regard du nombre de mesures ou de places habilitées. La pondération en fonction de la difficulté de la tâche relève d'une négociation : « Les différences de publics accueillis (à la crèche) sont difficiles à gérer, mais ça motive, énonce une salariée.

C'est plus confortable pour l'encadrement, on peut ainsi justifier le *ratio* d'encadrement relativement élevé auprès des financeurs. »

La règle commune pour la désignation des emplois et leur condition d'accès est la convention collective. Si celle-ci semble opératoire pour la plupart des emplois, elle l'est moins pour un certain nombre d'activités non répertoriées. Ceci peut générer, ici ou là, un décalage entre les compétences requises dans la diversité des tâches attachées à un poste et les compétences validées par des qualifications référées aux métiers de base, aux « professions canoniques » du travail social.

Il importe ici de souligner une gestion administrative des compétences qui privilégient la qualification, seule référence commune avec les administrations publiques assurant le contrôle du fonctionnement des unités. Pour un certain nombre d'activités innovantes ou pour répondre à une volonté d'intégration, l'association mobilise les personnes sur leurs compétences individuelles, et leur assure une reconnaissance statutaire cohérente avec l'emploi en compensant à l'aide de ses propres ressources les insuffisances budgétaires jusqu'à leur prise en charge sur les financements publics. Cette stratégie est à l'œuvre dans les innovations promues par les professionnels afin de répondre à des besoins et soutenues par les administrateurs dans leur volonté d'actualiser la mission fondatrice.

L'hybridation de l'économie

Les ressources de l'association sont multiples. Dans la pluralité des principes économiques qui régissent celles-ci, il convient d'identifier les régulations sociales qui soutiennent l'existence de l'association dans ses rapports à la diversité des institutions ou des acteurs concernés.

En 2002, le compte de fonctionnement et de résultat cumulé atteint un total de produits de 4 181 051 €, avec un excédent de 60 640 € (soit 1,5 % des produits). Il est divisé en trois sections : le centre Marie-Moizard, le centre maternel et la gestion propre. Notre analyse va porter sur le budget prévisionnel de chacune de ces trois sections en 2004.

Qu'ils y soient hébergés ou qu'ils y fassent garder leur enfant, les usagers de l'association participent financièrement. Le prix payé est fortement encadré par les pouvoirs publics qui compensent les faibles revenus des usagers. Ainsi, la CAF propose un barème pour l'accueil des jeunes enfants en crèche et verse un complément à la structure d'accueil pour que celle-ci puisse couvrir ses frais de fonctionnement convertis en prix de journée par enfant accueilli.

Sur la résidence Marie-Moizard, la participation des usagers (y compris pour les remboursements de téléphone, de la buanderie…) est inférieure à 3,5 % des ressources du service. Sur le centre maternel et la crèche, cette contribution se monte à 1,6 % dont 1 % consacré au repas, téléphone. 1,3 % des ressources proviennent des usagers extérieurs, c'est-à-dire des habitants de la ville et 0,6 % provenant de la participation des résidents alors que les enfants des premiers n'occupent qu'un tiers des places. La participation des étudiants ne se fait pas contre l'objet d'un subventionnement public spécifique. Au final, la participation financière des usagers représente un peu plus de 6 % des ressources monétaires de l'association.

Les financements publics représentent environ 89 % des ressources monétaires de l'association. Ils sont à distinguer notamment à partir de leurs origines, de leur importance dans l'équilibre économique de la structure et de la manière dont ils sont attribués. Le financeur central est incontestablement le Conseil général dont les financements représentent près des trois quarts des ressources de l'association avec des subventions équivalant à 75 % des ressources de la résidence Marie-Moizard, à 79 % de celles du centre maternel et de la crèche, et versement d'un loyer pour les locaux servant à la Protection maternelle infantile (1 % du budget global).

Les fonds pour la résidence sont versés dans le cadre des Programme départemental d'aide au logement des plus démunis (PDALDP) et Plan départemental d'insertion (PDI) dans le cadre de l'insertion par le logement des personnes relevant du RMI. Ceux pour la crèche et le centre maternel sont attribués à partir de la fixation d'un prix de journée calculé à partir de la différence entre les charges et les ressources du service afin de parvenir à son équilibre économique. Le Conseil général permet à l'association de faire des provisions sur les ressources supplémentaires qui lui sont attribuées à partir des prix de journée.

Le département fait preuve d'un réel volontarisme budgétaire en ayant une politique forte en direction du public accueilli par l'association. À une époque, la direction de l'association estimait que le service avec lequel elle était en relation avait une attitude de suspicion vis-à-vis des associations dès qu'elles leur demandaient « un sou ». Les rapports sont encadrés notamment sur le nombre de postes, le statut des emplois, leur rémunération, etc. Mais le service apparaît maintenant « plus compétent. [...] Ce sont des interlocuteurs avec qui l'on peut discuter ». Les relations se nouent principalement avec les techniciens avec lesquels « on présente les projets, on discute, on joue cartes sur table, on demande ce dont on a besoin ».

L'autre financeur important de l'association est la Caisse d'allocations familiales qui intervient pour couvrir les droits sociaux des usagers (10 %). Ceux-ci portent sur le logement à travers des allocations logement (5,8 % du budget total) versées pour l'hébergement des résidentes à Marie-Moizard et au Centre maternel. Ces allocations sont versées à partir de décisions prises à un niveau national et l'association n'a aucun pouvoir d'influer sur le montant. La CAF intervient aussi dans le cadre de l'accueil des jeunes enfants dans la crèche (4,2 %) et de Baobab (0,1 %). Son intervention sur la crèche permet de pratiquer des niveaux de participation financière des usagers gradués selon leurs revenus.

La ville soutient la crèche pour l'accueil des enfants de son ressort administratif (1 %), une subvention DVS est aussi versée pour ce public. Les parents doivent s'inscrire aux services administratifs de la ville ; « elle peut ainsi imposer de prendre certains enfants, mais nous sommes devenus plus libres ». Les aides pour l'embauche de Contrat emploi solidarité ou de Contrat emploi consolidé ne représentent que 0,8 % du budget total de l'association. La politique en la matière vise la pérennisation des postes après l'arrêt des aides de l'État.

L'association jouit d'un patrimoine important légué par la Congrégation. Outre le fait qu'il lui permet de ne pas avoir à payer de loyer, ce patrimoine est, on l'a vu, en partie loué au Conseil général pour la PMI, à une crèche parentale et pour le *home* d'étudiants. Même si ces locations visent principalement à ouvrir le lieu sur son environnement, elles représentent aussi des ressources non négligeables (1,9 %).

En outre, les produits financiers de l'association sont variables et ont pu représenter 2,9 % de son budget total. Ces ressources importantes lui permettent d'avoir une marge d'action majeure, que ce soit dans sa politique d'investissement avec le projet d'agrandissement du site ou dans sa politique du personnel en permettant le maintien de postes que ne couvrent plus les aides à l'emploi, le recrutement de personnel non prévu dans les cadres administratifs des tutelles et l'emploi à des échelons salariaux plus élevés d'une partie de son personnel.

Enfin, l'association mobilise des dons destinés à soutenir des projets en Colombie comme le soutien à la création de jardins d'enfants pris en charge par les parents. Cette action résulte des liens noués à partir de cinq sœurs de Saint-Raphaël qui ont créé une communauté en Colombie en 1947 pour s'occuper des mères avec leurs enfants. En Amérique latine, l'œuvre gère notamment une maison à Porto Rico. Les donateurs sont principalement des parents qui ont adopté des enfants dans ce pays. Les fonds collectés sont affectés à des projets précis et ne font que transiter par l'association.

Le bénévolat des membres de l'association ne fait pas l'objet d'une valorisation monétaire dans les documents comptables. Cette participation prend principalement corps à travers la participation des administrateurs. « Théoriquement, ils sont vingt et un, mais actuellement ils sont dix-sept et les conseils d'administration se tiennent chaque trimestre. » Le bureau qui comprend sept membres se réunit mensuellement. On peut estimer le temps passé par les administrateurs dans ces instances à 346 heures par an. « L'assemblée générale se déroule de manière très formelle » et réunit une centaine de personnes, un samedi matin. Au total, le temps de participation aux instances légales de l'association représente environ 600 heures par an.

En outre, il faut noter une forte implication des membres du bureau. Le président est très présent dans les missions de représentation mais aussi dans certaines négociations. Les autres membres du bureau interviennent aussi suivant leurs compétences et leurs fonctions dans l'association, ainsi « le trésorier est présent dans les négociations ». Enfin, de manière régulière, à raison de deux heures par semaine, un administrateur pédopsychiatre intervient sur un des services.

Outre ces participations bénévoles, il ne faut pas négliger le réseau de soutien dont bénéficie l'association. Les convocations à l'assemblée générale sont envoyées à un fichier de cinq cents noms. Des connaissances mobilisées par des membres du conseil d'administration et particulièrement un des anciens présidents, des personnes intéressées par la coopération avec la Colombie, constituent deux des premiers types d'acteurs convoqués, une ouverture plus récente a aussi été menée vers la commune et touche une centaine de personnes. Ces personnes participent à travers des dons et cotisations à l'économie de la structure, mais plus largement elles constituent la face émergée du réseau social qui conforte l'assise de l'association. Ce réseau trouve aussi des formes de participation à travers la participation à la brocante annuelle organisée par la ludothèque, aux conférences organisées par l'association, etc. Quand la ville a souhaité mettre une place en zone d'aménagement concertée touchant le site des établissements, les paroissiens ont été rapides et nombreux à signer la pétition pour la défense de l'association.

Globalement, sur l'ensemble de ses activités, l'association s'appuie sur une participation financière limitée des usagers et des ressources publiques s'inscrivant dans des cadres très réglementés, mais pour l'obtention desquelles elle parvient à entrer dans des processus de négociation avec les pouvoirs publics. Parmi ceux-ci, le Conseil général joue un rôle central et a une capacité financière importante lui permettant de soutenir fortement ces projets. Mais il ne faut pas négliger d'autres atouts de l'association constitués notamment par son patrimoine tant immobilier, financier que social qu'elle maintient et développe, et qui lui offre, outre des marges de manœuvre dans sa gestion économique, la possibilité d'avoir des positions affermies dans ses relations avec les instances publiques.

La régulation politique/économique

La résolution des conflits qu'a pu connaître l'association, ou leur prévention, se fonde sur la cohésion de l'équipe dirigeante et plus précisément sur celle du duo formé par le président et le directeur général. Deux principes sont énoncés : une volonté de clarté dans les champs de compétences : « Le conseil d'administration élit son président qui est en charge de la stratégie, le directeur et son personnel, la tactique » et la confiance renouvelée entre le duo formé du président et du directeur : « Dans les associations, s'il n'y a pas un duo entre le président et le directeur, ça ne fonctionne pas bien. [...] Il faut un climat de confiance ; quand je ne comprends pas, je le lui dis afin qu'il le sache, mais réciproquement, je lui demande d'être aussi franc avec moi. »

La clarté de l'énoncé repose cependant sur des ajustements interpersonnels, en l'absence d'un écrit qui préciserait les activités et les décisions relevant du stratégique ou du tactique. D'autres régulations plus collectives réunissent les directions des établissements et les membres du bureau de l'association. Elles contribuent à une connaissance réciproque et, par-delà les informations transmises, à l'élaboration d'une réflexion commune. Cela ne réduit pas pour autant l'asymétrie des informations entre les acteurs dirigeants et le recours à la confiance réciproque.

Certes, le départ inattendu du directeur général a quelque peu troublé la tranquille assurance sur laquelle fonctionnait ce duo. Il n'en demeure pas moins que les éventuelles divergences de vues entre ces deux fonctions ont été régulées par les personnes concernées et semblent n'avoir pas laissé prise à d'autres interprétations.

Le compromis

Au terme de cette analyse historique qui tente de rendre compte de la manière dont les acteurs ont créé, puis développé l'association, il nous faut conclure à la coexistence de deux logiques institutionnelles. La première trouve sa source et sa légitimité dans la personnalité du fondateur et dans la congrégation religieuse qu'il a créée pour « accueillir la mère et l'enfant » dans un contexte de rejet moral caractéristique de cette époque. La seconde apparaît lorsque le développement des activités et leur pérennisation exigent qu'elles s'adossent, voire s'inscrivent dans les politiques publiques successives et que les acteurs professionnels participent aux différents dispositifs publics territoriaux. La logique d'aide ancrée dans l'héritage d'une mission, légitime les administrateurs bénévoles dans leur fonction gestionnaire d'un patrimoine et des ressources financières qui en découlent. La seconde, relative à une mission d'ordre « public » rend compte du développement des activités et fonde la légitimité des professionnels à œuvrer dans le cadre de projets différenciés au sein de l'association.

Se pose alors la question de la coexistence de ces deux logiques et des instances de régulation. Elle est à l'œuvre dans deux dynamiques : l'élargissement du « bien commun » et l'ouverture aux acteurs locaux.

L'élargissement du « bien commun »

L'épine dorsale sur laquelle se sont greffées un certain nombre d'activités s'enracine directement dans le projet du fondateur. En effet, « l'accueil de la mère et de son enfant » comme volonté humaniste affirmée dans un contexte de rejet moral est resté au cœur du projet de l'association et de ses activités. Le centre maternel et la crèche constituent un pôle central et semble-t-il symbolique d'une histoire. Certes l'élargissement actuel à la parentalité répond à une actualité sociétale, reprise par les politiques publiques, mais ne peut être qualifié de rupture par rapport à la mission d'origine. En ce sens, l'héritage symbolique et culturel n'est pas seulement préservé. Il fait l'objet d'une incessante réactualisation par les acteurs de la logique du « public » qui structure toutes les activités de l'association. Cet élargissement répond en effet à une volonté de légitimer, aux yeux des acteurs garants de l'histoire, les activités nouvelles initiées par les équipes soucieuses d'élargir les limites de leurs interventions et de contribuer à une meilleure prise en compte de la problématique des résidentes.

Ainsi, les professionnels disposent d'un cadre de légitimité propre ainsi que des ressources pour innover, tandis que les administrateurs sont mobilisés pour assurer la continuité d'une histoire et la gestion d'un patrimoine. Ainsi, y a-t-il une mise en accord de deux logiques institutionnelles autour d'un patrimoine historique mobilisé pour la réalisation de missions ? Un compromis autour de l'utilisation des ressources ? Dans ce qu'il symbolise et au regard du sens que lui confèrent les deux types d'acteurs, ce patrimoine ne peut être réduit à des ressources matérielles. La mise en accord se fait sur une redéfinition permanente des missions et des activités au regard de ces missions. Néanmoins, cette tension entre deux logiques institutionnelles a permis de réelles innovations par la volonté concertée des acteurs centraux de cette régulation, que sont le président et le directeur général ainsi que le conseil d'administration et le comité de direction. Force d'une régulation faite d'ajustements sur fond de confiance interpersonnelle, mais faiblesse lorsqu'il y a défaillance de l'un ou l'autre.

L'ouverture aux acteurs locaux

La valorisation d'un patrimoine attaché à une mission centrée sur « la mère et l'enfant » a incité les acteurs dirigeants à défendre son utilité sociale face à des projets de rénovation urbaine. Le maillage d'initiatives autour de la petite enfance ainsi réunies sur un même espace avec les unités institutionnelles est une autre manière d'actualiser un projet historique dans un environnement marqué par d'importants enjeux urbanistes. Une même pratique de partenariat traverse l'association dans la diversité de ses activités. Contrainte ou sollicitée selon les services, la coopération avec une pluralité d'acteurs locaux (de la polyvalence de secteur, à la bibliothèque municipale en passant par le secteur de la santé mentale) encastre l'association dans un environnement polymorphe. La mixité des publics qui y est tentée souligne l'ouverture d'un projet apte à réunir les professionnels et les administrateurs.

Ici encore, la régulation entre ces deux logiques historiques s'inscrit dans un territoire constitué de réseaux et de partenaires où s'échangent des biens et des services et se construisent des identités collectives valorisant des actions innovantes. La coopération entre la diversité des acteurs réunis sur le site géographique de l'association consolide la coexistence de ces logiques par une régulation externe, territoriale. Elle permet ainsi d'internaliser des attentes et des ressources locales dans un espace associatif qui aurait pu se clôturer sur ses missions publiques.

Une trajectoire : l'évolution de la régulation institutionnelle

En rapprochant cet exemple d'autres situations analysées, l'hypothèse d'une trajectoire institutionnelle peut être retenue pour donner à comprendre l'évolution des dynamiques associatives :

À son émergence, la régulation institutionnelle de l'activité associative s'opère dans le cadre d'un projet sociétal selon l'une des logiques présentées précédemment.

Certes, beaucoup d'associations ont démarré par une initiative philanthropique, comme celle présentée dans ce chapitre. Dans d'autres exemples, la création de l'association se fait sur un registre domestique. Elle peut aussi se cristalliser sous la forme de l'entraide ou encore d'un mouvement lorsqu'il s'agissait de faire valoir de nouveaux droits.

À ce stade, les acteurs, dans la diversité de leur démarche personnelle, s'engagent dans une démarche orientée vers la réponse à un besoin. Nombre d'associations d'action socio-éducative ou de parents d'enfants handicapés témoignent, à cette phase de leur histoire, d'une identité d'engagement commun par-delà les statuts de bénévoles ou de salariés. Ces acteurs sont membres associés parce qu'ils contribuent, à leur place respective, à la définition du bien commun et à la réalisation du service. Une réflexion permanente, faite d'échanges sur ce qu'il convient de faire et d'initiatives pour répondre aux besoins identifiés, réunit ces acteurs qui donnent ainsi sens à leur action. À cette phase, l'objet de l'association est autant ce qu'il s'agit de faire, que ce pour quoi on agit : activités et représentation de l'action convergent, se renforcent mutuellement pour légitimer le projet. La socialisation intense qui s'y développe par la mobilisation de tous est fondée sur cette reconnaissance que l'on défend une même idée, une même cause. Elle est source d'implication de tous et de chacun des acteurs. La culture qu'ils partagent est ainsi liée à leur engagement.

Cette logique institutionnelle émergente structure un espace public particulier, qualifié comme tel parce qu'il s'y traite et s'y débat des questions d'ordre privé, personnel, entre les personnes réunies dans une démarche volontaire. Chaque acteur y apporte sa vision de l'action, fondée sur une expérience subjective et qu'il confronte à celle d'autres avec l'intention de faire valoir son opinion et de parvenir à un compromis suffisamment stable pour légitimer l'action ou le service et renforcer la coopération.

C'est ce dont tente de rendre compte le schéma ci-dessous :

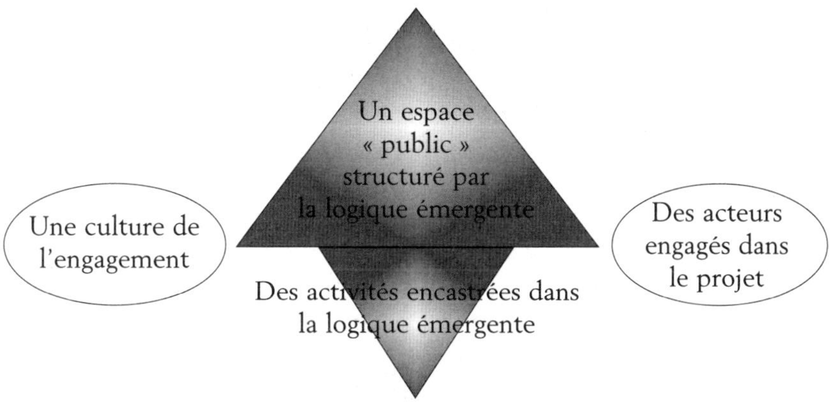

La deuxième phase, marquée par le développement des activités, est celle d'un ré-encastrement de ces activités dans une logique du public ou plus rarement dans une logique du privé.

Dans l'exemple présenté, le conflit qui opposa les professionnels à la direction issue du groupe des religieuses contribua à opérer une différenciation entre deux légitimités, celle historique et celle portée par les acteurs de l'intervention socio-éducative. Il s'en est suivi le déplacement de la logique d'aide initiale dans un espace public particulier non directement en prise avec la gestion des services, et d'autre part, une légitimation de la logique publique qui structure le fonctionnement de ces services avec des professionnels. L'appel à la DDASS pour régler le conflit marque symboliquement ce passage d'une légitimité à l'autre pour gérer l'espace des activités au nom de l'intérêt général. L'embauche d'un professionnel pour diriger cet espace des services traduit cette différenciation et ébauche la gouvernance de l'association qui se définira ultérieurement autour de deux acteurs, un président et de son conseil d'administration en charge de ce qui est stratégique, et un directeur et de son comité de direction compétent pour la mise en œuvre des choix.

Ici, la logique institutionnelle initiale reste structurante pour un groupe d'acteurs, les administrateurs et les adhérents qui se réfèrent à la mission originelle et dont ils sont les garants. Leur responsabilité gestionnaire est de s'assurer que les initiatives prises par les professionnels ou que les sollicitations des pouvoirs publics soient cohérentes avec cette mission fondatrice, réactualisée au fil des années. Dans d'autres exemples, elle disparaît avec le départ des acteurs historiques et l'arrivée de nouveaux sollicités sur d'autres registres que celui d'une continuité institutionnelle.

Les professionnels s'inscrivent dans une logique du public, centrée sur l'intérêt général. L'exercice de leur métier n'est pas indépendant, il est encastré en interne par les normes publiques qui structurent leur espace institutionnel et en externe par les réseaux sur lesquels ils s'appuient ou qui orientent les publics accueillis.

Dans l'exemple retenu ici, la gouvernance associative est la régulation de ces deux logiques institutionnelles. Elle est assurée par des acteurs (administrateurs et directeurs). La gestion du patrimoine, dans sa dimension sociale et économique, est l'objet de cette gouvernance. L'innovation dont fait preuve l'association découle directement de cette gouvernance comme capacité d'action autonome, en marge d'un univers très normé par les dispositifs institutionnels.

Ici, la gouvernance délimite les parties prenantes aux seuls adhérents et aux professionnels. Le public accueilli est l'usager, destinataire des services proposés. Pour les adhérents, ce sont des personnes, « la mère et l'enfant » et au-delà toute personne en difficulté qu'il faut aider. Pour les professionnels, ces personnes sont accueillies au nom des droits sociaux dont elles sont bénéficiaires.

Les deux approches ont en commun de considérer le destinataire du service comme externe à la vie de l'association, en lui conférant un statut d'usager de services publics.

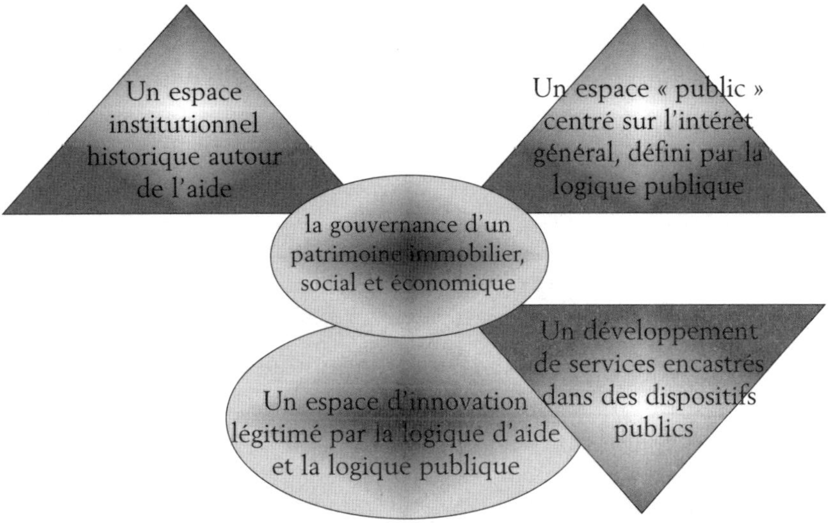

Dans d'autres exemples, la disparition de la logique institutionnelle caractéristique de la période de fondation fait place à un projet légitimé par l'intérêt général. Les membres associés, dans leur responsabilité d'administrateurs, se saisissent des initiatives des professionnels ou des sollicitations des pouvoirs publics pour légitimer une existence associative. Leur présence est alors le garant de l'*ethos* associatif pour des professionnels soucieux de préserver un espace non directement soumis aux injonctions des pouvoirs publics, sans pour autant remettre en cause cette logique du public qui leur assure un espace libéré de toute norme morale véhiculée par la logique d'aide. Pour les pouvoirs publics, l'association est alors investie comme un acteur de régulation entre l'autonomie des professionnels et le contrôle découlant des missions de service public.

5

Une mise en questions du développement

Jean-Marc Bisson*

L'association présentée ici a été créée par des parents et amis de personnes handicapées mentales, connue sous le nom de « Papillons Blancs » et se situe prioritairement dans le champ du handicap mental. Cette association a quarante-cinq ans d'existence. Son périmètre d'intervention se limite à celui d'une petite ville de 12000 habitants et des cantons rattachés. L'économie locale est en souffrance : la dynamique était portée par un tissu industriel ancien (fonderies, tanneries, filatures), aujourd'hui obsolète. La reconversion tarde à voir le jour.

Réflexion sur une expérience personnelle, ce travail répond à un double objectif : il s'agit, à partir d'une méthode d'analyse, éprouvée auprès d'un grand nombre d'associations, de contribuer à une meilleure connaissance et compréhension de la nôtre, de dégager le sens et le niveau de cohérence d'une diversité d'activités, regroupées au fil de l'histoire. Puis, dans le prolongement de cette analyse nous nous proposons de formuler des propositions d'orientations afin d'indiquer quelques pistes susceptibles de soutenir le changement au sein de l'association, lié à une évolution de son organisation.

* Directeur général d'association.

Une association gestionnaire de son développement

Ce chapitre reprend pour partie les conclusions d'un rapport rédigé par une équipe de sociologues, ainsi qu'un travail personnel réalisé dans le cadre d'une formation à Sciences-Po sur les fonctionnements associatifs.

Une lecture institutionnelle de l'histoire

En 1963, un couple de parents fondait l'association, ayant comme souci principal l'insertion de leur fille trisomique, et plus généralement, des enfants handicapés de la région.

Cet élan d'entraide réunissait quelques parents confrontés aux mêmes problèmes : l'absence d'informations sur les pathologies de leurs enfants, la carence de structures éducatives et professionnelles susceptibles d'accueillir leurs enfants, un manque de sensibilisation des décideurs locaux. C'est à partir de bricolage, de bonnes volontés locales, d'un élan fort de mobilisation et de solidarité que le premier établissement ouvrait et accueillait les soixante premiers enfants. Un conseil d'administration était composé des parents. Mobilisés dès le départ, ils s'engageaient, au nom d'une volonté forte, à trouver des solutions appropriées pour leurs enfants.

Cette logique d'entraide, « mettant en œuvre le rapprochement de personnes en vue de résoudre des situations dans lesquelles les personnes se trouvent en difficulté, l'usager n'étant pas consommateur mais co-acteur dans la définition et la réalisation du service rendu », allait être confrontée à deux contraintes.

La première consistait à ajuster la réponse initiale à l'évolution des premiers enfants accueillis, notamment en terme de prise d'âge et donc en apportant la réponse attendue par la création d'un établissement pour adolescents. Cette dynamique de « glissement » est toujours existante aujourd'hui puisqu'il est question de réfléchir sur le vieillissement et la retraite des personnes handicapées qui concernent les premiers accueillis de 1963.

Une deuxième contrainte simultanée prenait corps dans le fait que des familles renseignées sur l'existence d'un établissement pour enfants handicapés souhaitaient y faire entrer leurs enfants ; une dynamique d'aide que l'on qualifie de logique d'aide s'installait. Elles souhaitaient utiliser cet existant comme « ayant droit ».

La reconnaissance identitaire entre parents d'enfants handicapés contribuait à cette logique d'aide, elle-même encouragée par l'autorité publique qui voulait développer les potentialités d'accueil sur le territoire. Ainsi, l'association allait s'agrandir, les premiers accueillis formaient un corps de pionniers défrichant le terrain et laissant de leur passage des outils et des moyens pour l'admission de plus jeunes.

Une autre logique se constituait en parallèle, celle déjà susurrée, due à la présence de plus en plus marquée des services de l'État dans l'organisation et le contrôle des établissements : au bricolage de départ faisait suite un financement public et donc obligatoirement un rendu de comptes. C'est la logique publique qui s'appuie sur une production administrative et juridique soutenue.

Par ailleurs, les professionnels, plus nombreux, formés et répondant à des règles édictées par des décrets de compétences, s'installaient d'autant plus que les recherches sur la prise en charge, les progrès médicaux, la démultiplication de repérage de types de handicaps et des réponses à apporter, bref la spécialisation et la professionnalisation de la prise en charge faisaient l'unanimité. Cette professionnalisation était aussi une conséquence de l'inscription de l'association dans des dispositifs d'action publique. Et comment pouvait-elle passer outre, puisque presque tout, de l'admission d'un jeune à sa sortie, était ordonné par des dispositifs publics, du fait même, en partie, de l'origine des moyens alloués pour développer l'accueil ? Il est ici question de la professionnalisation des activités.

Durant cette phase de développement, une certaine tension régissait les échanges entre des membres du conseil d'administration et les professionnels, plus particulièrement les directeurs. Chacun tenait ses marques et défendait son « territoire » encore mal circonscrit. Les espaces de parole étaient réduits et le dialogue quasiment nul entre les instances décisionnelles de l'association et les directeurs. De même, au travers des établissements, peu de dispositifs existaient pour activer un dialogue avec les parents qui finissaient par ne plus prêter attention à l'activité de l'association, étrangers qu'ils en étaient.

Pour autant, la régulation dirigeante s'articulait autour des logiques citées, avec une dominance de la logique d'entraide, puis l'avènement d'une logique publique pour rendre compte d'un développement qui s'était réalisé dans une coopération permanente avec les pouvoirs publics. La première caractérisait l'implication des adhérents et des administrateurs en particulier, la seconde légitimait les professionnels dans le fonctionnement des unités et l'accueil des usagers.

Autrement dit, l'association est née d'une initiative d'aide entre parents ayant des difficultés à trouver des réponses pertinentes et accessibles localement pour leurs enfants handicapés.

Très rapidement, l'association a été sollicitée pour sa capacité à apporter des réponses, à aider des parents plus que pour l'entraide dont elle pouvait se prévaloir potentiellement. Pour se concrétiser, l'aide aux parents a su mobiliser les ressources locales. Son développement par créations successives d'unités spécialisées a été assuré par les pouvoirs publics, dont la coopération configurait l'association, en référence aux normes en vigueur dans ce champ d'activités. Fragilisée par la question du désintéressement, l'association a semblé trouver dans la coopération avec les pouvoirs publics la légitimité pour un contrôle accru ainsi que les moyens de son développement.

Paradoxalement, le développement des unités spécialisées a répondu à la volonté des adhérents de l'association, mais a démobilisé ces derniers dans leur engagement initial. L'association est ainsi l'exemple d'une solidarité institutionnelle se substituant à, ou prenant le relais d'une initiative solidaire, caractéristique de la période faste de l'État providence.

La division des tâches a concrétisé l'appartenance des acteurs à l'une et à l'autre logique. Assumant pleinement leur responsabilité dans la gestion, les présidents et trésoriers successifs ont cherché à contrôler la gestion, laissant toute latitude aux équipes d'assurer les prises en charge des usagers. Les cadres de direction se sont trouvés fragilisés et ont tenté d'établir un ajustement informel entre directeurs, sorte d'organisation progressive d'une régulation « autonome » qui s'écartait de la régulation de contrôle incarnée par les administrateurs.

La logique d'aide s'est estompée progressivement et a laissé place à une logique publique hégémonique. L'absence de débat entre les acteurs de l'une et l'autre logique, voire les tensions entre les acteurs concernés en ont été le signe. Si formellement les « Papillons Blancs » étaient une association de parents, ces derniers ont investi leur responsabilité gestionnaire au détriment sans doute de leur capacité à représenter les parents.

Une organisation répondant à une triple rationalité

L'analyse du fonctionnement nous a montré une division du travail construite autour de trois rationalités :

Une rationalité administrative et budgétaire a été établie en fonction des financeurs, elle ne s'accordait pas toujours bien avec celle des usagers surtout s'il s'agissait d'un accompagnement dans un itinéraire progressif.

Une rationalité socioprofessionnelle a développé des articulations entre les unités permettant des ajustements dans la prise en charge. Elle marquait l'autonomie des professionnels à adapter les cadres administratifs aux besoins des usagers et aux exigences techniques des intervenants.

Une rationalité qualifiée d'« intérêt parental » traduisait le souci de répondre aux besoins des parents. L'ouverture successive d'unités se réalisait dans cette logique. Comment rendre compte de cette multiplicité d'unités spécialisées, accueillant des usagers aussi différents en âge, en besoins et en problématiques et qui requéraient à chaque fois des compétences spécifiques, si ce n'était aussi pour assurer aux parents que la prise en charge de leur enfant fût réalisée par l'association tout au long de leur existence ?

Ainsi, la régulation autonome des équipes a conduit à la mise à distance des parents. Il s'en est suivi des organisations basées sur la construction de pratiques collectives pluri-professionnelles. Cet entre-soi professionnel reposait sur la nécessaire individuation de l'enfant et une organisation construite autour d'un compromis sous-entendu, creuset d'une dynamique de développement sous tension.

Chaque unité fonctionnait en autonomie, avec des pratiques pluri-professionnelles et dans la différenciation avec les autres, ce qui ne contribuait pas à l'émergence d'une compétence collective transversale à tous les établissements de l'association.

Les communautés professionnelles trouvaient leurs limites dans la différenciation des professions qui structurait une hiérarchie implicite, la régulation interne reposait sur la direction, dont les fonctions de médiation étaient essentielles.

Il y avait une réelle attente quant à la capacité du conseil d'administration à mieux structurer cet ensemble. Dans ce contexte, marqué par la croissance, l'absence d'encadrement suffisant a conduit les équipes à un ajustement autonome. Si pour la plupart, elles attestaient de leur aptitude à faire face à cette contrainte, d'autres étaient en difficulté ou risquaient de l'être, faute d'une réponse pertinente de leur encadrement institutionnel. La faiblesse de ce dernier contribua, malgré la disponibilité d'écoute des personnes concernées, à un *statu quo* qui a affaibli la dynamique collective dont l'association avait fait preuve dans son histoire.

L'association s'est définie comme une association de parents. Au-delà du questionnement autour de la participation réelle des parents au fonctionnement de l'association (engagement direct des parents dans le conseil d'administration, participation aux assemblées générales...), cette participation des parents se plaçait entre la satisfaction d'un intérêt personnel (s'occuper au plus près de son enfant) et les besoins de l'association (participer de manière engagée au fonctionnement associatif). L'association devenant un acteur économique local d'importance, les administrateurs y voyaient le signe d'une indépendance acquise pour ne pas être absorbés par d'autres structures publiques ou privées. En même temps, ce développement par créations successives d'établissements aux compétences différentes posait le problème de la pérennisation et de la spécialisation des services.

Si la qualité de la prise en charge des professionnels n'a été nullement mise en doute, cette expertise était due à une démarche tenant plus au projet de vie de chaque bénéficiaire qu'à un réel projet associatif. Les équipes autonomes, fortes de leur expertise et de leur proximité avec les usagers disposaient d'une grande autonomie dans la maîtrise des aléas liés à la prise en charge des usagers. Celle-ci les mettait dans une posture de pouvoir sur les usagers plus que tout autre acteur de l'association.

Le rôle de l'encadrement était dans une posture intermédiaire entre les équipes autonomes et la hiérarchie institutionnelle. Une double compétence leur était demandée. Reconnus par leurs pairs, comme professionnels de l'éducation ou du médico-social, et investis par les instances associatives d'une délégation de pouvoir dans un certain nombre de domaines, les cadres restaient dans une position inconfortable. Leur demande d'un statut reconnu et fiable était pour eux une condition de réussite dans leur mission, au risque qu'elle se transformât peu à peu en « baronnie », faute d'un dispositif managérial pertinent.

Des identités fragmentées

La dynamique de reconnaissance entre parents et professionnels s'est compliquée, en lien avec la structure même de ces associations de parents, qui sont à la fois utilisateurs des services et employeurs des professionnels. Cette double caractéristique a été ressentie à la fois par les administrateurs et par les salariés comme un élément ambivalent de l'association, qui pu contribuer à faciliter les relations, comme à les pervertir. Risque permanent, il a brouillé les reconnaissances.

Les parents de leur côté, tout en considérant les professionnels comme indispensables à la prise en charge optimale et compétente de leurs enfants, gardaient toutes les réserves et difficultés quant à la possibilité d'accorder aux professionnels leur confiance en raison de la crainte de se voir dépossédés de l'aura de la fonction d'employeur à laquelle, dans certains cas, ils s'identifiaient en temps qu'adhérents à l'association.

Les cadres avaient une délégation, mais étaient contrôlés et exposés à un traitement moins favorable que les « éducateurs » : directement en relation avec les enfants, ils bénéficiaient de ce fait, d'une sorte de *deal*, alors que les cadres renvoyaient directement à cette perte décisionnelle qui est ancrée dans le fait associatif parental.

L'utilisation de multiples définitions dont ont fait l'objet les bénéficiaires, à la fois usagers, adhérents, jeunes, « marchands ou non marchands », etc., montre qu'il manquait dans le discours une certaine cohérence d'ensemble. De toute évidence, cela était le résultat d'un manque de réflexion commune à cet égard, la place véritable du bénéficiaire n'ayant pas encore fait l'objet d'une discussion de fond quant à son rôle dans l'association.

Au total, la fragmentation des identités contrastait avec l'unicité, identité annoncée d'une association de parents. Elle témoignait de l'absence d'une réflexion sociale de l'association sur les publics qu'elle accueillait.

La culture historique d'une association de parents

Une culture associative, cimentée par l'histoire d'une association de parents entièrement sous-tendue par leur participation à l'organisation et la gestion a contraint tous les autres acteurs à prendre en compte cette place particulière reconnue.

Quant aux professionnels, ils ont eu à gérer les effets des doubles casquettes d'administrateurs/employeurs et de parents/usagers de services, sans pour autant se poser vraiment la question de cette culture propre. Le lieu de construction identitaire était l'équipe, le service, l'établissement ; il leur a été difficile de développer un sentiment d'appartenance à l'association sans faire l'impasse sur cette donnée.

Le *leadership* local de l'association a été un élément rassurant pour les professionnels, pour les parents aussi dont on a vu qu'ils pouvaient ainsi être allégés de trouver une suite à la prise en charge initiale, contribuant cependant à renforcer le sentiment que l'avenir leur appartenait, et qu'il se présentait dans la continuité de l'existant.

Pourtant, l'association restait lointaine, parce que ne connaissant pas les questions techniques auxquelles étaient confrontés les professionnels ; mais respectée parce qu'elle faisait la preuve de sa capacité à développer les unités en fonction des besoins. Le contexte local dans lequel elle a inscrit sa dynamique lui assurait sérénité par le réseau de confiance dont elle était gratifiée, étant aussi le second employeur de la ville.

Les effets du diagnostic et les perspectives énoncées

La dynamique sociale a été soutenue par des acteurs historiques forts, crédités d'une confiance quasi générale et rassemblés autour de valeurs qui ont imprégné l'association. La grande continuité qui a marqué le développement ne saurait masquer les risques de rupture inhérents aux changements en cours. C'est pourquoi il a été question d'énoncer un certain nombre d'orientations possibles qui se devaient de répondre à une double exigence : adapter le fonctionnement interne à la réalité actuelle de l'association et prendre en compte une dynamique sociale marquée par un consensus implicite. La faiblesse de l'association était l'absence d'une culture de débat et de réflexion collective. Il importait qu'elle en fasse l'apprentissage.

Ce diagnostic a été réalisé à un moment charnière, période de doublement de capacité d'accueil, flanqué de ses corollaires : nouveaux usagers, nouveaux parents, nouveaux personnels, etc.

Il a permis de mettre au débat les points qui allaient être constitutifs du changement.

Concrètement, l'effet premier et instantané du diagnostic a été l'obligation de réagir, sans trop savoir comment, mais de réagir. Cette volonté a surtout été portée par les administrateurs les plus engagés dans l'association, par le directeur général, par les directeurs, par quelques parents. Si un certain nombre d'autres professionnels ont participé à la phase diagnostic et ont souhaité en avoir les conclusions, on ne peut pas parler par la suite d'intérêt marqué.

Pour certains administrateurs, la lecture du rapport a conduit à un questionnement sur leur attitude, d'autres se sont sentis quelque peu attaqués et ont banalisé, en prônant qu'ils n'apprenaient rien au travers de cet écrit. Pour d'autres au contraire, ce fut le *starter* qui leur manquait dans leur tentative de conduire le changement.

Pour les professionnels et particulièrement les directeurs, tout en critiquant l'avant, ils se demandaient bien ce qu'allait devenir l'après. Même si des tensions existaient avec le conseil d'administration, elles laissaient toutefois une relative marge de manœuvre quant à la gestion des établissements, un lieu technique reconnu et assez indépendant de l'association. L'arrivée du directeur général et le renforcement du siège administratif allaient participer à ce questionnement.

Enfin, les quelques parents sensibilisés autour de cette démarche de diagnostic ont concrétisé l'intérêt porté en continuant à participer aux rencontres, l'un d'entre eux étant rentré au conseil d'administration ; mais restons humbles, ce n'est qu'un petit îlot d'acteurs qui ont fait part de ces points de vue.

Dans tous les cas, cette situation de fait a obligé à engager le changement, qui devait traverser toutes les sphères de l'association, comme évoqué ci-dessus, en accentuant les axes portant sur la clarification des champs de compétence des différents acteurs ; la redéfinition de la gouvernance d'une association dans sa double dimension de représentant de la personne handicapée mentale, et de gestionnaire d'établissements et de services ; la restauration de l'espace public de réflexion et de débat, dans le but de réactiver la dynamique associative ; le renforcement des dispositifs techniques pour une plus grande professionnalisation des équipes et de leur développement.

Une impulsion dirigeante dans la continuité du développement

La création d'un nouvel établissement a été saisie par les acteurs dirigeants pour réactiver une dynamique associative ; ce pourrait être une façon de voir les choses, à moins que ce ne soit la création d'un nouvel établissement qui ait forcé à repenser le fonctionnement de l'association. D'une façon ou d'une autre, un certain nombre d'étapes se sont succédé et se sont emboîtées les unes avec les autres.

Les étapes du changement « organisationnel »

• La nomination du DG : asseoir progressivement sa fonction hiérarchique :

La création du nouvel établissement a catalysé la réflexion sur le bien-fondé d'avoir dans l'association un directeur général. Déjà, un administrateur (nouvellement élu) avait fait valoir le fait « qu'il manquait dans cette association un pilote ». Ayant pris les fonctions de trésorier, il avait réalisé son propre audit auprès des établissements (à l'époque au nombre de quatre). Il avait alors dénoncé la disparité des fonctionnements, le peu de coordination entre le travail du siège et celui des établissements (en fait, certaines tâches administratives étaient faites deux fois), la non-opérationnalité des fonctionnements (pas ou peu d'informatisation et, pour le peu, pas de cohérence du système, empêchant une compatibilité en réseau, par exemple). Malgré la perspicacité de la démarche, le pas de la restructuration n'était pas engagé, se heurtant à une résistance passive de la grande majorité des administrateurs à l'idée que « ça avait toujours fonctionné comme cela », et « qu'ils ne voyaient pas en quoi un directeur général apporterait un plus ». Le risque de perte de proximité avec les lieux d'accueil, proximité « gestionnaire » que les parents administrateurs pratiquaient, cristallisait, semble-t-il, en partie cette résistance.

La position de la DDASS a été déterminante et a contraint à mettre expressément au débat la nomination d'un directeur général : elle annonçait que l'ouverture prochaine d'un nouvel établissement, qui à lui seul allait doubler la capacité de l'association, nécessitait qu'elle se dotât d'un directeur général. Elle s'engageait à financer le poste ! Ainsi, le conseil d'administration se voyait obligé de mettre à l'ordre du jour la création du poste.

Les divergences de points de vue allaient se manifester sur un fond de tension autour de la répartition des rôles entre administrateurs et directeur général. Certes, l'engagement bénévole est souvent jaugé par les membres associés eux-mêmes, en termes de production technique, gestionnaire, matérialisant l'aboutissement, la réalité d'apporter une réponse à un besoin particulier. Certains autres voyaient dans cet avènement une fuite du contrôle administratif et du fonctionnement, une mise à distance de l'espace où étaient accueillis les enfants.

Pour les tenants de cette création, il était avancé une dynamique de modernisation, un souffle de recentrage du fonctionnement des établissements, une recherche de gain sous couvert d'une rationalisation des moyens, le tout imprégné par le modèle entrepreneurial.

Pas moins de trois conseils d'administration ont été nécessaires pour établir la fiche de délégation, qui devait faire consensus et surtout permettre de garder la main : « Avec l'autorisation préalable du conseil d'administration et dans les limites posées par cette autorisation, le président peut déléguer ses pouvoirs à un directeur général. »

Cette nomination souleva également des incertitudes autour des postes des directeurs qui jusque-là avaient une délégation directe du président et qui allaient maintenant avoir une subdélégation. En effet, avec la modification des textes statutaires, le président ne déléguerait qu'au directeur général, à charge pour celui-ci de subdéléguer. Cette situation était d'autant plus difficile à traduire dans les faits que le directeur général nommé était lui-même un ex-directeur d'une des structures et se retrouvait en position hiérarchique face à ses « ex »-collègues ! C'est ainsi que la modération prima autour de la fiche de poste : « La mission essentielle est d'organiser le passage de relais de sa responsabilité de directeur en celle de directeur général, donc de mettre en place des subdélégations », ou encore : « La montée en charge de la mission de direction générale se fera, en fonction de l'évolution de la hiérarchie dans les différents établissements (en profitant des départs en retraite des directeurs en poste…), de l'association, pour aboutir à l'exercice plein et sur l'ensemble des structures, de ses fonctions. »

Ainsi, la prudence était de règle en sachant que les acteurs en présence se connaissaient très bien, avaient depuis des années des relations amicales, n'ayant sur le plan professionnel jusque-là aucune ascendance les uns sur les autres, mais plutôt un jeu de conseils réciprocitaires autour des tâches gestionnaires. Comment, à partir de là, chacun pouvait-il trouver sa nouvelle place ?

C'est en s'appuyant sur l'écriture des procédures de fonctionnement, qui obligeait à étayer les fiches de postes, les délégations et subdélégations, que le forçage s'est fait en comptant beaucoup sur le facteur temps. Pour autant les directeurs, enfin les anciens se sentaient relégués dans une fonction de « chef de service ». Il était bien là question d'une remise en cause du périmètre d'une fonction modélisée depuis longtemps sur l'acte gestionnaire au sens comptable de l'acception. Aujourd'hui encore, un peu partout, des normes d'optimisation des dépenses sont imposées, ou plus curieusement, sont recherchées par les acteurs dirigeants, au risque d'être englués dans cette production inopérante, en tout cas pour l'usager. Cette forme d'intellectualisation comptable ne risque-t-elle pas de se transformer en production pour elle-même, tout en donnant l'impression de donner une meilleure qualité de service ? Certes, partant de la maxime selon laquelle « qui paye (dans notre cas par délégation) décide », on peut comprendre que s'imposer dans une équipe si l'on ne détient pas les cordons de la bourse peut être difficile. C'est au fond, peut-être, un mirage pour légitimer une fonction, car quoi qu'il en soit, ni le directeur général, ni le directeur, ni le président ne détiennent de nos jours ces cordons. Les budgets nous sont alloués et les marges de négociations sont maintenant inexistantes : 75 % à 80 % de salaires conventionnels, le reste en charges fixées (fluides, services extérieurs dont les coûts sont définis par des grands groupes de restauration ou de transport, etc.). La gestion budgétaire n'est plus le reflet du projet d'établissement, le projet d'établissement doit s'insérer dans l'enveloppe allouée.

Si un jour, il était question d'une fusion de notre secteur avec le secteur sanitaire et précisément hospitalier, il sera temps de réfléchir où se situera le directeur médico-social ; comme à l'hôpital, uniquement dans une fonction administrative et comptable ? comme actuellement, à la fois gestionnaire et clinicien ? ou totalement clinicien, garant du projet d'accompagnement ? C'est bien autour de l'assise de la légitimité du métier de directeur que se pose la question.

Dans ce climat tendu, l'obligation légale d'agrément du siège a été un second levier.

• L'agrément du siège : développer et consolider la logique professionnelle.

Inutile de rappeler ici les nouvelles attributions gestionnaires du siège qui, en fait, sont maintenant modélisées par voie de décret.

Dans notre cas, ce décret tombait à pic, mais négligents nous aurions été de nous réjouir puisque, si nous nous contentions d'une application stricte du décret pour définir les fonctions du siège, nous aurions laissé totalement de côté la fonction politique. L'appréhension du siège sur ces deux versants, politique et technique, la définition des rôles du président, du directeur général étaient donc de fait à construire.

La loi du 2 janvier 2002 apportait un élément déterminant énoncé en ces termes dans le décret 2003-1010 du 23 octobre 2003 : « Les budgets approuvés des établissements ou services peuvent comporter une quote-part de dépenses relatives aux frais du siège social de l'organisme gestionnaire. Cette faculté est subordonnée à l'octroi d'une autorisation [...]. L'autorisation est en outre subordonnée à l'existence de délégations de pouvoirs précises entre les administrateurs de l'organisme gestionnaire, les membres de la direction générale [...]. » Cette autorisation étayait la technicité du siège et son existence juridique.

Nous étions donc conduits à mettre en place concrètement une centralisation et une uniformisation des attitudes de gestion, de nouvelles pratiques en mobilisant ainsi les résistances des acteurs du champ administratif et de la direction. Nous devions affirmer l'objet des missions des établissements et services, en redéfinissant le cœur du métier, y consacrer toute l'énergie et le temps, en évitant le parasitage par des activités considérées maintenant comme annexes, subsidiaires, qui au demeurant, ne présentaient pas de grandes latitudes d'expression, en égard au degré d'instrumentalisation avancée dans lequel nous étions fixés. C'est plutôt autour d'une pédagogie du changement que nous avons articulé nos propos en nous appuyant sur l'évolution historique de chaque établissement, les nouvelles contraintes administratives et l'évolution du cadre juridique, et enfin notre propre évolution liée à notre développement associatif. Si les acteurs comprenaient aisément ces données, il n'en reste pas moins que la nostalgie du passé demeurait autour d'un fonctionnement décrit comme vertueux. Il y a du vrai dans cette attitude qui consacrait une dimension que je qualifierai d'« héroïque » tant sur le plan des moyens disponibles que des engagements des personnels beaucoup moins contingentés qu'aujourd'hui.

Auprès des personnels administratifs de chaque établissement ; chaque lieu disposant de son propre *staff* administratif selon la logique qui conduisait, dès que l'on créait un service, d'y prévoir sa propre logistique, la tension était notable sur le devenir de ces agents, mais aussi sur l'interrogation autour du bien-fondé du métier exercé pendant des années.

La centralisation de la gestion financière et comptable des ressources humaines, des équipements au siège, a conduit à des réductions d'espace d'intervention des acteurs cités et à une approche différente des organigrammes tournés essentiellement sur la dimension clinique de l'accueil des usagers.

La phrase : « On ne sait plus qui fait quoi » est revenue souvent. En remettant l'ouvrage sur le métier autant de fois que possible et dans chaque situation concrète, en expliquant la nouvelle organisation et le sens qu'on voulait lui donner, donc avec du temps, les attitudes ont changé. En préalable, il a fallu obtenir l'alliance avec les cadres de direction, porte-parole du changement dans les services. Alors certains ont métabolisé et trouvé dans la force des argumentaires de l'association et du directeur général des atouts facilitateurs, d'autres se sont résignés et on relayé de façon la plus fade possible l'obligation des nouvelles conduites. Au bout du compte, la réorganisation a été digérée sans conflit ouvert, avec des résistances qui perdurent encore.

L'autre incidence a été d'ordre identitaire. Chaque établissement devant se positionner dans une identité associative autour de l'aspect fonctionnement, conduisant à une cohérence technique sur la base d'un siège lui-même mieux structuré. Ce dernier permettait un repérage beaucoup plus clair pour l'ensemble des acteurs : parents, usagers, professionnels (gestion des ressources humaine, par exemple), partenaires extérieurs y compris tutelles.

L'association a construit son identité intrinsèquement, comme lieu centralisateur fédérant tous les établissements qu'elle a fait naître, et non pas comme auparavant, quand elle était uniquement connue par l'existence de ses établissements (association et IME confondus, les « Papillons Blancs », c'était l'IME ; même localement, le lien n'était pas toujours fait entre un établissement et l'association, entre deux établissements). Le siège associatif étayant son existence, des détails techniques ont corroboré ce repérage, autour d'une unification des sites internet, autour du papier à entête faisant figurer le nom de l'association ; peut-être sommes-nous dans l'anecdotique mais, en réalité, que de débats sous-jacents, « les personnes que nous accueillons veulent être intégrées dans la société alors pourquoi stigmatiser en rappelant qu'elles sont accompagnées par les "Papillons Blancs" ? » Au contraire : « Nous n'avons pas à nous cacher, pas de faux-semblant, etc. »

C'est à partir d'un code de pratique, un référentiel constitué sur de la réalité quotidienne, le tout étant estampillé par le conseil d'administration et devenant un code de procédures adopté et opposable, que nous avons produit des règles uniformisées, le directeur général étant l'interface. C'est ainsi que nous avons suivi les transformations successives et donc l'adaptation du contexte, des acteurs et du projet. La notion d'acteurs utilisée ici signifie qu'ils occupaient une position sociale comportant des contraintes et des atouts, qu'ils défendaient des intérêts qui peuvent être différents, voire divergents et diviser par des controverses découlant des enjeux qui les mobilisaient. Ces acteurs développaient des stratégies susceptibles de satisfaire au moins partiellement leurs intérêts, compte tenu de leurs atouts dans leurs rapports aux autres acteurs sociaux.

Il en a été ainsi dans la réalisation d'un référentiel autour de l'évaluation (chantier en cours), dans lequel il a été question de partir des besoins par rapport aux types de handicaps et de remonter ainsi à travers les réponses possibles aux définitions des métiers nécessaires et des fiches de postes associées. En Maison d'accueil spécialisée (MAS) par exemple, qu'en était-il des personnes n'ayant pas acquis une autonomie minimum ? Quelle spécificité technique fallait-il mobiliser pour compenser cette dépendance ? Quelle conduite de prise en compte fallait-il définir sans verser uniquement dans la technicité, l'appareillage ? Quelle dimension sociale fallait-il accorder à l'accompagnement médico-social ? Selon les points de vue, dont ceux des familles, un versant était activé prioritairement pour le projet de vie de la personne.

Il nous a semblé à cet instant que la position stratégique, identitaire des cadres de direction, était fondamentale. Il leur a fallu être au clair avec leurs engagements initiaux de professionnels au sein d'une association et, dans le cas présent, une association se recommandant du mouvement parental, en acceptant la philosophie, les valeurs de ce mouvement, et en le faisant savoir.

Pour revenir sur l'aspect technique, il a fallu rendre communicables des éléments parfois très techniques, afin qu'ils soient métabolisables par l'espace politique. Il a été question d'établir une règle de congruence afin de clarifier les attributions et rôles de chacun, règle énoncée ainsi : un problème doit être traité au niveau de responsabilité adéquat. Ne pensons pas que toute hiérarchie est à proscrire, au contraire : il faut des niveaux de responsabilité distincts et travailler sur la circulation entre eux et sur une répartition adéquate du niveau auquel se traite la question.

Les autres étapes du changement : redéfinir la place des uns et des autres.

• Le directeur général, interlocuteur privilégié des instances de contrôle :

La création d'un poste de directeur général a obligé d'amender les textes fondateurs de l'association, les statuts et le règlement général, afin qu'apparaisse en leur sein ce nouvel acteur associatif. Il a pris statutairement place dans les instances de la gouvernance, conseil d'administration et bureau, également parce qu'il a reçu une délégation des mandataires sociaux. Son statut juridique de principe est celui d'un salarié (et comme tel, son contrat de travail suit les règles de droit commun du travail), mais l'importance des fonctions, les particularités en matière de pouvoirs et de responsabilités pourraient quelquefois le faire apparaître comme un administrateur d'un type un peu particulier. Toutefois, la doctrine et la jurisprudence ne voient en lui qu'un « super directeur ».

Cette obligation à citer le directeur général s'est retrouvée également dans le règlement général de l'association qui jusqu'à maintenant ne comportait que les fiches de missions des directeurs. Force a été d'y retrouver maintenant la sienne.

Comment lire ces formalisations ? Globalement, le papier ne refusant pas l'encre, ce genre de préoccupation a pu paraître insignifiant ou, en tous les cas, rendu comme tel. Aucun commentaire n'a été fait suite à l'évolution de ces textes. On a pu y voir, du côté des directeurs, une tendance à un désintérêt « négligent », voire à une inconsidération.

Les conséquences qui s'en sont suivies lors de la campagne budgétaire ont pourtant révélé le contenu puisque ces textes nommaient explicitement le directeur général, personne désignée par l'organe délibérant de l'organisme gestionnaire, habilitée à représenter l'établissement, destinataire des courriers lors de la procédure contradictoire, signant les réponses, destinataire de l'arrêté préfectoral de fixation du tarif. Pour les cadres de direction qui portaient jusque-là ces prérogatives, le changement a été apprécié différemment selon que le directeur était en poste depuis longtemps et appartenant au creuset des anciens, porteurs de fonctionnement à la fois atomisé dont la gestion et notamment la gestion financière était au centre de la fonction, selon qu'ils étaient en poste depuis peu avec une représentation plus clinique de la fonction. Pour ces derniers, ces attributions sont apparues normales autour d'une reconnaissance des attributions du directeur général, l'un d'entre eux me disant : « Si un jour je veux signer les budgets, je sais ce que je dois faire. »

• Des usagers associés :

Puisque le chantier sur les statuts s'est trouvé ouvert, l'attention a été attirée sur nombre de points. L'association n'était plus seulement une association de parents d'enfants handicapés mentaux, mais aussi une association de personnes handicapées mentales, usagers utilisant les services. Quoi de plus naturel d'admettre qu'en reconnaissant les personnes handicapées mentales comme « citoyens à part entière », et en prônant « l'usager au centre », ces derniers soient intégrés, et d'abord au sein même de l'association afin qu'ils puissent participer aux débats. L'utilisation de services, comme le Service d'accompagnement à la vie sociale, à partir duquel l'accompagnement est défini autour d'un contrat de libre adhésion entre le service et la personne concernée, par exemple par une recherche de logement, modifie les relations usagers/établissement. Il y aurait donc un paradoxe si au sein de l'association même, ces personnes ne pouvaient avoir voix ! Nous sommes bien loin de la visite d'admission, d'autant plus que le champ couvert par ce genre de service dépasse celui du handicap mental. Nous avons voulu ainsi traduire cet élargissement à la composition même des membres de l'association : « L'association groupe des personnes handicapées, des familles ayant à charge des enfants, des adolescents et adultes handicapés, des personnes physiques et morales désirant leur apporter leur aide et leur appui. »

L'association de parents fondatrice n'était plus. Les usagers eux-mêmes ont pu devenir adhérents. À ce jour, la constitution du conseil d'administration s'en trouve transformée avec l'apparition de frère ou sœur, une proportion plus importante de personnes qui ne sont ni handicapées, ni parents : pour l'une d'entre elles, jeune retraité d'un des établissements de l'association. Cette ouverture, trop récente pour être appréciée, signe au moins un décloisonnement.

Pour les personnes handicapées elles-mêmes, il n'a été question que de mettre en acte la loi de février 2005 autour du projet de vie qui leur appartient, avec modulation sur ce point quand il s'agit de handicap mental et des capacités de réflexion et de décision qui s'ensuivent.

• L'importance de la communication :

C'est pourquoi nous avons également recentré le travail préparatoire du bureau en forçant son apport sur la communication. Elle est trop souvent réduite à l'idée qu'une bonne information peut être reçue si le canal est bon. Toute la réalité démontre le contraire : le message est reçu, non en fonction de ses qualités intrinsèques mais des stratégies des récepteurs. Si le message n'a pas été traduit, s'il n'est pas devenu un enjeu pour les récepteurs, il n'a aucune chance d'être reçu. Il faut parvenir à se comprendre pour travailler ensemble autour du bien commun. Pour que ces acteurs hétérogènes collaborent, la traduction par l'un dans le langage de l'autre et dans le champ d'intérêt de celui-ci doit se faire. Il y a donc un double travail d'adaptation du langage et d'intéressement. Cela suppose une sorte d'acculturation aux connaissances de l'autre. Prendre conscience des connaissances produites par les autres, en saisir le bien-fondé et l'utilité, en saisir l'intérêt pour ses propres travaux est primordial. Autrement dit, les acteurs doivent transposer ce qu'ils ont acquis comme conviction et comme connaissance dans un autre langage. Cette démarche était moins nécessaire dans l'association de parents, construite autour d'un bien commun, d'une identité et d'une culture forte, l'ouverture de l'association oblige aujourd'hui à ce travail visant à rendre compatible les échanges.

Ainsi analysé, cet espace de débat conduit à mener une analyse du contexte dans lequel il est censé émerger, analyse intégrant les acteurs en présence, à travers leurs intérêts, leurs enjeux et leur degré de convergence. La construction du débat suppose ainsi l'explication des traductions que chacun d'entre eux est susceptible de proposer, tant de son contexte organisationnel que des autres qui y participent et des événements qui s'y produisent. Une des dimensions de cette notion est donc celle de la réciprocité et de la négociation entre les acteurs. Par ailleurs, les traductions proposées sont le fait d'individus qui, à partir de leurs représentations, vont problématiser la situation initiale. La position des traducteurs est donc également à prendre en compte dans la réflexion. En effet, ce sont autant les acteurs participant à la situation qui sont traduits que les événements que l'on y repère. Enfin, la traduction pose le problème du code nécessaire aux acteurs pour pouvoir s'entendre.

Le langage, on le sait, n'est pas neutre et sa maîtrise est inégalement distribuée entre les individus, contribuant, de fait, à l'instauration de dominations symboliques. Ainsi, autant qu'instrument d'échange, il peut être outil de manipulation et de menace dans une société individualiste, orientée. La marge est étroite entre traduction et trahison. Il faudrait qu'il soit possible de faire la part entre ce qui unit et ce qui sépare, c'est-à-dire de problématiser la situation.

• Des impulsions fédératives :

À ce niveau d'avancement de la mise en place du changement, deux groupes d'acteurs ont manqué à l'appel. Les usagers eux-mêmes malgré la transformation statutaire de l'association, les parents et particulièrement les jeunes parents.

Deux axes ont été développés, auprès des usagers par l'activation volontariste des conseils à la vie sociale, auprès des jeunes parents émanant surtout des structures nouvelles Sessad et CAMSP, par la réalisation d'un document destiné à tous les adhérents et non-adhérents encore et visant bien entendu ceux-ci particulièrement.

Pour ce qui est des conseils à la vie sociale, mission a été donnée au directeur de chaque structure d'animer et dynamiser ces rencontres, l'association jouant la carte du laisser-faire en ne s'invitant pas forcément dans ces réunions au risque d'y être attendu en porteur de réponses et solutions aux problèmes. L'idée d'administrateurs « omniprésents et incollables » dont on peut tout attendre ne fait plus recette ou du moins, asphyxie la recherche spontanée de solutions. Laissons place à la spontanéité, au libre-échange. L'hypothèse de la non-présence du corps dirigeant devait le permettre. Alors certes, c'était quelque peu à contre-courant des textes qui précisent que l'organisme gestionnaire doit être représenté ; le directeur dans ce cas présent assumait la représentation de l'organisme gestionnaire, et le conseil à la vie sociale a été positionné comme un « entre-soi » propre à un établissement.

Ainsi concrètement, à partir d'une réunion de conseil à la vie sociale, dans un service pour adulte, a été remontée la question des difficultés scolaires. L'émulation entre points de vue divers (je ne peux ici entrer dans le détail), nous a conduit à développer un projet ouvert à nos ressortissants habituels, mais aussi à d'autres ayant les mêmes difficultés qu'eux pour « lire, écrire, compter », et ceci en écho à : « Il n'y a pas que nous qui sait pas lire. » Ce projet « illettrisme » s'est développé en partenariat avec la ville, avec des entreprises d'insertion locale. En dehors de son objet même, c'est la première fois que l'association s'est engagée, devenant le moteur, le porteur d'un tel projet territorial. Il s'agissait bien pour nous de nous inscrire dans une politique locale, tout en élargissant notre champ, d'y être reconnus comme interlocuteurs possibles et même primordiaux, mais il a bien fallu en amont apprivoiser l'ensemble des acteurs concernés, par une démarche insistante en communication.

L'ouverture envers les nouveaux parents s'est définie par la création d'un contact avec l'association qu'ils ne connaissaient pas d'emblée puisqu'ils s'adressaient à un service (Sessad, CAMSP), et en attendaient un service. D'ailleurs, certains ne souhaitaient pas du tout entrer dans l'association « Papillons Blancs » qui posait toute la question de la stigmatisation du handicap mental. Il faut laisser à ces parents, le temps d'apprivoiser l'entité associative. L'association a dû s'obliger à un rajeunissement, autour d'un travail sur la parentalité à partir de réunions de parents où le déclenchement du lien spontané plus décontracté a pu se jouer sur une dimension affective et identitaire justement de parents, en évitant formalisme et technique. En fait, il nous a fallu travailler sur l'adhésion par petits îlots sans modèle préétabli et en dehors des instances statutaires formalisées, comme en premier lieu l'assemblée générale.

Mais au bout, l'adhésion est faible. Alors si eux ne cherchent pas cette rencontre, peut-on se demander pourquoi nous, nous la souhaitons ?

Au demeurant, s'en remettre à quelqu'un apparaît de plus en plus comme une manière de se soumettre à lui. On veut maintenant tellement d'égalité dans les relations (les deux lois 2002, 2005 nous le rappellent), nous tendons vers un schéma dans lequel nous ne pensons l'égalité que par contrat. Apparaissent donc les ayants droit alors que « les généreux qui donnaient quelque chose, deviennent des prestataires de services ».

Une réflexion sur l'action dirigeante

Les constats

L'agir a précédé le débat. En soi, ce n'est pas exceptionnel, la spontanéité fait partie de l'essence associative. Ainsi, chaque étape de réalisation a conduit à un étayage conceptuel qui s'est traduit par des aménagements des textes régissant notre dispositif. Pour exemple, le directeur général a été nommé, puis sa fiche de poste et la teneur de ses délégations ont été formalisées, avec sa collaboration. Ce qui a été nouveau, c'est la formalisation des actes et faits donnant assise et traces aux objectifs fixés et aux moyens retenus. L'écrit étant jusqu'à ce jour traité avec parcimonie, il a été important de saisir ce passage pour donner au débat un contenant et qu'ainsi il participe à l'histoire de l'association. La réorganisation globale et sa formalisation ont eu comme corollaire une technocratisation du système. Les diverses procédures vous ont été en partie rapportées.

Là encore, nous avions certainement besoin de clarifier des champs de compétence, de renforcer des dispositifs techniques… mais soyons quand même vigilants à ne pas trop technocratiser, au risque de transformer cet outil en objet premier de l'association.

Ne sommes-nous pas déjà suffisamment instrumentalisés et donc submergés par des tâches qui n'apportent pas réellement un plus à l'usager sinon d'évaluer des possibles économies de moyens ? Alors il fallait que l'association se ménage des espaces informels, véritable poumon pour laisser libre cours à l'innovation et à la créativité, en évitant de s'attribuer *a minima* des fonctions de défense et de représentation de la cause mais bien en se ressaisissant de l'objet politique. Des espaces de débat ont été ouverts mais force est de constater que la mobilisation a été faible, du côté des usagers et des parents, du côté des professionnels, excepté les cadres de direction.

Cette dynamique portée par quelques initiés, est l'œuvre d'un cercle d'acteurs qui appartiennent de ce fait à la gouvernance de l'association. Est-ce que cela peut être autrement quand on sait aujourd'hui la complexité accrue du système, quand on est dans des relations contractuelles entre prestataires et ayants droit, quand les marges de manœuvre sont illusoires, quand les décisions se prennent loin de l'usager, entre cercles autorisés ayant la manière de nous faire croire que nous y sommes associés dans une forme démocratique (à travailler) ? La fragile participation parentale et l'étrangeté, l'éloignement que représente cette mouvance associative pour les professionnels, doivent interroger encore.

Un engagement parental incertain

Pour les parents, il semblerait que le transfert d'identité compassionnelle se fasse sur le versant de la demande d'un service rendu technique, individualisé et non sur le versant d'un souhait de transformation en un groupe associatif qui s'engagerait dans une démarche positive d'affirmation de reconnaissance et défense d'intérêts collectifs autour du handicap. Or, ce champ du handicap s'élargit à de nouveaux types de handicaps, comme par exemple, le handicap psychique qui, s'éloignant de l'objet de la mobilisation initiale, devient étranger aux parents, bien plus, banalise l'engagement associatif initial. Cette polyvalence gomme l'esprit fondateur d'une part, et éparpille le militantisme.

L'investissement parental dans l'association est biaisé, préoccupé par leur implication avec leurs enfants ; ont-ils la bonne distance ? Tout semble se jouer sur une difficulté identitaire puisqu'à côté de ce difficile rôle de parent, il y a une complexité de leur rôle d'administrateur accentuée par le système qui leur ôte aussi un rôle dans la gestion.

Ils utilisent leur attachement à l'association d'une manière assez variable en fonction de leur propre problématique. Ils se saisissent de l'association pour construire leur propre parcours de parents avec la prise de conscience des limites que cet enfant leur pose. Dans cette transaction identitaire de parents, qu'ils ont à reconstruire par rapport à leur enfant, ils utilisent l'association comme un service, y trouvant souplesse et fluidité. Mais attention à la stratégie du passager clandestin, « l'association me sert mais je ne m'y engage pas. Je bénéficie des résultats de l'action collective sans payer le coût ». Il y a là une augmentation de la machine à l'individualisme.

Le modèle de l'association instituée n'est plus de mise ; les parents utilisent uniquement un espace associatif, en l'occurrence un établissement, en fonction de l'évolution de leurs enfants, qui devient moyen de transaction avec eux.

Naît également, une rivalité entre les anciens parents administrateurs, les jeunes parents consuméristes, les usagers eux-mêmes venant de « champs voisins ». Ils peuvent être choqués au regard de leurs engagements initiaux, d'autant plus qu'ils ont l'impression d'avoir travaillé pour les autres. Nous avons un groupe clivé d'acteurs : ceux du conseil d'administration, donc administrateurs proches de la gestion, et les « consommateurs » qui viennent chercher un service ; ces postures sont aujourd'hui coupées, voire opposées et, ce faisant conflictuelles.

Si ce phénomène se généralisait, cela permettrait de justifier auprès des pouvoirs publics le fait associatif comme espace de transaction identitaire, mais ça ne résout pas la question du bénévolat.

Ces propos, certes, sont contraires à l'engouement porté par les textes. Il faut, là, se poser la question de qui mène les changements. Autrement dit, l'usager est annoncé comme étant au centre du dispositif, n'est-il pas plutôt un peu plus excentré du fait de l'instrumentalisation accrue de la construction du service rendu ? Seuls se retrouvent interlocuteurs des pouvoirs publics, une frange d'acteurs qui auraient délégation de l'usager : fédérations, unions, confédérations, etc., composées d'acteurs représentant ce dernier. Il faut bien reconnaître que notre secteur a généré et génère encore des vocations multiples de formes centralisées de représentations et de gestionnaires, unions, confédérations, groupements, fédérations, syndicats employeurs, etc., qui se font, se défont, se regroupent, se séparent…

Conclusion

Il est peut-être utopique de vouloir refonder l'association par le biais des membres associés parce que ce n'est pas leur préoccupation première, parce que peut-être, aujourd'hui, l'individualisation de la demande ne devient plus corps collectif et donc, la réponse associative n'est pas forcément celle qu'ils attendent, leur attente étant plutôt celle d'une prise en charge technique compétente… Après tout, cela est à prendre comme scénario de changement. Il s'agirait de traiter leur rapport au handicap non pas dans une sublimation gestionnaire mais dans une sublimation de représentation et défense d'une cause. Mais cette cause, quel est son contenu, quel en est le sens ? Elle est aujourd'hui complètement captée par le dispositif public.

Alors il faut prendre rang dans cet espace entre la professionnalité et l'organisation publique, où il y a l'espace associatif, et se saisir d'une thématique. Celle-ci doit repartir de la base.

En fait, la logique a été inversée : auparavant, les membres des associations du médico-social, dans leur fonction de précurseur, forgeaient le cadre, définissaient les outils, repéraient les publics, etc., aujourd'hui, ils doivent appréhender le cadre proposé et s'y conformer.

À ce jour, au lieu de prendre part au débat, il existe une sorte de position basse, d'attente du chemin à suivre. En tous les cas, la question depuis le début est la même : le secteur associatif a-t-il encore sa place, autre qu'être le bras armé de l'État et de la collectivité publique ? Comment réinsérer un rapport critique dans un environnement très contraignant, dans des institutions très réductrices, imposant des normes gestionnaires très fortement standardisées ? Comment les acteurs en interne, à tous les niveaux : parents, usagers, administrateurs, professionnels, non pas résistent, comme le dernier Gaulois, mais malgré tout, estiment qu'ils font du bon travail ? Quel serait ce bon travail, quelle serait cette valeur ajoutée, quelle serait cette pratique ? Quelle serait la stratégie pour qu'ils retrouvent un espace ?

Cette refondation doit toucher aussi les professionnels. Il faut également regarder comment ils se retrouvent puisque, malgré cela, ils font des choses intéressantes. La rationalisation des moyens a eu pour impact de mieux visualiser l'unicité de l'association dans sa dimension employeur et certainement, de créer l'appartenance à une entité. Parfois, ce sont dans les détails qu'il faut lire l'expression des événements, comme par exemple dans la tenue du premier arbre de Noël pour les enfants du personnel. L'existence de cet arbre de Noël a traduit le rajeunissement de nos personnels, jeunes professionnels venant dépasser les anciens. Sans que l'on puisse parler de conflit de génération, les identités sont ostensiblement différentes : ils demandent déjà que l'association ménage leur vie personnelle et même, leur procure des avantages substantiels, comme par exemple une mutuelle. Ils ne sont pas dans une dynamique d'appartenance aux valeurs, dans un élan de militance ; la culture change, nous sommes dans un corporatisme de plus en plus institutionnalisé au sein du secteur qui suit aussi la diversification des missions, ils sont dans une appartenance de « valeur ajoutée ». Ils viennent travailler dans une association en portant surtout attention sur les intérêts matériels : proximité de domicile, dispositions conventionnelles avantageuses, pérennité de l'emploi, etc. L'appartenance associative en termes de valeurs, de culture, d'identité n'est jamais abordée spontanément lors de l'embauche. Il appartient aux directeurs et au directeur général de situer ces éléments et en vain. En lieu et place où s'exprimaient un militantisme, une orientation d'appartenance des convictions, une philosophie sur les modalités d'accompagnement, forgée sur des concepts forts, nous avons aujourd'hui une pratique de métier corporatiste. Certes, nous pouvons tolérer des stratégies de repli sur le rôle lorsque l'on travaille dans d'autres champs, mais le retrait sur le rôle quand nous sommes en relation avec une personne est difficilement acceptable. Pourtant, pourquoi les travailleurs sociaux, médico-sociaux, eux aussi comme les autres, ne pourraient pas, de façon indispensable, se retrancher derrière un métier sans heurter de plein fouet cette culture de « l'usager au centre » qui est en permanence rappelée par tous les acteurs du fait associatif ? Les professionnels sont dans un rapport de plus en plus statutaire à leur travail, de moins en moins dans l'engagement et il n'y a pas que l'effet 35 heures.

Il paraît alors difficile d'intégrer dans la compétence professionnelle, une compétence de remobilisation des parents et usagers dans la dynamique associative. Autrement dit, comment faire porter la dynamisation du mouvement par les professionnels et particulièrement la rentrer dans les missions des cadres ?

Donc, ce ne serait pas la crainte des utilisateurs mais la crainte des professionnels qui poindrait. Que trouvent les professionnels de plus dans le salariat associatif ? Comment et au nom de quoi, les professionnels disent que ce qu'ils font est différent des collectivités publiques ou des entreprises marchandes ? Pourquoi la professionnalité dans les associations serait telle, qu'elle doive être défendue dans le cadre d'une association et pas ailleurs ?

Comment justifier que la qualité de la relation, la qualité du travail sont supérieures dans l'association plutôt que dans le service public ou dans l'entreprise ?

Enfin, il y a le projet de l'association, c'est la stratégie première qui est renvoyée par rapport au cas précis de la refondation. Nous savons tous que le projet de l'association est intéressant car il permet de réamorcer la pompe d'une réflexion sur la trajectoire de l'association, sur sa nature ; c'est intéressant parce qu'il permet de produire des accords sur certaines valeurs, mais aujourd'hui, en matière de projet politique, il ne faut plus uniquement se fier à la stratégie rhétorique, s'arrêter au discours, notamment dans notre secteur où il y a une profusion de discours. Alors qu'est-ce qui, du point de vue des pratiques, des dispositifs, du comportement des acteurs traduirait une nouvelle dynamique de débat ?

Il ne faut pas se leurrer, tout le monde est au fait de la situation. Les associations qui se sont transformées sont celles qui ont un projet, mais c'est intéressant de réfléchir aux limites, aux contraintes que soulève cette institutionnalisation et pourquoi pas, d'aller au-delà. Le débat en creux qui se noue aujourd'hui porte sur la pertinence même du statut associatif. C'est intéressant à penser, même si nous sommes limités en termes d'alternatives à l'association pour d'autres raisons. Il y a une crise associative, mais tout le monde a intérêt à partager la reproduction du statut. L'État puisqu'il y a bien intérêt à… comme dit ci-dessus, les professionnels parce que c'est à leurs yeux pour des bonnes et mauvaises raisons une ressource en terme d'autonomie (on peut toujours la mobiliser), et les administrateurs parce qu'il y a des rétributions symboliques, les usagers pour le service rendu. L'abandon du fait associatif couve et nous conduit à nous préparer à une reconversion culturelle d'opérateurs avec la transformation du travailleur social en agent, et donc la naissance d'une incompatibilité ; c'est en cours et c'est contradictoire avec la centralisation de l'usager.

6

L'encastrement politique des associations

Elisabetta Bucolo*

Les associations françaises du secteur médico-social et social gèrent une partie très importante de l'action sociale de service public dans des champs différents d'intervention : protection de l'enfance, insertion, santé, handicap, vieillesse, etc. Du fait de son évolution historique, le secteur social français a été défini comme un secteur mixte, ni tout à fait privé ni tout à fait public (Tétard, 2001).

Les changements des relations entre État et associations ont déterminé, tout au long de ces dernières années, un renforcement des associations, mais en même temps une tendance accrue à la professionnalisation et à la centralisation gestionnaire, ainsi qu'une diminution des capacités d'implication des bénévoles. Le développement de la culture professionnelle et des modèles organisationnels, calqués sur ceux de l'entreprise ou de l'administration, ont participé à réduire la portée de l'innovation et de l'autonomie créative des associations, ainsi que leur implication dans le débat public. Dans ce sens, on parle de mutation identitaire des associations d'action sociale (Vincent, 1998).

Dans ce contexte, plusieurs critiques ont été émises quant à l'opportunité de considérer ces institutions/organisations comme étant véritablement des associations (Juan, 2006). Ceci en raison, d'une part de la « marchandisation de l'activité associative » qui se

* Sociologue au Laboratoire interdisciplinaire pour la sociologie économique (LISE – UMR – Cnam – CNRS) et enseignante en formation continue à Sciences-Po Paris.

renforce par la professionnalisation et, d'autre part, du déficit démocratique qui s'exprime par la perte de sens des instances internes de participation et par une implication moindre dans les enjeux politiques et citoyens.

Nous essaierons de montrer, dans ce texte, quelles sont les différentes formes d'interrelation entre pouvoirs publics et associations. Car, s'il est vrai que certaines formes de régulation ont généré des dysfonctionnements pour les associations, d'autres peuvent encore participer à créer, entre l'acteur public et les acteurs associatifs, des formes de partenariat et de collaboration productrices de sens.

Dans une première partie, nous analyserons plus particulièrement trois formes de régulations, qui nous semblent être, à l'heure actuelle et d'après nos observations dans les associations du secteur médico-social et social, les plus mobilisées par les acteurs institutionnels et associatifs. Il est vrai que certaines associations peuvent se trouver en situation de mobiliser, dans leur relation avec les pouvoirs publics, plus d'un type de régulation à la fois. Tout de même, il nous semble opportun d'en esquisser les typologies pour clarifier au mieux les spécificités de chaque forme de régulation.

Dans une deuxième partie, nous aborderons la question de l'encastrement politique des associations pour démontrer la pertinence d'une analyse plus complexe des interactions entre pouvoirs publics et associations.

Les formes de régulation

Ce qui nous intéresse ici est donc d'apporter des éléments de réflexion autour des dispositifs de régulation entre pouvoirs publics et associations. En effet, s'il est vrai que les associations participent à faire émerger des besoins sociaux autrement confinés dans la sphère privée, l'ampleur et les modalités d'interaction avec les pouvoirs publics conditionnent grandement l'intégration ou la marginalisation des activités associatives, et de surcroît des publics auxquels elles s'adressent. Les différentes formes de régulation entre pouvoirs publics et associations sont donc le reflet des représentations sociales mobilisées par les acteurs, et par conséquent, des divers degrés de reconnaissance et de légitimation entre ces mêmes acteurs.

Comme le montrent des recherches, et en particulier celle de Nyssens et Laville (2001) et Enjolras (1996), les régulations entre pouvoirs publics et associations peuvent relever de différentes logiques. Nous retiendrons trois formes de régulation qui nous paraissent être celles plus significatives pour les associations, notamment du secteur social et médico-social, et nous en esquisserons les caractéristiques principales. Ces régulations peuvent à la fois rendre compte du degré de pouvoir coercitif de l'action publique sur les fonctionnements associatifs, mais également des interactions possibles entre les associations et les pouvoirs publics.

La régulation tutélaire : une autonomie restreinte de fonctionnement

Du fait de la « délégation de mission » que l'État leur a octroyée, les associations reçoivent des moyens substantiels pour délivrer leurs services. Un ensemble composite de procédures d'agrément, d'habilitation, de reconnaissance, leur a été, au fur et à mesure du développement du secteur, imposé pour encadrer leur action et pouvoir accéder aux financements publics. Ceci s'accompagnant de contrôles réguliers, pour s'assurer du bien-fondé de l'action sociale associative et de la bonne gestion des structures, ainsi que des financements publics. La démultiplication de ces dispositifs a contribué à générer une relation de double dépendance des associations à l'égard de l'acteur public et de l'État vis-à-vis des associations auxquelles est désormais déléguée une grande partie de l'action sociale.

Dans cette forme de régulation que l'on appellera tutélaire, les pouvoirs publics définissent une forme de contrôle de l'activité, financée par l'argent public, en amont et *a posteriori*. Cette régulation de « sous-traitance » confine les associations à un rôle de suppléant de l'État et des services publics. Dans ce sens, les cadres réglementaires et financiers sont définis par les pouvoirs publics et l'association a uniquement un rôle de « prestataire de services ». Ainsi, avant toute exécution d'activité, les budgets doivent être soumis à approbation, aussi bien que l'ouverture d'une structure et la définition de son public (typologie, modalités de prise en charge, etc.) qui doivent avoir un accord préalable sous forme d'autorisation et les modalités de mise en œuvre seront définies dans l'habilitation. Comme le montre Laville (1998), ce type de régulation implique une obligation de technicité, qui conduit inévitablement au renforcement de la professionnalisation sur le bénévolat. Dans ce contexte, la dépendance des associations vis-à-vis des pouvoirs publics est très grande et peut avoir des effets directs sur le projet associatif.

Régulation tutélaire

Critères d'identification	Effets
Régulation de sous-traitance. Les associations sont confinées au rôle de suppléantes de l'État et des services publics. Rôle de prestataire de services.	Élaboration des cadres réglementaires et financiers par les pouvoirs publics (autorisations, habilitations, etc.). Modélisation des associations selon les champs d'activités définis par les politiques publiques. Exercice d'un contrôle *a posteriori* mais aussi *a priori* (ex : approbation préalable d'un BP, autorisation d'ouverture d'une structure, définitions des publics, contrôle des investissements et des coûts, etc.). Obligation de technicité (impacts sur la professionnalisation et les formes de bénévolat).

Le désengagement bénévole, pour certains auteurs, est à l'origine de la dévalorisation de l'action associative des grandes « associations gestionnaires ». Comme le montre Juan (2004), plus le professionnalisme associatif (les « permanents » salariés) se renforce, plus le bénévolat est contraint à des normes de qualité et de rendement qui dénaturent son engagement et le découragent. La diminution du nombre de bénévoles et l'affaiblissement de l'élan militant des travailleurs sociaux (Ion, 1997) dans les associations sont ainsi synonymes d'une perte de sens à laquelle s'est progressivement substitué le seul caractère fonctionnel des associations.

Selon ces analyses, les dérives fonctionnelles des associations apparaissent sous la pression grandissante des pouvoirs publics, en reléguant les associations à un rôle de sous-traitant de l'action sociale. Dans cette configuration, la définition des objectifs principaux est uniquement à la charge des pouvoirs publics et il ne resterait aux associations qu'un rôle d'encadrement des personnels et des activités, ainsi qu'une responsabilité quant à l'équilibre financier et à la qualité des actes (Vincent, 1998).

Les conséquences sur les fonctionnements internes peuvent être multiples, et cela dépend en grande mesure de la capacité des parties prenantes (administrateurs, salariés, bénévoles, usagers) à poser les limites et garder la cohérence de l'action associative par rapport à son projet. Cependant, dans la majorité des cas, et pour des raisons qui paraissent évidentes face aux pressions externes, la gestion de l'ensemble des tâches, plus proprement gestionnaires, a grandement évolué dans les trente dernières années en se spécialisant et en s'adaptant de plus en plus aux modèles existants. Les modes de dirigeance, spécifiques du milieu associatif, s'articulant autour du couple président/bénévole et directeur/salarié, au lieu de chercher l'équilibre entre la dimension politique et la dimension organisationnelle de la gouvernance associative, ont plutôt eu tendance à intégrer des modes opérationnels du management d'entreprise et/ou des modes de fonctionnement calqués sur des formes bureaucratiques sur le modèle de l'administration publique.

Enjolras (1996), en s'inspirant des théories des institutionnalistes Di Maggio et Powell (1983), considère ces dérives, et plus particulièrement en relation au second type, comme des formes d'isomorphisme institutionnel des associations. Selon la définition de ces deux auteurs, l'isomorphisme institutionnel serait « un processus contraignant qui force une unité dans une population à ressembler aux autres unités de cette population qui font face au même ensemble de conditions environnementales[1] ». Dans ce sens, l'isomorphisme institutionnel conduit inévitablement à l'indifférenciation entre les structures associatives qui ressemblent de plus en plus les unes aux autres (Enjolras, 1996).

La régulation concurrentielle : une marchandisation des services associatifs

Une deuxième forme de régulation, qui peut être définie comme concurrentielle, est de plus en plus mobilisée dans la configuration actuelle des relations entre pouvoirs publics et associations. Cette forme de régulation s'est développée à partir des années 1980, du fait de la demande croissante de services sociaux et en particulier des services aux personnes. Comme le montre Du Tertre (1999), par ce type de régulation, l'État essaye de mettre en place des nouveaux outils de financement de l'action sociale ayant pour objectif de se dégager de la tutelle pour favoriser, *via* une logique

1. Ce processus relève d'un lien de causalité dynamique entre trois formes d'isomorphisme. L'isomorphisme coercitif qui renvoie à l'influence politique en raison de la place tenue par l'État en tant que régulateur ou financeur des structures associatives. L'isomorphisme mimétique qui résulte de l'application de solutions trouvées par d'autres entités dans des situations d'incertitude, permettant ainsi de réaliser des économies en évitant les coûts de recherche de solutions. Enfin, l'isomorphisme normatif qui recouvre le mouvement de professionnalisation, dans sa double acception de professionnalité des intervenants associatifs et de professionnalisme des interventions.

de marché, la diversification de l'offre de services. Dans ce cadre, l'association participe à des marchés de manière concurrentielle avec d'autres prestataires : public associatif, privé lucratif (Nyssens et Laville, 2001), afin de mettre en place une régulation locale capable d'apporter une amélioration de l'offre disponible dans le sens d'une plus grande efficacité et productivité. Les pouvoirs publics ont donc la charge de définir les règles juridico-administratives auxquelles les acteurs devront se conformer. Et ce, sous forme d'appel d'offres ou d'appels à projet pilotés, plus communément, par les collectivités territoriales. Dans ce cadre, à part les cas où des clauses sociales seraient incluses dans les cahiers des charges, l'effet prix de marché efface tout naturellement tous les aspects d'utilité sociale, de lien, de socialisation... qui sont liés aux prestations des services associatifs. Le mode de financement de cette forme de régulation est directement lié à la demande, introduisant ainsi une forme de marché subventionné ou quasi-marché. En effet, par des exonérations fiscales aux usagers ou des aides directs, il est préconisé que l'usager-consommateur puisse faire directement son choix quant à l'offre en place. Dans ce contexte de concurrence, toute forme d'action collective en partenariat et/ou en réseaux est fortement réduite du fait de la raréfaction des dotations budgétaires.

Régulation concurrentielle

Critères d'identification	Effets
Régulation par la concurrence au niveau local pour une amélioration de l'offre disponible (plus grande efficacité et productivité). Mise en place d'un marché subventionné (quasi-marché) Appels d'offre dont les critères sont établis par les collectivités territoriales.	L'association participe à des marchés publics de manière concurrentielle avec d'autres prestataires. Réduction de l'action collective en réseaux. Financement direct de la demande (exonérations fiscales pour les consommateurs usagers). Participation économique des usagers. Complexité technique qui demande une professionnalisation de la gestion des services. Effacement des aspects qui ne rentrent pas dans les prestations demandées (socialisation, utilité sociale, etc.).

Cette « dérégulation concurrentielle » (Du Tertre, 1999) participe grandement à la déperdition de la spécificité associative dans le champ social, vers des formes plus ou moins stables de prestation de services. Et ce, du fait de la banalisation des pratiques associatives à travers des processus de marchandisation, et de la normalisation des comportements associatifs (Trouvé, 2005) en raison de la mise en concurrence avec d'autres structures. En effet, le développement à long terme ainsi que la valorisation des aspects de socialisation des prestations de services sont remis en cause.

Ce processus de technicisation de l'action sociale, nécessaire pour le maintien d'une certaine compétitivité sur le marché, a immanquablement affecté les modes de fonctionnement internes des associations, non seulement en ce qui concerne la gestion du travail et des activités, mais plus particulièrement à travers la routinisation et le relâchement des pratiques démocratiques aptes à garantir le maintien d'espaces de débat et d'échange entre les professionnels, les usagers et les bénévoles.

Comme on l'a vu dans le cas de la régulation tutélaire, le management associatif a pu se réduire, dans certaines associations, à une approche gestionnaire des services qui s'impose de plus en plus aux formes d'administration bénévole des structures. Les formes de gestion interne se sont cloisonnées, ne laissant pas la possibilité, par crainte ou par « manque de temps », de créer des passerelles entre le travail de terrain et la direction. Dans ce contexte, les assemblées générales se sont transformées en « grand-messes » peu fréquentées par les membres associatifs et les lieux d'échange avec les usagers se sont réduits considérablement, voire ont disparu. Les professionnels, refermés sur un corporatisme croissant, ont fini par ne plus solliciter le maintien des lieux de participation ouverts qui caractérisaient auparavant le domaine du travail social. Dans ce contexte, on observe, dans les associations les plus impliquées dans des systèmes de quasi-marché, une diminution progressive des espaces internes d'échange de compétences entre les professionnels, ainsi que des lieux de définitions des principes communs entre les différentes parties prenantes associatives. Déjà, pendant les années 1970, Meister (1974) montrait les limites de la participation démocratique dans les associations, et ce en raison de plusieurs facteurs de contingences interne et externe. Aujourd'hui, ce processus est confirmé par de nombreux observateurs qui montrent les limites de la portée démocratique des associations, et en particulier celles du secteur médico-social et social.

Dans les structures associatives modernes, et en particulier dans le secteur qui nous intéresse ici, on assisterait à un renversement des priorités : comme le montre Eme (2001), « les pratiques économiques inscrites dans des formes organisationnelles ou entrepreneuriales nouvelles ne sont qu'un outil au service d'une utopie d'émancipation politique et de démocratie sociale et économique », cependant, sous la pression des exigences de rationalisation gestionnaire et professionnelle imposées par les pouvoirs publics et/ou par les contextes économiques du marché, la visée démocratique des associations s'est de plus en plus estompée. Il reste que ces deux dimensions sont toujours en relation et que leur équilibre peut changer continuellement en laissant l'une prédominer sur l'autre, selon les contextes et les enjeux.

La régulation conventionnée : le développement d'une capacité d'action publique

Au-delà de leur fonction de prestataires de services et acteurs sur le marché, certaines associations continuent d'assurer des missions de révélation de la demande sociale et d'interpellation des pouvoirs publics (Laville, 1998). Ceci peut se vérifier dans le cas où les associations arrivent à interagir avec les pouvoirs publics dans une forme de régulation que l'on peut qualifier conventionnée. Comme le montre Du Tertre (1999), on peut avancer l'hypothèse que l'attribution de financements publics peut se faire à condition d'un accord sur des règles définies à partir de ce que les différents acteurs concernés conviennent de retenir comme critères pertinents pour le développement des services. Ainsi, la régulation conventionnée est la résultante de la co-construction entre acteurs associatifs et responsables publics. Cette reconnaissance mutuelle engendre des relations de confiance qui permettent de valoriser les associations ainsi que les réseaux d'acteurs. Dans ce sens, la structuration de partenariats et réseaux territoriaux, composés des divers acteurs associatifs et privés travaillant dans le même secteur, rend l'interaction avec les pouvoirs publics d'autant plus forte qu'elle est le résultat d'une demande collective.

Régulation conventionnée

Critères d'identification	Effets
Régulation par la co-construction du champ d'activité entre acteurs associatifs et responsables publics.	Attribution des financements publics à condition d'un accord sur des règles définies à partir de ce que les différents acteurs concernés (parties prenantes) conviennent de retenir comme critères pertinents pour le développement des services. Prise en compte de la dimension d'utilité sociale (le prix n'est pas le seul critère discriminant). Valorisation des réseaux d'acteurs. Mise en valeur du projet associatif. Décloisonnement des formes de financement (cf. hybridation des ressources et mutualisation des financements d'origine différente).

Dans une régulation ainsi développée, il est clair que l'échelon territorial semble être le plus pertinent pour accorder à l'ensemble des acteurs institutionnels, associatifs et privés de réels espaces de confrontation et d'interpellation afin de définir les modalités de l'offre de services sociaux au plus près des besoins et des demandes locales. La définition des priorités et des modes de financements des actions prend le plus souvent la forme des conventions d'objectifs entre les collectivités territoriales et les associations qui, dans ce cadre, sont en mesure de faire valoir la portée de leur projet associatif comme un des critères sur lesquels se fonde la collaboration ou le partenariat local. Comme le montre Hely (2004), dans le cadre de la régulation conventionnée, les acteurs mobilisent continuellement les notions de réseau, partenariat et projet associatif pour légitimer leurs actions. Dans ce sens, les dynamiques participatives internes, de définition des orientations associatives et d'identification des besoins et des innovations possibles en termes d'action sociale locale, sont valorisées. C'est dans ce contexte que certaines associations essayent de mobiliser de nouveaux espaces démocratiques de débat interne entre les parties prenantes (écriture du projet associatif, processus d'évaluation, formes participatives d'accompagnement au changement, groupes de travail et projet, participation des usagers).

Si cette régulation s'avère être la plus pertinente et cohérente par rapport aux associations, il est vrai que les institutions publiques locales ont, encore une fois, un rôle primordial pour l'animation de réseaux d'expression et/ou l'activation de dispositifs adaptés à l'identification de la demande et à la définition conjointe de l'offre par les différents acteurs locaux (Du Tertre, 1999).

Malgré la pertinence de ce type de régulation quant aux effets qu'elle produit en termes d'adaptation de l'offre et de la demande locale, en ce qui concerne les services sociaux, elle reste encore embryonnaire. Elle est plus facilement mise en place dans l'action sociale, comme par exemple dans le cas des conventions entre pouvoirs publics locaux et centres sociaux, mais elle reste plus difficilement mobilisée dans le secteur médico-social. Cette difficulté, au-delà des limites pratiques de mise en place, repose essentiellement, en France plus qu'ailleurs, sur la conception républicaine qui reconnaît aux seuls pouvoirs publics la maîtrise de l'intérêt général. En effet, le processus démocratique intrinsèque à l'interrelation, déployée dans le cadre de la régulation conventionnée, réside dans la liberté qui serait ainsi reconnue aux collectifs associatifs à représenter un intérêt supérieur qui les autoriserait à débattre de l'intérêt général avec le pouvoir étatique institué (Eme, 2001).

De l'interaction entre les pouvoirs publics et les initiatives associatives

Le rôle et la place des associations, par rapport aux pouvoirs publics et à la société civile, nous semblent continuellement re-questionnés et re-dessinés. Comme on a pu le constater, dans les formes de régulation de type tutélaire et/ou concurrentiel, les autorités publiques peuvent influencer les fonctionnements associatifs et donc intervenir sur leur réelle possibilité de contribuer au débat public. Comme le montre Vignati (2003), la façon dont ces relations se structurent influence la création d'une confiance généralisée, utile à la démocratie.

Cependant, comme on l'a constaté dans le cas de la régulation conventionnée, la relation des associations aux pouvoirs publics ne se limite pas aux seules influences et contraintes auxquelles elles seraient soumises, mais est l'expression d'une interaction possible pour la production d'action publique. En effet, s'il est vrai que « les formes institutionnelles au niveau macro conditionnent les dispositifs institutionnels, au niveau sectoriel, les évolutions de ces derniers peuvent également contribuer à modifier certaines formes institutionnelles » (Bartoli et Boulet, 1990, cité par Du Tertre, 1994).

Dans ce sens, on peut parler d'encastrement politique des actions associatives selon la définition qu'en donnent Laville et Nyssens (2001), c'est-à-dire, « l'ensemble des interactions entre pouvoirs publics et initiatives associatives se traduisant par des effets mutuels dont l'intensité et les modalités varient considérablement dans le temps ».

Il nous semble donc opportun, dans le cas d'une compréhension plus appropriée des fonctionnements associatifs, de rendre compte des multiples interactions entre pouvoirs publics et initiatives associatives. En effet, elles confortent une analyse en termes d'action publique, en soulignant l'autonomie de l'acteur associatif dans un champ d'activités qui résulte de ces interactions et ne peut être considéré sous le seul angle de la contrainte ou de l'opportunité.

Pour les entreprises, l'environnement (marché, emploi, institutions, évolutions technologiques, politiques publiques, etc.) constitue un contexte qui vient influencer leurs actions et qui appelle des adaptations de l'organisation (Lawrence et Lorsch, 1967). Pour les acteurs associatifs, nous formulons une hypothèse différente : il est plus opportun de proposer une analyse capable de rendre compte des possibles interactions avec l'environnement, et plus particulièrement avec les pouvoirs publics, qui ne se perçoivent pas dans une perspective externalisant la contingence.

Les actions associatives contribuent à transformer en projet d'action collective des besoins et des attentes individuelles. Dans ce sens, l'action collective qu'elles déploient est strictement liée à l'action publique *via* les politiques publiques. Et, il est possible de décliner les différents modes d'interdépendance entre l'association et son environnement qui peuvent être, bien évidemment, de différentes natures.

Comme on a pu le constater, les modalités d'encastrement politique s'effectuent à travers différentes formes de régulations publiques qui, dans des contextes divers et avec plus ou moins de pertinence, définissent l'articulation entre pouvoirs publics et associations. De ce fait, ces différentes formes de régulation clarifient les modalités de reconnaissance, normalisation, collaboration que les pouvoirs publics accordent aux associations et les modalités de participation de celles-ci à l'action publique.

Il existe, à notre sens, différents degrés d'encastrement politique, comme résumé dans le tableau ci-dessous. Ils rendent compte des évolutions possibles dans les relations avec les pouvoirs publics, notamment au niveau territorial, et la possibilité pour certaines associations d'y investir une place qui peut, dans le meilleur des cas, conduire à la participation directe aux instances de décision pour la définition des politiques locales.

Degrés d'encastrement politique

Critères d'identification	Indicateurs	Effets/Impacts
Existence d'espaces publics de proximité.	Émergence des demandes sociales (besoins émergents ou existants sans réponse adaptée). Prise de parole des citoyens via les associations.	Innovation par des dispositifs et des acteurs aptes à répondre aux nouveaux besoins par le tissage de réseaux et par l'expérimentation sociale (cf. Alter, 2003).
Visibilité de l'association dans l'espace de l'action sociale territoriale.	Identification de l'association comme acteur de référence dans son domaine d'action.	Reconnaissance mutuelle. Légitimité de l'association à contribuer à l'intérêt général dont l'État est garant (cf. la Charte CPCA[2]).
Degré consultatif d'interaction avec les pouvoirs publics.	Participation à des instances consultatives.	Collaboration ponctuelle. Action de médiation civique ou politique entre besoins sociaux territoriaux et la décision politique (cf. Belorgey, 2000).
Degré décisionnel d'interaction avec les pouvoirs publics.	Participation à des instances formelles ou informelles de décision.	Possibilité de participation à la définition des politiques publiques locales et/ou nationales (cf. Lévesque et Bouchard, 2002).

2. La charte de la Conférence permanente des coordinations associatives (CPCA) est consultable sur www.cpca.asso.fr.

Lorsque des dynamiques territoriales, telles que nous les avons identifiées dans la régulation conventionnée, sont mises en place, les frontières entre une action sociale institutionnelle et les initiatives citoyennes se font moins étanches. Ceci participe d'un processus de reconnaissance réciproque qui génère, pour tout compromis institutionnel ainsi obtenu, une légitimité indiscutable, même si circonscrite dans le temps et dans l'espace. Toute régulation sociale, politique et/ou économique générée par ces interactions devient donc légitime à définir les normes et les règles communes. L'espace public démocratique, ainsi généré, ne serait pas renfermé dans le système représentatif mais s'exprimerait dans l'activité collective critique et réfléchie (Castoriadis, cité par Bevort, 2002).

Conclusion

Pour conclure, il semble important de souligner que la dimension d'encastrement politique des associations continue d'ouvrir des espaces de confrontation et d'échange autour des valeurs et des projets de société. Si cela apparaît de manière plus évidente dans des formes de régulation de type conventionnée, il est également vrai qu'aujourd'hui, de nombreuses associations du secteur médico-social et social font preuve, dans leurs pratiques, d'une capacité de « résistance » aux formes multiples de normalisation et d'instrumentalisation. Et ce, même dans des formes de régulations plus cloisonnées comme les formes tutélaires et concurrentielles.

Il s'agit de formes de résistance certes plus larvées, mais agissant dans des interstices de négociation (internes et externes) laissés ouverts. Cette résistance s'exprime par le maintien ou la réactivation de la capacité de mobilisation de formes de débat et de conflit, d'innovation et de discussion dans l'espace public. Et cela prend, à notre sens, la forme des interrelations et des ressources qui émergent des associations qui s'engagent directement dans la vie publique et qui « s'impliquent dans des questions de nature politique, sociale et économique ».

7

La régulation dirigeante à l'épreuve de la crise

Alain Dewerdt*

> *« Trente rayons convergent au moyeu*
> *Mais c'est le vide médian*
> *Qui fait marcher le char. »*
> Tao-te King

Nous proposons ici de mettre en valeur un processus de changement réalisé dans une association : bousculée par les difficultés que rencontrent deux de ses établissements, elle cherche tout d'abord à maintenir les équilibres acquis, puis se lance résolument dans une dynamique de changement et d'innovation, source de conflits à traverser mais aussi de nouveaux équilibres, plus riches d'avenir.

Après avoir évoqué les trois principales logiques qui constituent son équilibre initial, à l'instar de nombreuses associations d'action sociale, nous décrirons les difficultés à l'origine de la crise, les tentatives d'adaptation *a minima* puis le processus de changement engagé. Nous tenterons, en conclusion, d'en tirer quelques leçons généralisables tant il est vrai que, à travers l'histoire et la spécificité de chaque association, se révèlent des trajectoires et des stratégies

---

* Directeur général d'association.

communes. L'expérience et la réflexion de l'une peut ainsi éclairer la route pour d'autres, non par ce qu'elle a d'exceptionnel, mais justement par les banalités qu'elle recèle. À l'origine, la banalité était l'obligation de moudre son blé et cuire son pain « au four et au moulin banal », celui qui appartient au *ban*, territoire commun, loi commune. Nous espérons que chacun pourra faire son propre pain de cette analyse d'une expérience commune et fréquente, celle de la crise et du changement.

Développement et équilibre de trois logiques d'action au sein d'un ensemble associatif

An 1955. Nous sommes encore dans le contexte de la reconstruction d'après-guerre. Les grandes institutions se sont reconstituées : l'école, l'hôpital, la prison. Mais pour les jeunes dont le comportement est inadapté à ces institutions, malgré leurs capacités intellectuelles normales, il y a peu d'alternative hors l'enfermement ou l'échec.

Le fondateur de l'association Rénovation a vécu, comme beaucoup de jeunes de l'époque, l'expérience du scoutisme et de ses principes novateurs : l'optimisme, le souci de faire confiance, le refus du dressage, l'éducation par l'action en groupe et la confrontation avec la nature. L'association Vie nouvelle, dont il est membre, propose aux jeunes issus du scoutisme de s'engager dans la société comme citoyens actifs et d'y choisir un chantier. Pétri par cette expérience éducative, touché par la maladie mentale d'un membre de sa famille, il choisit l'éducation adaptée pour les jeunes en souffrance. Il a compris que les bonnes intentions et l'intuition éducative du scoutisme ne suffisent pas. Influencé par Emmanuel Mounier, philosophe existentialiste dont s'inspire le mouvement, il est favorable à l'usage des sciences humaines, notamment la psychologie moderne. Il demande l'aide de médecins psychiatres qui viennent rejoindre rapidement le petit groupe.

Le 15 mars 1955, ils signent un contrat associatif pour réaliser ensemble un projet, celui d'éviter à des jeunes en difficulté l'asile ou la prison, en leur offrant une alternative pour qu'ils s'inscrivent dans la société et y deviennent utiles.

Peu après, avec l'aide de fonds familiaux, ils peuvent acheter un domaine et y accueillir un petit nombre de jeunes.

Au départ, quatre familles vivent au château et partagent à plein-temps leur vie quotidienne avec celle des jeunes, dans une ambiance communautaire où l'on retrouve à la fois les intuitions du scoutisme, l'inspiration du personnalisme d'Emmanuel Mounier, l'éclairage des sciences humaines. Cette communauté doit négocier avec les pouvoirs publics les conditions pour obtenir l'agrément et le financement de ses activités : mise en conformité des locaux, professionnalisation des acteurs. Les premiers postes sont tenus par des proches, puis par de nouveaux professionnels, extérieurs au cadre de départ.

Ainsi, dès les premières années, deux nouveaux groupes d'acteurs viennent s'adjoindre aux fondateurs pour réaliser leur projet : les professionnels salariés et les pouvoirs publics. Ces trois groupes vont développer le projet commun en tissant et négociant en permanence une synthèse à partir de leurs logiques respectives.

La logique associative fondatrice : humanisme et compétence

Progressivement, le conseil d'administration ne sera plus constitué que de bénévoles qui ne prennent pas directement part à la réalisation des activités, celles-ci étant entièrement confiées aux professionnels.

En effet, après une période d'ouverture qui permet à un certain nombre de salariés, d'être membres de l'assemblée générale et du conseil, et pour éviter, à l'instar d'autres associations, les ambiguïtés de statut, l'association décide que les professionnels ne peuvent avoir accès au conseil d'administration.

Celui-ci est constitué par cooptation, approuvée par élection en assemblée générale, avec le souci de respecter un équilibre entre plusieurs groupes : les professionnels du secteur représentés par d'anciens salariés de l'association ou des partenaires et amis (psychiatres, éducateurs, directeurs), la société civile (avocats, gestionnaires, etc.), les pouvoirs publics et les collectivités territoriales dont la représentation est sollicitée comme membres de droit.

Le groupe des salariés issus de l'association, souvent d'anciens directeurs, apporte au conseil une connaissance interne des établissements, et une réactivité aux professionnels engagés dans l'action. De même, les présidents sont issus majoritairement de la mouvance professionnelle : au fondateur, lui-même éducateur et psychologue, ont succédé un professeur de psychiatrie, un professeur de philosophie et psychologie, un ancien directeur général de l'association, un médecin psychiatre, etc.

Ainsi la culture dominante de l'association, en *sus* des valeurs humanistes affichées par toutes les organisations à but altruiste, se spécifie par des engagements plus proches du mouvement de professionnalisation, sur le versant de la pertinence et de l'expertise : approche dynamique du sujet, articulation de l'approche clinique et sociale, souci de formation permanente et d'innovation… Ses principaux représentants tirent leur légitimité de leur qualification et de leur expérience professionnelle. Dans toute régulation de conflits domine le souci d'écouter la parole des professionnels, de convoquer au besoin des experts, et de trouver une solution par élaboration commune plus que par confrontation.

La logique des salariés : le mouvement de professionnalisation

Le projet même de Rénovation, par son souci d'une action pertinente intégrant les sciences humaines, impliquait la professionnalisation de ses membres puis l'accueil de nouveaux professionnels.

Les premières années, l'identité et la pratique des professionnels salariés est assez proche de celle des bénévoles : militantisme, action partagée avec les fondateurs, polyvalence des fonctions, formation inexistante ou en cours, grande disponibilité et grande flexibilité des horaires, logement sur le lieu de travail, salaire plus proche d'une indemnité forfaitaire que d'une rémunération à l'heure travaillée, etc.

Progressivement, les métiers se différencient et se structurent : création du statut d'éducateur spécialisé, ouverture des premiers centres de formation, signature de la convention collective de 1966, adhésion à un syndicat employeur, etc., et les nouvelles identités professionnelles se construisent dans les grandes associations : Aneji, Creai, Unasea, Uniopss, etc.

Dans tout ce mouvement, le militantisme des salariés et des bénévoles se confondant et se renforçant : le fondateur crée le premier centre de formation d'éducateurs, le président participe à la création du Creai d'Aquitaine et en préside les destinées de nombreuses années, l'association est très présente dans les grandes fédérations, etc.

Les établissements et services se différencient eux aussi, et avec eux, les pratiques professionnelles : ouverture d'externats d'enfants et d'adolescents, de foyers pour adultes handicapés psychiques, puis de services de milieu ouvert, de consultation, d'insertion, d'accueil familial, etc.

Dès 1976, la complexité des activités entraîne la création d'une direction générale qui concentre la gestion financière et la gestion des ressources humaines.

Les instances représentatives du personnel sont bien présentes avec un comité d'entreprise unique, des délégués du personnel au niveau de l'association puis par établissement, et dernièrement quatre comités d'hygiène de sécurité et de conditions de travail par regroupements d'établissements.

La recherche et la formation sont une préoccupation affichée dès l'origine. Le premier établissement prend la forme d'une école expérimentale. Les éducateurs y remplissent des fiches d'observation et multiplient les réunions de synthèse qui serviront de base à une thèse sur le changement à l'adolescence. En 1993, un service recherche et formation est créé. Il organise des stages et des journées adressés aux professionnels du secteur, sur des thèmes élaborés par une commission regroupant professionnels et administrateurs.

En 2000, l'association Rénovation gère 15 établissements, où travaillent 500 salariés, représentant 22 professions, principalement des éducateurs spécialisés, des assistantes familiales, des professions de soins (psychologues, rééducateurs, psychiatres), des services généraux et administratifs.

Progressivement, les professionnels nouvellement engagés s'identifient prioritairement à leur métier et à leur établissement. Ils perçoivent l'association comme un lieu bienveillant, mais plus lointain, plus éloigné de leurs préoccupations quotidiennes. Sa direction générale est souvent identifiée comme l'espace de gestion des ressources humaines, de prescription des réglementations, et de négociation des budgets.

Ainsi, le militantisme et les activités de l'association, assurés à l'origine par les seuls bénévoles, sont partagés très vite avec les professionnels et confondus en partie avec leurs combats : structuration des statuts et de la convention collective, formation initiale et continue, reconnaissance par la compétence et la capacité d'expertise.

Mais la logique de professionnalisation renforcée par la multiplication et la diversification des établissements et services, éloigne les bénévoles fondateurs de l'action quotidienne et fait courir le risque de voir se diluer la cohésion originelle. L'association, comme bien d'autres, court le risque de devenir une organisation où les activités prennent leur sens de chaque corps professionnel et de chaque établissement, en relation directe avec les pouvoirs publics ; la direction générale et les instances statutaires étant renvoyées à la fonction logistique et à la gestion.

La logique des pouvoirs publics : du développement à la rationalisation

Nous avons vu que, dès la création du premier établissement, l'association n'a pu réaliser son activité qu'en négociant avec les pouvoirs publics un financement et le respect d'une réglementation.

À cette époque, les pouvoirs publics s'appuient largement sur l'initiative des associations. Dans la dynamique des Trente Glorieuses, l'association Rénovation se développe rapidement. Chacune de ses initiatives est relayée par des administrations favorables, dans un climat de reconnaissance mutuelle où l'une est reconnue pour sa pertinence, les autres pour leurs fonctions de garantes de l'intérêt général. Les établissements se multiplient dans la prise en charge des enfants et adolescents présentant des troubles du caractère et du comportement (cinq instituts de rééducation rebaptisés depuis instituts thérapeutiques éducatifs et pédagogiques, un hôpital de jour pour adolescents), et l'accueil des adultes handicapés psychiques (un centre de post-cure et un foyer d'accueil médicalisé). La Direction des affaires sanitaires et sociales choisit, à l'époque, de développer largement le secteur médico-social en agréant progressivement vingt-cinq instituts de rééducation en Gironde, alors que la moyenne nationale est de un à deux par département. L'association s'engage activement dans le mouvement de la sectorisation avec la création d'un service d'aide éducative à domicile et d'un centre de consultation, et dans celui de l'insertion avec la création d'un « cap emploi », spécialisé dans le placement des travailleurs handicapés. Elle développe aussi ses activités sur un département voisin : elle reprend un service d'accueil familial en relation avec la protection judiciaire de la jeunesse, et en crée un institut de rééducation en relation avec la Direction départementale des affaires sanitaires et sociales.

Les liens avec l'État et les élus locaux sont étroits et personnalisés par la première directrice générale, qui est à la fois adjointe au maire de Bordeaux et conseillère générale.

En 2000, la situation a changé. Le développement des instituts de rééducation a atteint ses limites. Le schéma départemental de l'enfance handicapée fait état d'un suréquipement en instituts de rééducation. Le déficit des lits en pédopsychiatrie crée une demande pressante de prise en charge de pathologies plus lourdes. Les établissements qui avaient accepté des prises en charge d'adolescents présentant des troubles graves de la personnalité se trouvent en difficulté, mais les injonctions des pouvoirs publics à réussir se font pressantes. L'association est-elle encore capable de relever le défi des nouveaux adolescents ou a-t-elle perdu sa capacité d'innover ?

Par ailleurs, les moyens consacrés à ce secteur d'activité ne sont plus en progression. Les pouvoirs publics organisent leur financement dans le cadre d'enveloppes fermées et ont d'autres priorités à couvrir : les places en centre d'aide par le travail, les infirmes moteurs cérébraux, les enfants autistes, etc. C'est donc à moyens constants que les éventuelles restructurations doivent en principe se réaliser, même si, de fait, de nouveaux services, de petite taille, ou des évolutions sont appuyés par des financements nouveaux. Le Conseil général est encore dans une phase de croissance de ses activités sociales et finance le développement de l'action éducative à domicile, la création d'un service d'accompagnement à la vie sociale pour les adultes handicapés psychiques. Mais lui aussi, saturé par des transferts de compétences successifs sur lesquels il investit chaque fois plus que ce qu'il reçoit de l'État, se voit obligé de mesurer son effort.

Ainsi, les pouvoirs publics et les collectivités locales, dans les secteurs d'activité qui correspondent aux buts de l'association, après une période de développement important, se trouvent dans une phase de stabilisation, voire de régression des moyens, et se mobilisent sur la gestion de l'existant, en demandant des évolutions à moyens constants, et en renforçant l'évaluation de la qualité des services pour éviter que la stagnation des financements ne se traduise par une baisse de la qualité de l'offre.

Un équilibre à la rencontre de trois logiques dominantes : le pacte d'une association professionnelle et le soutien des pouvoirs publics

Nous aurions pu évoquer la logique des usagers, qui était présente dès la création dans le groupe des fondateurs mais actuellement, elle est seulement représentée par un membre de l'Unafam (Union nationale des amis et familles de malades mentaux) au sein du conseil d'administration. Même si le droit des usagers est respecté et leur participation assurée, nous ne sommes pas dans la configuration d'une association de familles ou d'usagers.

De même, nous aurions pu évoquer les logiques des autres partenaires, mais, là aussi, un partage est à peu près respecté entre les compétences des diverses associations, tant au niveau territorial pour la sectorisation, qu'au niveau des publics pour les autres formes de prise en charge.

La dynamique de l'association se situe ainsi principalement au point d'équilibre de ces trois groupes d'acteurs dominants, avec leurs enjeux et leurs stratégies propres : les administrateurs bénévoles, les professionnels salariés, les pouvoirs publics.

Les administrateurs bénévoles de l'association souhaitent maintenir autour des fondateurs et de leur projet la cohérence d'activités de plus en plus nombreuses et diversifiées, avec des professionnels issus d'horizons de plus en plus différents, et des pouvoirs publics dont les politiques se transforment rapidement. La présence des fondateurs et des premiers pionniers incarne cette continuité. Leur « aura » et leurs liens avec les nombreux anciens salariés les garantissent. Les convictions communes sont fortes : référence à l'approche psycho-dynamique et à la psychanalyse, au courant antipsychiatrique, lutte contre l'abus de médication et les méthodes coercitives, recherche et formation continue… Elles sont célébrées au cours de deux journées de conférences par an qui convoquent des intervenants connus, psychanalystes, sociologues, éducateurs, anthropologues, philosophes, etc., autour des préoccupations professionnelles : la violence des jeunes, l'autorité et l'altérité, les institutions, etc.

Les crises institutionnelles et les éventuels conflits sont traités dans un climat de dialogue et de soutien : restructurations en douceur, formations ou régulations sur sites en cas de difficultés, etc.

Ainsi, entre les salariés et les administrateurs, le pacte est profond. Il relève d'une culture et de nombreuses appartenances communes. Il se fonde sur une reconnaissance réciproque, celle d'une compétence partagée pour la prise en charge des personnes handicapées psychiques, et d'une conviction partagée pour une approche psycho-dynamique. Cette communauté de pensée est affichée dans les présentations de projets en conseil d'administration, confirmée par le choix des intervenants aux journées d'études semestrielles, débattue lorsque l'accréditation, ou les évaluations quantitatives, sont accusées de battre en brèche l'approche qualitative du sujet, ou lorsque certains rapports de l'Inserm font la part belle aux thérapies comportementales ou au pronostic de délinquance dès le plus jeune âge, etc. Ce souci de proximité des administrateurs vers les salariés, auquel vient faire écho la demande de reconnaissance et de soutien des salariés envers les administrateurs, crée une forme de pacte communautaire, source d'un climat social assez paisible. Mais les interpellations vigoureuses, les changements en rupture avec les représentations partagées, ou l'augmentation trop rapide du nombre d'établissements, y sont vécus comme un risque de perdre cette cohésion et peuvent lui être sacrifiés, privilégiant dans ce cas la reproduction de l'existant à l'innovation.

Les fondateurs quittent progressivement la scène, ainsi que les anciens salariés. Les nouveaux salariés vivent l'association comme un employeur bienveillant, partageant leurs convictions et défendant leurs intérêts. Cette identification se fait plus lointaine avec la taille et la diversification des activités. Elle est surtout incarnée sur place par l'établissement et son directeur, les collègues qui partagent le même métier. Les professionnels s'identifient à leur métier et à leur établissement, demandant à l'association de les soutenir et de les représenter plus que de les interpeller. Les établissements se connaissent peu entre eux.

Le rôle des directeurs est de plus en plus déterminant et selon leurs stratégies, leurs équipes seront plus ou moins proches des instances de l'association et de la direction générale, de la baronnie lointaine à la maison toujours ouverte. Les directeurs d'établissements exercent en effet, une fonction de filtre dans les deux sens, diffusant auprès des salariés de leur établissement ce qui, de l'association, leur semble utile, en fonction de leur stratégie, et diffusant auprès de l'association ce qui conforte une bonne image de leur activité, sauf s'ils souhaitent être soutenus dans des changements pour lesquels ils ont besoin d'un appui externe. Certains sont tentés de traiter directement avec les pouvoirs publics en fonction de relations privilégiées qu'ils ont pu développer, à titre personnel, ou dans le cadre d'autres associations ou groupements dont ils sont membres.

Les relations avec les pouvoirs publics sont confiantes. Les éventuels contentieux sont traités à l'amiable. L'association tient à sa réputation de savoir-faire, de pertinence, notamment dans la prise en charge des difficultés psychiques.

Les services de l'État et des conseils généraux, de leur côté, après avoir honoré et garanti pendant des années les initiatives et le développement de l'association dans un système de « quasi-régie » du handicap psychique, reprennent la main en demandant d'adapter et d'optimiser les équipements existants à moyens constants dans le cadre de schémas régionaux et départementaux qui définissent de façon de plus en plus précise et opposable les objectifs à atteindre.

Cette longue période historique de l'association s'est appuyée sur l'articulation entre trois types de logiques institutionnelles de fonctionnement, rassemblées autour d'un projet partagé : le développement qualitatif et quantitatif d'un accompagnement clinique et social des usagers. L'ensemble de ces groupes d'acteurs partage ici les mêmes intérêts (la croissance des services, le perfectionnement des savoirs) et des valeurs proches fondées notamment sur le caractère novateur et d'utilité publique d'une approche clinique et sociale de l'usager. En ce sens, l'action de Rénovation, en associant les acteurs clefs de cette innovation, à savoir les administrateurs, les professionnels et les pouvoirs publics, a contribué au fil du temps à la reconnaissance et à l'institutionnalisation d'une pratique, voire d'une profession. Mais les dynamiques sociales propres au fonctionnement des innovateurs sont différentes d'un fonctionnement institué qui parfois s'enkyste dans la reproduction, la mythification du passé, se replie sur des croyances qui ne se laissent plus interroger, d'autant moins qu'elles sont labellisées par un groupe d'administrateurs de haute volée, gages d'une caution humaniste et scientifique.

Ainsi, l'alliance naturelle des administrateurs et des salariés avec l'appui bienveillant des pouvoirs publics s'est maintenue en équilibre pendant de nombreuses années. Elle est maintenant fragilisée par la diversité et l'éclatement géographique des établissements, des professionnels qui revendiquent une certaine autodétermination renvoyant l'association dans le rôle de gestionnaire, ainsi que par la reprise en main des pouvoirs publics et collectivités, qui pourraient la cantonner dans un rôle d'instrument du service public.

La rupture du compromis

Étudions maintenant comment un tel compromis social entre les trois principaux acteurs du projet peut se mettre en mouvement autour d'un changement important, qui met en jeu l'une des principales activités de l'association : la prise en charge des enfants et adolescents présentant des troubles de la personnalité et du comportement.

Nous sommes en 2000. L'association gère cinq instituts de rééducation dans le département de Gironde qui en compte 25, soit 20 % du dispositif. Sur ces cinq, deux sont en difficulté. L'un accueille, sur la rive gauche de la Gironde, en foyer et chambres en ville, 30 adolescents très difficiles. L'autre accueille, sur la rive droite, 56 adolescents en internat, qui pour la plupart présentent des troubles graves de la personnalité. Ils se trouvent confrontés, de plus en plus souvent, à des situations explosives qui alertent l'environnement, provoquent l'inquiétude des pouvoirs publics et mettent à mal l'image de compétence de l'association.

Au même moment, le schéma départemental de l'enfance handicapée, après deux années de concertation, a abouti. Il constate que le nombre d'instituts de rééducation dans ce département est très supérieur à la moyenne nationale et que les établissements sont concentrés sur la communauté urbaine. Il préconise de redéployer les moyens vers les zones géographiques non couvertes, de développer les prises en charge en Sessad, etc.

Les directeurs des cinq instituts se concertent avec le directeur général pour évaluer les préconisations à prendre en compte dans le schéma départemental et les évolutions proposées par chacun. Après de longues réunions qui n'aboutissent pas, il est décidé de recourir à une étude, réalisée par un prestataire extérieur. Il lui est demandé d'analyser la demande faite aux cinq établissements à l'aide d'une enquête auprès des enfants et adolescents présents, de leurs parents, des prescripteurs, partenaires et pouvoirs publics. Pendant ce temps, les deux établissements en difficulté se réunissent pour faire évoluer leur projet mais n'aboutissent pas à des propositions satisfaisantes.

La focalisation du conflit

Les conflits internes se développent au sein d'un des deux établissements en difficulté, qui est aussi le premier à avoir été créé, « le berceau de l'association ». Les groupes d'évaluation et d'élaboration du projet sont boycottés. La directrice, confrontée à une situation grave de maltraitance entre enfants, dénoncée par une famille, fait un signalement à la gendarmerie. Le président et le bureau sont interpellés plusieurs fois par les cadres, par des voies officielles ou privées, car ils sont aussi des amis de plusieurs administrateurs, pour avoir travaillé ensemble dans ce même établissement. Ils leur demandent de les soutenir contre la direction: ils l'accusent de ne pas comprendre les besoins spécifiques des enfants accueillis dans l'institution et de les avoir inutilement mis en cause en dénonçant une situation de maltraitance institutionnelle, là où il ne faudrait voir que le tableau ordinaire de la psychose. Ils leur remettent aussi des textes présentés comme des évaluations mais justifiant essentiellement les pratiques en cours sans proposer de solutions crédibles permettant à la fois de mieux contenir les comportements des enfants et de prendre en compte les évolutions demandées dans le schéma départemental.

La tentation du statu quo ante

Les tentatives de dialogue et de compromis sont multiples de part et d'autre : rencontre du président avec le médecin psychiatre, recherche d'alliance de l'équipe de soins avec le bureau contre la direction accusée de vouloir initier des changements sans avoir compris les besoins réels, intervention imprévue d'un collectif de salariés en conseil d'administration, nombreuses questions posées par les instances représentatives du personnel. Les membres du bureau acceptent ces rencontres individuelles et collectives.

Ce qui est en jeu, dans une culture commune de la compétence et de l'expertise, c'est la reconnaissance revendiquée par chacun, et parfois refusée à l'autre, de dire ce qu'il faut faire. Les professionnels de l'établissement revendiquent l'expérience de terrain et demandent qu'on leur fasse confiance sans accepter de structurer et de formaliser leurs pratiques. La direction refuse d'assumer des situations de maltraitance entre enfants, mais ne réussit pas à faire adopter son analyse et ses propositions. Le bureau souhaite s'appuyer sur les compétences internes d'une équipe et ses propositions, mais constate des dysfonctionnements qui ne peuvent perdurer sans proposition de solutions. Il ne souhaite pas encore soutenir fermement la direction au risque de durcir le conflit sans certitude d'avoir raison. Dans une culture commune fondée sur la compétence, on ne peut s'autoriser à rompre la cohésion que sur une représentation claire et partagée de ce qu'il faut faire. Or, celle-ci n'est pas acquise. Pendant ce temps, les pouvoirs publics accroissent la pression (courriers, visites, etc.), sans pour autant aller jusqu'à la mise en demeure. Dans cette tension, la directrice et le directeur général sont accusés, plus ou moins consciemment, de ne pas être capables de résoudre le conflit sans remettre en cause les alliances, le pacte fondateur.

En fait, ce sont les usagers, par leurs comportements qui viennent bousculer le compromis social : accroissement des passages à l'acte entre les jeunes, puis avec les adultes, provoquant des conflits entre l'institution et les prescripteurs, climat de perte de confiance, mise en cause de la direction. Ils sont relayés par les pouvoirs publics qui s'inquiètent de la situation, interrogent la compétence de l'association, et font pression pour susciter des changements correspondants à leurs propres objectifs.

Mais dans un premier temps, la tentation de traverser la crise, sans rompre l'équilibre, est la plus forte. Les pouvoirs publics, tout en alertant l'association avec une insistance grandissante, ne vont pas jusqu'à rompre le contrat de confiance ni sortir du règlement amiable. Les administrateurs demandent aux salariés et à leur direction de régler les dysfonctionnements sans crise, sans aller jusqu'à remettre en cause les compétences de chacun. Les salariés réclament une reconnaissance de leur compétence sans proposer d'autre solution que la reconduction du modèle existant.

Le déplacement

Nous sommes en 2001. C'est sur le terrain d'une expertise, avec l'aide d'un intervenant extérieur, qu'un nouvel équilibre va pouvoir se négocier. Au moment où le conflit est le plus tendu, au moment où la directrice de l'établissement « berceau » envisage sa démission, le directeur général organise un séminaire de deux journées rassemblant les cinq directeurs d'instituts de rééducation et le bureau autour du prestataire extérieur et des résultats de l'enquête demandée.

Cette étude marque un double déplacement. Tout d'abord, elle n'interroge pas l'offre des professionnels, trop autocentrée, et qui a fait la preuve de son incapacité à produire un nouveau projet. Elle est centrée sur la demande : interview des usagers, enquête auprès de leurs familles, entretiens avec les prescripteurs, les pouvoirs publics, les partenaires, etc.

Ensuite, elle n'est pas restituée aussitôt à l'ensemble des personnels, mais au bureau de l'association et aux directeurs dans le cadre de ce séminaire.

Ces deux déplacements viennent rompre avec les évidences qui étaient venues ankyloser l'équilibre antérieur : les professionnels salariés d'un établissement seraient les seuls à bien connaître et interpréter les besoins des usagers de leur établissement ; un projet ne pourrait s'élaborer que dans le consensus de toute l'équipe rassemblée.

Les résultats de l'étude montrent, en effet, que les usagers et les partenaires ont non seulement une vision assez sûre de leurs besoins, mais aussi une connaissance assez pertinente de ce qui se passe dans les établissements. De plus, la tentative d'élaborer un projet avec toute l'équipe rassemblée était paralysée, dans l'établissement le plus en difficulté, par des évidences communes se refusant à toute analyse, voire par un contrôle social interne empêchant tout écart individuel.

Le déséquilibre : force d'un projet et repositionnement des administrateurs

Les participants au séminaire découvrent que les jeunes accueillis reconnaissent le bien-fondé de leur prise en charge et font même l'éloge de leurs éducateurs mais se plaignent, dans les deux établissements en difficulté, d'une insécurité liée à la violence de certains jeunes non contenue par les adultes, notamment parce que le grand groupe, dans des locaux de type foyer, et dans une ambiance laxiste, provoque trop d'interactions violentes non maîtrisées. Les familles sont plus intéressées par les rencontres individuelles avec les professionnels qui accompagnent leurs enfants que par la participation à des conseils de la vie sociale. Les prescripteurs maintiennent leur demande d'orienter vers ces établissements des « pathologies lourdes » sources de passages à l'acte fréquents. Les pouvoirs publics demandent que les cinq établissements mettent en commun leurs moyens afin d'offrir à chaque jeune des services les plus diversifiés possibles plutôt que de demander, chacun pour son propre compte, la création de services complémentaires. Ils rappellent aussi que les établissements sont trop concentrés sur la communauté urbaine et pas assez sur les zones rurales du département.

L'ensemble de ces demandes crée un paysage où apparaissent assez nettement le dessin, et le dessein, d'un nouveau projet.

Il ne s'agit plus de spécialiser chaque établissement sur une population spécifique quitte à recruter sur tout le département et à concentrer dans les mêmes murs des pathologies de plus en plus lourdes. L'environnement demande d'offrir à des jeunes, sur un territoire plus restreint, une palette de services permettant de construire le projet personnalisé le plus adapté possible, en lien étroit avec le milieu naturel, école et famille.

Il est décidé de restructurer les cinq établissements existants en deux dispositifs territoriaux, l'un sur la rive droite, l'autre sur la rive gauche de la Garonne. En mettant en commun tous les équipements et les compétences, ces dispositifs permettront d'offrir à chaque jeune un projet personnalisé le plus adapté possible, en mobilisant avec beaucoup de souplesse une palette de services diversifiés. Les services qui ne seront pas mobilisables par la restructuration le seront par le partenariat avec d'autres associations.

Les grandes unités d'internat, trop explosives, seront fermées et remplacées par des petites unités de sept jeunes en maisons de ville, mais d'autres solutions seront proposées : placement familial, chambres en ville, appartements, lieux de vie, etc. Les locaux des deux établissements en difficulté, inadaptés, seront vendus pour financer les nouvelles maisons et unités de jour. Les unités de jour développeront des activités éducatives, de soin et d'enseignement en petits groupes.

Des Sections d'enseignement spécial et d'aide à domicile (Sessad) seront ouvertes sur les zones rurales plus éloignées. À terme, un directeur dirigera chacun de ces complexes avec un directeur adjoint par unité.

Situation présente	Projet
RIVE GAUCHE : deux IR[1] d'adolescents : • internat type foyer (garçons) avec accompagnements éducatifs essentiellement individuels, activités de soins et scolarité type CED, service de chambres en ville • internat type foyer (filles) avec accompagnements éducatifs essentiellement individuels, activités de soins et scolarité type CNED, service de chambres en ville, placement familial, Sessad sur l'agglomération.	Dispositif comprenant : • trois maisons d'internat, • une unité jeunes majeurs (chambres en ville), • un accueil familial spécialisé, • deux unités de jour avec activités éducatives, soins, scolarité et apprentissage pré-professionnel, • deux Sessad : un en agglomération, un en zone rurale.
RIVE DROITE : Trois IR enfants et adolescents : • un externat d'adolescents, • un externat d'enfants, • un internat d'adolescents.	Dispositif comprenant : • trois maisons d'internat, • un service d'accueil familial, • trois unités de jour (scolarité adolescents, pré-professionnel adolescents, scolarité enfants), • un Sessad en zone rurale.

1. Instituts de rééducation.

Les effets attendus sont une meilleure contenance des comportements dans des groupes plus restreints ; une souplesse d'adaptation permanente du projet pour accompagner les parcours difficiles sans exclure, en utilisant toute la palette des services ; un renforcement des activités de médiation en unités de jour pour soutenir les jeunes dont l'intégration scolaire ou pré-professionnelle n'est pas possible pour le moment ou pour étayer les démarches d'intégration scolaire à temps partiel ; une réponse à la demande de création de services en zones rurales.

Fort de cette expertise partagée avec les directeurs, le bureau de l'association décide de soutenir ce nouveau projet.

Les premières tensions

Des séminaires sont aussitôt organisés dans les deux territoires définis afin d'associer au plus vite les autres cadres, puis l'ensemble des salariés, et d'étudier comment mettre en commun tous les moyens de ces établissements.

Le conflit d'expertise se déclenche aussitôt. Un groupe de psychologues met en cause la méthodologie de l'enquête et lui dénie toute validité. D'autres critiquent ce concept de dispositif territorial qui vient faire éclater la notion d'établissement, créer une prise en charge « hors les murs », et séparer les activités de jour et d'hébergement.

Les tentatives de reconstituer l'alliance antérieure, en en appelant au bureau contre la direction, se renouvellent. Mais cette fois celui-ci, fort d'une représentation claire de ce qui est à faire, tient bon et affirme sa compétence face aux salariés.

Les établissements qui n'étaient pas concernés par le conflit mais le sont par la restructuration oscillent entre les opportunités à saisir (places d'internat ouvertes à leurs usagers, souplesse accrue dans la prise en charge de jour, etc.) et la crainte de voir déstabiliser leur propre projet. « Pourquoi, entend-on dire, bouleverser cinq établissements alors qu'il suffisait de restructurer les deux établissements en difficulté ? »

Enfin, beaucoup de salariés s'inquiètent des modifications de leurs conditions de travail : bouleversement des horaires, des lieux de travail, des fiches de fonction. Un collectif de salariés se met en place, organise des assemblées générales du personnel, une journée de grève, établit des listes de revendications.

L'engagement

Le point d'équilibre, focalisant le conflit sur un établissement et sur la défense du modèle existant, sans possibilité de le mettre en cause par absence d'un autre modèle, s'est déplacé. Le bureau, qui était jusque-là dans l'incertitude, et maintenait le *statu quo* quitte à mettre en cause la direction, renverse l'accord. Le président vient lui-même préciser aux salariés des établissements concernés que ce nouveau projet est mis en place de façon irréversible. En deux ans, au gré d'une démission et deux départs en retraite, deux directeurs seront recrutés en remplacement des cinq précédents, chargés chacun de mettre en place un dispositif cohérent sur les deux territoires que couvrent les établissements.

La négociation et l'accompagnement des salariés

Beaucoup sont déstabilisés par ce nouveau dispositif. Des groupes de travail sont mis en place à la demande des salariés et des représentants syndicaux, à partir d'une liste de questions et de revendications. Il apparaît vite qu'il faut distinguer deux types de « résistances » : les plus faciles à négocier, d'une part, qui sont liées aux conditions de travail ou à la perte d'avantages acquis ; les plus difficiles à lever, d'autre part, qui sont liées à des représentations du travail, à des identités professionnelles. Les premières entraînent des comportements de revendication ou de colère, les secondes se manifestent par un dialogue de sourds, une difficulté à se représenter les nouvelles fonctions, un état d'incompréhension, voire de sidération pour certains.

À court terme : négocier un nouveau compromis autour des conditions de travail

Les questions concernant les conditions de travail ont ainsi été négociées rapidement, sous la forme de questions et réponses écrites. Elles traitaient notamment des horaires des temps pleins et des temps partiels, de la définition du lieu de travail et des remboursements de frais de déplacement suite à l'éclatement en plusieurs sites, du nombre de soirées *maximum* que ferait chaque éducateur, de la variété des tâches, etc.

À long terme : accompagner la transformation des identités professionnelles

Les questions concernant les nouvelles conceptions du travail induites, et les identités professionnelles sont plus complexes.

Beaucoup d'éducateurs, pétris par l'approche globale, ont identifié leur fonction à la prise en charge d'un jeune toute la journée et toute l'année, « 24 heures sur 24 et 365 jours sur 365 », par la même équipe et dans les mêmes murs. Il s'agit pour eux de faire l'unité de tous ces moments, « le lien ». Le fait de distinguer les sites et les équipes pour les activités d'hébergement et de jour rompt ce lien et cette représentation, ce qui est vécu comme un inconcevable, comme une erreur. L'ensemble du groupe éducatif a du mal à différencier les intervenants en internat des intervenants en externat. Pour eux, il s'agit de la même équipe qui prend en charge le jeune dans tous les temps de sa vie. Tout le monde doit tout savoir, au risque de l'inflation des réunions.

Mais cette rupture interroge une identification de type hospitalier au jeune malade, qui doit être pris en charge par la même équipe, dans le même service, avec le risque de s'installer dans la régression et ses bénéfices secondaires. « La séparation jour – nuit » invite à l'intégration, à la socialisation, en distinguant les temps et les interlocuteurs de la vie personnelle, familiale (soirée – nuit – lever – mercredi – week-ends – vacances) et les temps de la vie sociale (matin et après-midi des semaines travaillées).

Dans l'organisation, il sera négocié de laisser au besoin un jeune sur le groupe éducatif en journée, ou de moduler les temps de façon plus souple, parce qu'il est effectivement trop malade pour passer directement sur l'unité de jour à 9 heures. Mais cette séparation indique bien ce qui est le but normal pour chacun : se lever le matin pour entamer la vie sociale (apprentissages, développement personnel, soins, etc.).

Cela oblige chacun à penser le projet personnalisé sans se l'approprier mais en intégrant dans sa pratique professionnelle un travail permanent d'« articulation » avec ses collègues dans et hors du dispositif. En définitive, le jeune lui-même et son projet personnalisé, feront le lien dans la mesure de ses capacités. Il est le seul à vivre son projet à temps plein. Les autres sont aux 35 heures !

Enfin, au cours du débat, réapparaissent brutalement les conditions de travail qui y sont liées : les éducateurs, en assurant à la fois internat et externat réduisent le nombre de soirées à faire chacun, et accroissent la variété de leurs activités, les rendant ainsi moins monotones, et plus attrayantes. Mais peut-on accepter dans un petit groupe d'internat un défilé permanent d'éducateurs assurant chacun une soirée pour des jeunes qui ont besoin de repères stables, voire d'une certaine ritualisation ?

De même, il est demandé à des agents de service, habitués à « faire le ménage » dans un internat de soixante jeunes, de devenir maîtresses de maison dans de petits internats de sept jeunes, installés dans une maison de quartier.

Elles se réunissent et présentent de nombreuses inquiétudes : comment faire avec les enfants, dans une relation de plus grande proximité ? Comment élargir ses compétences à la cuisine, l'hygiène, la couture ? Quelle contrepartie leur sera proposée pour assurer quatre soirées par semaine ?

De leur côté, les éducateurs conçoivent difficilement ces professionnels « non formés » qui viennent s'introduire dans la relation éducative à égalité. Vont-elles participer aux réunions de synthèse ? Que feront-elles de ce que disent les enfants ? Auront-elles accès au dossier ? Et la confidentialité ? Leur intrusion, après celle des surveillants de nuit, ne vient-elle pas déqualifier le métier des éducateurs ? Où se marquera la frontière dans le travail pluridisciplinaire ?

C'est aussi l'ensemble de chaque établissement d'origine qui s'identifiait autour de son directeur et qui le perd, qui se positionnait face aux autres établissements et se trouve maintenant en coopération. À titre d'exemple, il est demandé aux secrétaires de se spécialiser chacune sur un dossier collectif et de consacrer le reste de leur temps à la permanence sur le site de leur ancien établissement, devenu unité de jour. Elles vivent cette proposition comme un surtravail, oubliant le temps qu'elles abandonnent aux autres. De même, beaucoup de salariés se plaignent de passer beaucoup de temps à gérer les interactions, et de pouvoir moins se consacrer à leur action quotidienne auprès des enfants.

Ainsi, la modification du projet relance le débat autour de la représentation de l'usager (malade ou capable d'intégration, dépendant ou en droit de nous échapper dans les espaces laissés par les articulations), du professionnel (responsable d'une prise en charge globale, voire totale, ou responsable d'un service partiel à articuler avec d'autres professionnels), ou des frontières entre les métiers (entrée des surveillants de nuit et des maîtresses de maison dans l'espace éducatif). Elle révèle aussi l'intrication intime et inévitable entre les intérêts corporatistes, les identités professionnelles et les discours sur le projet de service. Cette intrication permanente peut biaiser les projets, empêcher leur évolution, malgré les meilleures intentions et l'honnêteté consciente des salariés, et justifie l'intervention d'un tiers pour démêler l'écheveau : administrateur, direction générale, organisme de conseil, visite de partenaires, etc.

Un simple discours de la direction, si rassurant soit-il, ne suffit pas. Ne faisant pas la preuve qu'elle a déjà expérimenté et validé ce fonctionnement, elle ne peut obtenir la confiance, on ne lui accorde pas un chèque en blanc. C'est en organisant des rencontres avec des professionnels d'autres établissements vivant déjà cette expérience, dans ou hors de l'association, que les salariés concernés ont pu se représenter concrètement leurs nouvelles fonctions : visites de groupes d'internat éclatés en petites unités, rencontres de maîtresses de maison, échanges de salariés entre services, etc. La difficulté à les mobiliser pour participer à ces rencontres montrait bien à quel point ce nouveau fonctionnement pouvait générer de la peur, à moins qu'il ne dévoile, dans certains cas, que les arguments techniques cachaient des intérêts plus privés.

On constate que, ce qu'on appelle trop souvent « résistances au changement » peut être analysé comme un ensemble d'arguments, fondés sur la rationalité de chaque acteur, à prendre en compte pour enrichir et préciser le projet. Cela suppose tout d'abord de concevoir que ce projet n'a pas été fixé totalement par la direction, qu'il constitue un cadre général, et qu'il doit être transformé, par navettes successives, avec les acteurs de terrain. La dialectique, entre ce cadre et les différentes critiques ou oppositions, enrichit ce projet. Si le cadre ne résiste pas dans ses fondements, le projet se diluera dans le compromis des intérêts ou représentations privés. S'il refuse tout compromis, il risque d'être inadapté ou incapable de mobiliser les opérateurs. Il ne peut obtenir sa finition que de ce débat critique. Pour cela, derrière les revendications relatives aux conditions de travail, les intérêts privés et les jeux de pouvoir bien réels, il est nécessaire d'apercevoir les arguments qui peuvent participer à la construction du projet réel.

Dans cette association à dominante professionnelle, nous observons un débat intense entre techniciens dont sont absents les usagers. Présents dans l'enquête initiale, ils n'ont pas été impliqués par la suite. Les professionnels, dans leur dimension militante, sont censés connaître et représenter leurs intérêts et ils le revendiquent. Mais il s'agit de démêler en permanence les moments où les intérêts privés, ou corporatistes, viennent subvertir les intérêts des usagers, et ceux où ils les représentent, ou même les portent au-delà de leur propre demande.

Enfin, quels que soient les discours managériaux sur le « gagnant-gagnant », des salariés se considèrent, malgré tout, plus ou moins consciemment comme perdants, sur le registre des conditions de travail, ou sur celui des identités, des reconnaissances, des jeux de pouvoirs. Avec ces derniers, les négociations deviennent impossibles sans remettre en cause les fondements même du projet. Certains démissionnent, d'autres demandent une mobilité vers d'autres établissements, ceux qui sont proches de la retraite négocient un *modus vivendi* en attendant le départ.

Les effets institutionnels du changement : culture et gouvernance

Le repositionnement des administrateurs bénévoles : vers un nouveau pacte associatif

L'événement est venu interpeller et modifier l'identité des administrateurs. Jusqu'alors, tous les projets émanaient des équipes existantes, ou, s'ils venaient de l'association elle-même, venaient s'ajouter à l'existant sans le remettre en cause : création de nouveaux services, fusion/absorption, etc. Une telle restructuration, contre l'avis d'un certain nombre de salariés, fait passer les administrateurs du statut de soutien bienveillant, à celui d'agent d'interpellation et de changement. La vente des locaux des deux établissements en difficulté, confirmée par les fondateurs e d'anciens directeurs devenus administrateurs, vient renforcer cet effet de rupture ressentie, où l'association est vécue comme « reprenant la main ». Un séminaire sur « le changement » est organisé l'année suivante avec les membres du bureau et l'ensemble des directeurs. Puis, à l'occasion du cinquantième anniversaire de l'association, le bureau décide d'écrire une charte, engagement associatif qu'il assume en la présentant au vote de l'assemblée générale, sans la faire avaliser *a priori* par les salariés, mais en décidant de la présenter ensuite au débat. La même année, l'association crée la revue *Reliance*, qui s'adresse à tous les salariés, avec le souci de leur adresser un message de l'association presque chaque mois, et de prendre l'initiative d'un dialogue renforcé, là où n'existait, comme document écrit diffusé à tous les salariés, que le compte rendu du comité d'entreprise, et la lettre de vœu annuelle du directeur général.

Il ne faudrait pas caricaturer la situation en considérant l'association Rénovation comme une « belle endormie » qui se serait enfin réveillée. Elle ne dormait pas. Il s'agit d'épisodes. Dans le passé, l'association a toujours su faire preuve de réactivité quand un établissement se trouvait en difficulté ou une équipe en panne. Chaque fois le compromis se reconstitue ensuite dans un équilibre plus confortable, créant l'illusion chez les professionnels que le pouvoir de conception est entièrement chez eux et que l'association se contente d'une gestion bienveillante.

Mais il semble qu'il s'agisse cette fois d'une mutation plus profonde, comme si le compromis historique de la logique des trois acteurs avait atteint ses limites et devait être reconsidéré. Ce compromis était confortable.

Le projet lui-même ne peut se contenter d'afficher des valeurs, mais doit proposer des orientations, des actions à mener à partir d'une analyse des besoins des personnes accueillies dans ses établissements et services, ou qui auraient pu l'être. Les études et analyses produites par les établissements, à partir de ce qu'ils constatent dans le cadre de leurs missions ne suffisent plus à rendre compte de toute la réalité des besoins, et de toutes les orientations des politiques publiques. Un tel projet, à visée plus stratégique, actuellement en cours d'élaboration, implique la participation des salariés dans sa conception même et peut prévenir les crises liées à des changements qui auraient pu être anticipés. Mais surtout, il doit lier en permanence les missions, valeurs et vision de l'association avec son analyse du contexte actuel et le développement ou les réorientations de ses activités, faute de quoi les logiques des salariés et des administrateurs se séparent à nouveau, les uns dans la technicité, les autres dans la gestion ou la réflexion sur les valeurs, aucun dans l'anticipation, jusqu'à la prochaine crise. Quels sont les dispositifs à mettre en place pour que ce lien soit un processus permanent à la mesure des évolutions rapides de notre environnement : évaluation et actualisation périodique des projets de services et du projet stratégique, démarche d'amélioration continue de la qualité, etc. ?

Les pouvoirs publics : le soutien à l'innovation

Les pouvoirs publics, constatant que le nouveau projet vient réaliser des objectifs prioritaires du schéma départemental, apportent leur soutien. Les doutes sur la capacité de l'association à relever le défi du changement, et à innover pour répondre aux besoins de nouvelles pathologies, s'estompent. Cette confiance se manifeste par des financements complémentaires et le soutien pour la reprise d'un service en difficulté sur le département. La loi 2005-102 est venue ensuite confirmer les intuitions qui avaient fondé ce projet et l'image de modernité de l'association.

Quelques réflexions sur la gouvernance et le changement

Ce texte n'a d'autre prétention que de témoigner d'une expérience et de tenter quelques généralisations, laissant à des théoriciens plus avertis le soin d'en tirer des concepts plus élaborés.

Tout d'abord, la bonne pratique de gouvernance est toujours relative à une organisation spécifique, avec sa culture, son histoire, son jeu d'acteurs. Dans ce cas, le directeur général ne s'est pas positionné sur le terrain de la compétence clinique, déjà largement revendiquée par d'autres. En s'identifiant trop au projet, il aurait fait entrer en lice un nouveau joueur sans changer l'équilibre. En proposant un intervenant extérieur, qui a d'ailleurs essuyé des attaques sur sa compétence, mais s'est retiré après sa prestation, il a permis aux acteurs en place de s'approprier les nouveaux concepts de territoire et de réseau. Dans un autre type de configuration associative, la bonne stratégie aurait pu être de s'emparer du projet, au nom par exemple des administrateurs usagers, de l'identifier fortement, et d'en être le porteur.

Pour provoquer le changement, dans ce cas, il s'agissait plus de faire le vide, de déjouer, de réguler, que de proposer un projet tout fait qui aurait servi de cible plus que d'élément fédérateur. C'est la raison de la citation de Lao Tseu, placée en exergue de cet article. Cela supposait de s'adresser à chaque acteur pour le rapprocher des autres : se faire l'écho appuyé de l'inquiétude des pouvoirs publics face à l'éventuel déni des salariés sur leurs difficultés, déni partagé par des administrateurs soucieux de ne pas allumer de conflits ; des administrateurs auprès des salariés persuadés que le projet ne peut venir que d'eux ; présenter aux administrateurs les difficultés des salariés, mais aussi en faire une analyse critique pour amender le projet sans le laisser se diluer dans les intérêts corporatistes ou privés, etc.

Cette façon de réguler suppose d'avoir identifié les axes forts du projet, mais de ne pas en faire un objet personnel, de le proposer plutôt comme un cadre collectif, un territoire commun où viennent se croiser les préoccupations de chaque acteur, jusqu'au compromis final. Cela suppose l'organisation de nombreuses rencontres : administrateurs/salariés, pouvoirs publics/salariés, pouvoirs publics/administrateurs. Celles-ci se sont renouvelées plusieurs fois, pour l'analyse des prototypes successifs.

On peut considérer que cette régulation s'exerce sur trois axes : éthique, politique et technique, le rôle du dirigeant étant souvent de rappeler l'axe ou les axes oubliés, créant une situation de contrepoint permanent à la démarche des groupes en présence. Lorsque des salariés justifient leur désir de ne pas « faire trop de soirées » par de faux arguments techniques tels que « la multiplicité des intervenants leur permet de varier leurs identifications », il est bon de leur rappeler que les enfants ont le droit de ne pas assister en internat à une valse d'éducateurs de passage. Lorsque les pouvoirs publics demandent si la cuisine ne serait pas plus économique si elle était livrée sur un petit internat de sept, il est possible de rappeler que nous souhaitons leur faire vivre quelque chose qui ressemble à ce que pourrait être une vie familiale normale. Lorsque les salariés demandent pourquoi l'association redéploie plusieurs services sur des zones géographiques nouvelles en leur imposant un lieu de travail plus éloigné de leur domicile, il est possible de rappeler que nous avons à participer à une meilleure répartition des services sur le département, dans l'esprit du schéma départemental et des nouvelles lois sur le handicap. Ces rappels sont plus pertinents, et mieux écoutés encore, lorsqu'ils sont faits par un autre groupe d'acteur, en organisant des rencontres entre eux.

Cela suppose de se représenter chaque acteur, non pas enfermé dans son rôle, mais ouvert sur l'autre. Une conception du management réduite à la gestion logistique et à l'organisation, n'aboutit qu'à un univers froid et répétitif. Une conception du management réduite à la gestion des enjeux de pouvoirs, n'aboutit qu'à un univers de conflit permanent, où chacun campe sur les positions acquises. Un management attentif à la gestion et à l'animation du débat, à la recherche d'une culture commune, aboutit plus facilement à des compromis innovants à long terme. Dans une telle animation, les pouvoirs publics sont accueillis dans leur capacité de comprendre des préoccupations éthiques et techniques et de leur trouver une traduction administrative. Les salariés sont reconnus dans leur dimension militante, leur souci de donner du sens à leur action, et non pas réduits à des agents calculant leur intérêt. Les administrateurs retrouvent aussi leur dimension militante, leur capacité à fédérer autour d'un projet et d'une éthique, là où la dimension gestionnaire a parfois envahi les séances statutaires.

Nous avons pu voir, je l'espère, comment une association et ses différents acteurs traversent un changement nécessaire en élaborant des réponses innovantes qui dépassent l'intérêt d'un seul groupe d'acteurs ou le compromis confortable entre les acteurs dominants. Et nous avons pu constater que le consensus ne suffit pas. Le changement crée des ruptures, des interpellations réciproques, du conflit, du débat.

Si le terme de « gouvernance associative », au-delà des effets de mode et des ambivalences du concept, peut ici trouver un sens, ce serait dans le projet de garantir que ce débat ait lieu entre toutes les parties prenantes de l'action et dans des conditions qui en garantissent l'équilibre.

Si ce débat doit avoir lieu, ce n'est pas pour satisfaire une forme d'angélisme politique, ou pour nourrir un mythe participatif, mais bien parce qu'il est le meilleur garant qu'une réponse à un problème social, soit la plus adaptée et la plus durable, justement parce qu'elle s'est constituée à la croisée des motivations et des compétences de chacun. Les exemples de réponses mal adaptées parce que conçues par un seul groupe d'acteurs sont nombreux : institutions conçues et défendues pour développer une seule technique ou idéologie professionnelle, équipements obtenus par des groupes d'usagers au nom de leurs besoins et de leurs souffrances mais sans réflexion technique, dispositifs mis en place aveuglément à partir d'une circulaire sans tenir compte des réalités locales, etc.

Si les organisations associatives restent pertinentes au moment où certains annoncent leur déclin ou leur dérive gestionnaire, c'est probablement à la condition de garantir ce débat équilibré entre toutes les parties prenantes au cœur des questions sociales.

C'est pourquoi je me permets de conclure avec René Char :

« La sagesse n'est pas de s'agglomérer, mais, dans la création et dans la nature communes, de trouver notre nombre, notre réciprocité, nos différences, notre passage, notre vérité, et ce peu de désespoir qui en est l'aiguillon et le mouvant brouillard. »

8

L'engagement citoyen dans une action dirigeante

Michel Jezequel*

L'analyse que nous allons ici développer se veut une réflexion distancée sur une fonction de directeur général dans une association d'action sociale, basée en Bretagne, de septembre 2002 à septembre 2006. Après avoir décrit le contexte et présenté notre conception de la dynamique associative, nous rendrons compte de nos premières impressions dans cette association et des raisons qui nous ont conduit à solliciter un diagnostic sociologique du fonctionnement.

Les résultats de cette étude mettront nos idéaux et notre projet de dirigeance à l'épreuve de la régulation effective de l'association. Elle est affectée comme d'autres par un processus d'isomorphisme institutionnel, mais nous ne le considérons pas pour autant comme irrémédiable. Nous reviendrons dans la deuxième et le troisième partie de ce texte sur les actions que nous avons menées au niveau de l'association, enfin nous dégagerons les enjeux et quelques pistes nécessaires à une transformation institutionnelle des associations gestionnaires.

Notre réflexion, comme l'analyse de cette expérience dirigeante, ne se limite cependant pas à l'espace politique du fait associatif.

* Directeur général d'association.

Dans le cas présent, la fragilité de la dynamique associative se double d'une crise organisationnelle et professionnelle.

Un idéal associatif à mettre en œuvre

Cette association se compose d'un Centre d'hébergement et de réadaptation sociale (CHRS) destiné à l'accueil de femmes avec enfants. Il inclut un Service d'écoute et d'accompagnement (SEA) portant un numéro départemental d'appel pour les femmes victimes de violences, ainsi qu'un service destiné à l'accompagnement de l'autre conjoint (D). Enfin, l'association gère aussi un centre maternel, une crèche ainsi qu'un Service d'insertion professionnel (SIP).

Le projet que nous portions pour cette association était né de nos analyses et expériences précédentes. Dans le secteur social et médico-social, nous sommes souvent en présence d'imposantes associations, fortement marquées par leur dimension « gestionnaire », imposée par la taille de leur structure, leur nombre conséquent de professionnels, la lourdeur de leur patrimoine et une dynamique associative relativement faible. Pour autant, la capacité entrepreneuriale de ces organisations est fort séduisante, ainsi que leur capacité à produire du projet d'intervention en s'appuyant sur leurs expertises.

Nous exprimions le souhait de promouvoir et expérimenter des modalités d'organisations radicalement différentes de celles que nous avions pu connaître dans les importantes associations précitées, en nous appuyant cependant sur des éléments de recherche, de formulation, de conceptualisation, travaillés en amont.

Nous arrivions avec la volonté de développer un autre rapport à l'usager, à partir d'une mobilisation de cette personne dans sa dimension citoyenne, comme porteur d'une expérience à confronter au point de vue expert des professionnels que nous sommes, mais aussi comme relais citoyen sur un territoire pour y enrichir, développer, interroger le projet de l'association qui agit pour elle. Il s'agissait là de développer un élément, selon nous incontournable de l'organisation associative. En effet, le développement du fait associatif ne peut se faire à notre sens que, d'une part, sur la base d'un ancrage local, sur un territoire donné, lieu de vie d'une population pour laquelle nous travaillons, et, d'autre part, en prenant en compte le développement de ce territoire (l'inclusion sociale d'une personne est autant la question de l'adaptation du territoire à cette personne que l'inverse).

Pour résumer, nous ne concevions notre engagement en qualité de dirigeant d'association d'action sociale, que dans une approche plurielle mêlant les registres de l'économie (dont l'économie solidaire), du social et du politique (au sens vie de la cité). Cette pluralité de registres d'action que la forme associative est à même d'accueillir mais qu'elle doit articuler dans un projet, suppose, comme nous le verrons, de repenser les formes actuelles de la participation à la décision dans les associations du secteur. Mais au-delà des enjeux d'organisation et de démocratie interne, c'est la question de l'encastrement de l'association d'action sociale dans son territoire qui nous semble aujourd'hui tout aussi décisive. En ce sens, les associations doivent rappeler leur capacité à être acteur de développement local et à ne pas hésiter à s'inscrire dans une perspective d'entrepreneuriat social en mobilisant conjointement leurs ressources professionnelles et bénévoles.

Les signes d'un malaise

Le conseil d'administration de l'association présentera celle-ci d'emblée comme engagée dans un processus de modernisation technique (informatisation, etc.) qu'il convient de poursuivre et précise que les grandes lignes directrices sont déjà tracées. Les nouveaux axes de dirigeance ne visent donc pas à conduire un quelconque changement dans la sphère professionnelle – cette dimension du travail avait été confiée au précédent directeur général – mais à poursuivre dans la ligne tracée et à faire fonctionner l'existant. D'ailleurs le départ du précédent directeur général sera présenté comme relevant de son choix, après trois ans au sein de l'association alors que, nous le verrons plus loin, la situation était plus complexe. Le conseil d'administration nous fait savoir qu'il n'y a pas de souci majeur dans l'organisation, que le savoir-faire de nombreux professionnels est un atout, pour certains, générateur de demandes inconsidérées qu'il convient de canaliser.

Pour le conseil d'administration, la place est nette pour une concentration du travail sur la dynamisation de l'espace associatif.

Nos premières investigations seront déterminantes. Nous ne parvenons notamment pas à avoir une vision claire de l'usager (ou des usagers). Nous prenons alors le temps de rencontrer chacun des salariés pour faire connaissance et commencer à découvrir que ce qui nous était présenté comme un long fleuve tranquille (nous avions eu la lucidité d'en douter), se révèle, en fait, être une organisation beaucoup moins stabilisée que nous ne le pensions. Nous apprenons ainsi que le directeur précédent n'a pas réellement fait le choix de partir mais y a été contraint par de fortes tensions avec l'ensemble des salariés. Progressivement, nous découvrons que les rapports sociaux entre les acteurs sont très tendus. Très vite, nous nous en ouvrirons au conseil d'administration qui ne nie pas l'existence d'un malaise mais l'explique de la même manière que les cadres hiérarchiques, en remettant en cause le comportement et le professionnalisme de salariés. Le problème résiderait dans le fait que certains salariés seraient démotivés, irréalistes dans leurs attentes et leurs demandes. Pour autant, ce que nous expriment à l'époque quelques salariés nous laisse penser que la situation d'ensemble est bien plus complexe, et que ces tensions sociales ne relèvent pas seulement de tel ou tel groupe d'acteurs. Certaines réactions de cadres nous semblent inappropriées, comme par exemple des décisions relatives aux signalements d'enfants en danger, ou encore à l'accès aux logements des usagers, qui ne respectent pas les obligations réglementaires. À un autre niveau, le manque d'espaces et de méthodes de travail communs, et la volonté de changement exprimée par les professionnels, ne nous semble pas correspondre à la réalité décrite par les cadres ; ce qui nous interroge.

Enfin, nous constatons une rupture totale, et pour nous incompréhensible et contre-productive, avec l'histoire de l'association, qui semble relever d'un tabou. La plupart des traces écrites du passé ont disparu, brûlées, le premier directeur n'a plus le droit d'apparaître au sein de l'association, des salariés ont été sanctionnés pour avoir échangé avec lui, etc.

Nous prenons conscience que nous sommes face à une organisation où la coopération horizontale et verticale n'est guère opérante, sans pour autant déceler la nature exacte des dysfonctionnements.

Quel sens dégager de ces éléments épars, qui attestent de problèmes de communication entre les différents groupes d'acteurs de l'association, mais dont aucun n'était réellement en mesure d'expliquer les tenants et les aboutissants ? Que comprendre de ces contradictions et de ces représentations différentes à propos d'un changement attendu par les uns, moins par les autres ?

Eu égard à nos responsabilités de dirigeant et notre conception de la dynamique associative, il nous est rapidement apparu important de pouvoir cerner l'état de la dynamique associative et professionnelle de l'association. Profitant de notre arrivée récente, de notre absence d'*a priori* et de notre souhait d'associer les différents acteurs à une démarche commune, nous sollicitons l'aide d'un laboratoire en sociologie des organisations, pour réaliser un diagnostic sociologique de l'association. Familiarisé à leurs grilles théoriques[1] et à leurs méthodes d'interventions[2] fondées sur la

1. Ce diagnostic a pris en compte cinq dimensions : l'analyse de l'histoire de cette organisation, l'analyse de l'environnement, l'analyse socioprofessionnelle et organisationnelle, l'analyse des relations de pouvoir, des identités et de la culture des services.
2. L'intervention a été réalisée entre janvier et juin 2003. Elle s'est construite à partir d'entretiens individuels avec des acteurs du présent, mais aussi des acteurs du passé ayant quitté l'organisation, à partir de séances de travail collectif, par services, en inter-services, à partir de séances de travail confrontant les services entre eux, à partir d'entretiens avec des acteurs extérieurs à l'organisation.

participation des acteurs, l'étude sera lancée dès le début 2003[3]. Nous en retraçons ici les principaux résultats.

La trajectoire institutionnelle

L'association est née en 1969, à l'initiative d'intellectuelles bretonnes, féministes, qui souhaitaient accompagner et aider les femmes souhaitant divorcer, ou ayant déjà divorcé. En 1975, la commune d'implantation et les services de l'État dans le département font savoir qu'ils souhaitent développer un établissement d'accueil et d'hébergement sur la ville. Ils interpellent alors l'association. La présidente de l'époque formulera un projet d'accueil de femmes, porté par les valeurs féministes de l'association. Parallèlement, un jeune directeur, fraîchement diplômé de l'École nationale de la santé publique, sera sollicité et proposera lui aussi un projet d'accueil élargi à la famille (femmes avec enfants).

Le recrutement, aussi surprenant que cela puisse paraître, sera fait par une commission regroupant, communes, services de l'État et représentants de l'association, qui retiendra le projet d'accueil de femmes avec enfants et à la direction de cet établissement son initiateur. Ce choix marque une rupture importante dans la trajectoire de l'association. Les militantes de la première heure se trouvent dépossédées de leur projet par cette ingérence des « acteurs publics » qui leur imposent un directeur porteur d'une autre conception du projet. Dans un premier temps, d'ailleurs, il existera une dissociation au sein de l'association entre, d'une part, la gestion de l'établissement (qui verra le jour en 1977), assurée par un conseil de gestion composé des mêmes acteurs que ceux qui ont procédé au recrutement du directeur, et d'autre part, le conseil d'administration de l'association et les actions « militantes » de ses

3. Nous obtiendrons pour ce faire, le soutien financier de la Direction régionale du travail, qui suivra de près la réalisation de ce diagnostic et ses suites et en saluera à plusieurs reprises la pertinence.

membres engagées de longue date dans le mouvement féministe. Les espaces socio-politiques et socio-techniques de l'association sont cloisonnés entre eux, voire en opposition.

Cette situation ne perdurera pas longtemps, car l'association et ses militantes vont progressivement voir leur base sociale s'effriter et leur identité se dissoudre. L'association modifie son nom pour mieux marquer le changement du registre d'action et de projet. La logique publique, plus gestionnaire, soutenue par les premiers professionnels se substitue ainsi à la logique de mouvement initial.

L'association connaîtra alors, durant vingt ans, un fort développement de ses activités et services. Ainsi, le Centre d'hébergement développera des spécificités en matière d'accueil des femmes victimes de violences, puis en direction de leurs conjoints. La dimension « insertion professionnelle » de ces femmes sera développée à travers un service particulier chargé de travailler à lever tous les freins à l'emploi. Une *nursery*, qui évoluera ensuite vers une crèche, sera en outre créée et la dimension de protection de l'enfance sera prise en compte avec la création d'un Centre maternel, etc.

Cette diversification des activités, parallèlement à un développement de la professionnalisation des acteurs, est à l'image du développement plus général de l'action sociale. Un mouvement de reconnaissance par les politiques publiques qui se traduit par un cadre législatif pour les activités et établissements, un champ professionnel en construction, à partir de la création des diplômes de travailleurs sociaux le développement des conventions collectives. C'est à une institutionnalisation du travail social à laquelle nous assistons. Celle-ci s'appuiera sur le secteur associatif, bousculant de fait les premiers militants, déplaçant le cœur de l'intervention sociale de « l'expérience » qui fondait sa légitimité, vers « l'expertise ».

De nombreuses associations, incluant celle dont il est ici question, vont suivre durant cette période un processus identique, perdant, chemin faisant, leur dimension plus « citoyenne ». Dit autrement, les régulations politiques des origines se délitent au profit de régulations professionnelles : « Nous ne sommes pas là pour faire des adhérents, nous sommes là pour rendre service à l'usager », pourrons-nous lire sur des écrits de l'association de l'époque. Cette colonisation professionnelle du cadre associatif va fonctionner à plein régime. Le directeur organise de nombreux espaces de travail entre salariés où se développent des compétences d'ajustements aux besoins des usagers, de création, d'innovation, de nouvelles réponses. Ces espaces de débat, d'échange, de construction du Social, développeront entre les acteurs un sentiment fort d'appartenance à une même « famille », une communauté riche d'un engagement réel, en temps, en propositions.

Cette construction d'une expertise fondée sur des dynamiques d'échanges et de partage d'expériences est en revanche réduite aux seuls professionnels. Les adhérents, représentants de la « société civile » ou les personnes bénéficiaires des services n'y sont pas ou peu associés. Cette faible association des parties prenantes à la définition et la mise en œuvre du projet est un des éléments d'explications des difficultés que l'association rencontrera en 2006, lorsqu'elle sera confrontée au changement devenu nécessaire entre autres par une évolution législative, et plus largement, sociétale.

La communauté professionnelle de l'association sera renforcée dans son dynamisme, par le formidable travail de partenariat, avec les politiques publiques notamment, mis en œuvre par le directeur de l'époque. Les moyens financiers du développement de l'action sociale étant présents, ce partenariat de qualité, associé aux efforts de conceptualisation des salariés contribuera à asseoir la bonne réputation de l'association et à conforter ainsi son développement.

L'action dirigeante réside, à l'époque, dans la coordination et la liaison entre deux espaces : le premier, espace de la communauté professionnelle que le directeur parvient à animer et soutenir dans la proximité pour la production de dispositifs d'intervention sociale, et le second, espace des politiques publiques auquel le dirigeant associatif doit « vendre » la production des professionnels. L'espace politique de l'association est vidé de toute substance, que ce soit en terme de projet comme de gestion de l'activité. Le diagnostic nous permettra également de mettre à jour le fait que la liaison entre les deux espaces passe directement par le directeur, qui est le seul lien entre le travailleur social de terrain et les représentants des politiques publiques. À aucun endroit les cadres intermédiaires ne sont sollicités dans cette dynamique des projets. Leur rôle se situe dans un relais du directeur sur la fonction organisationnelle au sein des services.

L'insertion ou le retour du politique

Durant cette période, que le sociologue nommera le « monde social communautaire », pour désigner cet entre-soi professionnel sous la férule d'un leader charismatique, l'arrivée de nouveaux administrateurs et l'élection d'une nouvelle présidente, ayant par ailleurs des mandats d'élue sur le territoire, va se traduire par de nouvelles orientations. Ce renforcement du bénévolat dans le système de gouvernance de l'association montre en quoi le pouvoir professionnel dans les associations n'est jamais à l'abri d'un renouvellement ou de revirements de l'espace politique décisionnel, par définition ouvert à la « société civile » et ses acteurs. Dans le cas présent, les professionnels vont devoir composer avec la décision d'engager l'association sur le champ de l'insertion par l'économique.

En effet, durant les années 1980, la notion d'« insertion par l'activité économique » se développe en France et les acteurs bénévoles de l'association décident de la création d'un nouveau service « emploi ». Le développement de ce service se fera en opposition avec les points de vue de la communauté professionnelle et de son responsable charismatique, à tel point que ce dernier refusera dans un premier temps d'en assumer la responsabilité ou de recruter un chef de service, livrant le fonctionnement du service aux décisions des salariés. Le choix des administrateurs heurte non seulement le mode de régulation dominant centralisé autour du fondateur et *leader* de l'association mais bute aussi sur la culture professionnelle. En effet, l'introduction de nouveaux publics suppose une adaptation des pratiques, de nouveaux objectifs, un déplacement des représentations des besoins, le changement d'une adhésion fondée en valeur quant aux finalités et à l'utilité d'un tel service. Autant de conditions qui ne seront jamais réellement réunies. D'un accompagnement social centré sur la famille et fondé sur la protection des femmes victimes de violences conjugales et sur la parentalité, la communauté professionnelle doit désormais s'ouvrir à la problématique économique du retour à l'emploi, et inventer de nouvelles pratiques. Mais l'innovation tournera court. Les travailleurs sociaux mobilisés pour développer ce service sont livrés à eux-mêmes faute de soutien et d'intérêt de la communauté professionnelle, qui accueille parfois avec violence ce qu'elle perçoit comme un dévoiement du projet. Les bénévoles tenteront bien de se substituer à la vacance managériale en pilotant directement ce service, mais le départ de la présidente appelée vers de plus hautes fonctions et la résistance du directeur ne permettront pas au service de connaître un véritable essor. L'intégration du Service d'insertion professionnelle se fera malgré tout progressivement à partir d'un compromis tacite : le transfert du cœur de la pratique professionnelle dominante vers les autres services : l'accompagnement social de l'usager, dans son parcours d'insertion professionnel. Ce service, sans responsable, condamné à inventer par lui-même des pratiques auxquelles il n'est pas formé, dans un contexte interne où les anciens pairs affichent leur défiance et un contexte externe où l'écart entre l'offre d'emploi et les compétences des usagers est parfois immense, va ainsi se développer autour d'une réinterprétation des mesures et dispositifs qui en financent le fonctionnement.

L'innovation possible est aspirée par la communauté professionnelle qui préserve ainsi son unité. Il ne s'agit plus tant du retour à l'emploi, mais de lever les freins pour y accéder. En clair, une conception du travail et de ses finalités qui met à distance le monde de l'entreprise pour un public « dont personne ne veut » et qui de fait, a d'abord besoin d'un accompagnement social et de soutien psychologique. Le risque de différenciation de la communauté professionnelle est pour un temps neutralisé, à l'instar du retour du politique dans le fonctionnement, qui ne parvient pas à imposer son projet.

Une tentative de modernisation entrepreneuriale

Puis vient l'heure de la retraite pour ce dirigeant « au four et au moulin », emportant avec lui un mode de régulation sociale dont il était le cœur et dont son successeur n'aura de cesse de se défaire. Ce dernier va en effet, tenter d'introduire des changements radicaux de 1997 à fin 2002. Ce second directeur de l'association est recruté pour ses qualités entrepreneuriales d'une part, et ses compétences spécifiques en insertion par l'activité économique d'autre part, que le conseil d'administration souhaite re-dynamiser. Il porte l'essentiel de son effort sur une tentative de hiérarchisation de l'organisation, en cherchant à positionner les cadres intermédiaires dans leurs fonctions de contrôle et d'animation et en formalisant les modes de coordination. Par ailleurs, il veille à restructurer et à développer le service « emploi » en recrutant des personnes qualifiées en matière d'insertion et de formation professionnelle, dont la chef de service, afin de renouer au plus près de la mission initiale : l'accès à l'emploi des usagers. Il s'attaque donc à tout ce qui a été initialement rejeté dans l'histoire par les acteurs salariés de l'association.

Dans sa logique entrepreneuriale, le second directeur a cherché à s'appuyer sur deux types d'acteurs : les membres du conseil d'administration et les cadres intermédiaires qu'il a constitués en équipe de direction afin d'instaurer une régulation hiérarchique plus conforme à sa représentation de l'organisation. Les premiers, depuis le développement de la communauté professionnelle, durant la seconde période de l'association, avaient perdu tout pouvoir de régulation et n'étaient plus en capacité de faire projet. Le projet de l'association n'était plus le leur, mais celui conjoint des professionnels et des politiques publiques. Les cadres cantonnés, jusque-là, dans un registre fonctionnel, n'étaient pas perçus comme des acteurs légitimes à porter, défendre, amender des projets, pas plus qu'à animer des équipes privilégiant l'autorégulation de leurs fonctionnements. Dans le même temps, pour augmenter le pouvoir des cadres, le directeur va tenter d'affaiblir le pouvoir des salariés réduisant de manière importante les espaces de régulation professionnels.

Les lieux comme les acteurs pour penser et construire le projet se réduisent comme peau de chagrin. Le système social se clive progressivement. La résistance au projet de changement s'organise, alors même que de nombreux acteurs, et en particulier les professionnels, exprimeront lors du diagnostic qu'ils percevaient la nécessité d'introduire des changements pour adapter l'association à son environnement. Dans ce monde social dual, l'organisation perd progressivement de sa cohérence du fait de l'impossible régulation entre le sommet stratégique de l'association et sa base professionnelle. Cette dernière est, elle-même, traversée par des forces centrifuges qui ne sont plus canalisées par un acteur et un projet, les services s'autonomisent les uns des autres. Des stratégies de repli, dans l'équipe lorsqu'il existe une dynamique collective, ou sur la pratique individuelle, se déploient. L'unicité héritée des pratiques et des visées se dérobe au fil du temps pour aboutir à autant de référentiels professionnels que de services, voire d'individus. Chaque service s'est ainsi adapté à sa manière à la crise institutionnelle et s'invente son propre mode de régulation, de l'autogestion en passant par le pilotage de *leader* informel jusqu'au désordre. Faute de scène collective, de figures légitimes de l'autorité et de projet d'avenir partagé, la crise s'installe entre le sommet de l'association et les salariés avec son lot de rumeurs et de malentendus. Cette tentative de transfert d'un modèle d'organisation plus entrepreneuriale est rejetée, la reproduction l'emporte à nouveau sur le changement. Les tensions sociales, qui finissent par aboutir au départ du directeur, loin de souder les salariés, ont paradoxalement renforcé le processus de différenciation de la communauté professionnelle. Cet échec plonge l'association dans une crise larvée, où la défiance se mêle à l'évitement et où de toute évidence le deuil du passé communautaire et les leçons du rejet du projet de modernisation n'ont pas été tirés par l'institution et ses acteurs.

Une crise profonde : un système dérégulé

Malgré un attachement partagé à une certaine culture et posture des métiers du travail social, le système social et ses acteurs ont perdu, au fil de l'histoire, leurs repères communs. L'importance de la dimension relationnelle dans le cœur originel du métier est traversée par une tension entre d'un côté, une volonté de contrôle/protection de l'usager, et de l'autre d'autonomisation/émancipation de ce dernier. Les cloisonnements horizontaux et verticaux, la désertion des scènes collectives, faute d'acteurs, a privé l'organisation et l'association de sa capacité d'autorégulation et ce faisant, de sa dynamique historique d'apprentissages professionnels et de projets. Certes, certains services tentaient de maintenir à leurs niveaux cette dynamique d'échange, mais d'autres se laissaient traverser par l'individualisation et la routinisation des modes de prises en charge. De ce conflit, il n'en ressort ni vainqueur, ni vaincu, juste un système social atone où l'évitement est préféré à la confrontation, où la défiance combat l'indifférence.

L'analyse sociologique de la trajectoire institutionnelle de l'association éclaire à rebours les sentiments que nous ressentions à notre arrivée.

L'un des principaux problèmes auquel nous avons été directement confrontés est l'absence de référence à la notion d'établissement ou plutôt à l'existence d'une kyrielle de conceptions. Chaque service se vivait comme un établissement en soi, avec ses règles, ses us et coutumes, son mode de fonctionnement, « ses » usagers et « ses » pratiques. Le problème étant que les droits et obligations liés aux fonctionnements de ceux-ci étaient méconnus ou ignorés. À travers les échanges que nous avions avec les salariés sur leurs pratiques, nous avons pu repérer par exemple de fortes difficultés à répondre à la question : « Qui est usager de quel établissement ? », « Quand commence et quand se termine l'accompagnement ? » et corrélativement ; « Dans quel espace s'exerce les droits de l'usager ? », traits notamment rappelés par la loi du 2 janvier 2002. La dynamique sociale générée par la participation des groupes à la reconstruction de l'histoire va constituer un point d'appui à notre stratégie de changement qui va consister à engager les groupes dans un travail d'auto-diagnostic de leurs fonctionnements, puis à produire les outils nécessaires à la mise en conformité des services aux cadres réglementaires.

La conduite du changement

Nous héritons ainsi d'une organisation où les nombreux acteurs ou groupes d'acteurs se pensaient comme « institution à eux seuls », sans régulation, ni politique (elle s'était perdue dans la seconde période institutionnelle), ni professionnelle (elle s'est égarée dans cette troisième période associative). Pour résumer, d'initiative citoyenne, cette association par un « entrisme » des politiques publiques va se développer sur un modèle professionnel communautaire. Le départ de son *leader* et la rationalisation entrepreneuriale qui s'ensuit provoquent une résistance culturelle de gens de métiers qui se sentent menacés dans leur autonomie et leur pratique. Dans ce paysage en crise, l'engagement auprès des usagers, le souci de leur bien-être, apparaît cependant comme un dénominateur commun en dépit des variations de postures. Pour autant, l'association n'est pas « une » mais un agrégat de sous-systèmes structurés par des intérêts et des valeurs qui leur sont propres ce qui a contribué à dé-formaliser l'association, jusqu'à parfois ignorer le cadre réglementaire qui régit son action. Aussi, il nous est apparu opportun de mettre en rapport l'existant au regard des attentes de la loi 2002-02, qui est une manière de réintroduire la règle dans le fonctionnement informel, et de, progressivement, remettre l'organisation dans un cadre partagé par tous. Pour bien des raisons donc, cette loi nous est apparue comme un objectif concret et légitime à poursuivre, une fois la dynamique sociale participative et réflexive enclenchée.

Nous décidions donc la mise en œuvre d'une conduite du changement que nous avons décliné de la manière suivante en concertation avec l'ensemble des parties prenantes. Trois étapes, d'une durée d'environ quatre mois chacune, ont scandé l'accompagnement au changement :

- La première a consisté à prolonger la restitution du diagnostic dans des groupes de travail restreints afin d'en favoriser l'appropriation par les acteurs en vue d'une lecture partagée par l'ensemble des personnes de la situation et enfin, d'accéder à une résolution des principaux dysfonctionnements.
- La seconde a consisté à nous saisir de la loi 2002-02 qui offre un cadre et des outils qui pouvaient favoriser la mise en œuvre d'un nouveau cadre institutionnel mis à l'épreuve par l'histoire mouvementée de l'association. La phase d'approfondissement du diagnostic dans les groupes a donc été suivie par une commande, faite à chaque service, de mise en œuvre de la loi 2002-02.
- Dans une troisième étape, sur la base des différents projets de services ou d'établissements que les groupes avaient produits en articulant leurs pratiques au cadre réglementaire, nous avons proposé une nouvelle organisation et division du travail entre services. Le travail de formalisation de l'organisation, de traduction des principes de coordination entre services, de réflexion sur la

place de l'usager nous apparaissaient comme des objectifs prioritaires.

L'appropriation du diagnostic

La réalisation de ce diagnostic a suscité beaucoup d'échanges, d'engagement individuel et collectif des acteurs dans l'analyse. Engagement qui témoigne de la réelle volonté de la majorité des individus de trouver les voies d'une sortie de crise. Pour la plupart des professionnels, la situation vécue est intolérable, chacun étant conscient des risques pris du fait de ce manque de régulation collective, de leur difficulté à proposer un travail qui corresponde au niveau de qualité que chacun individuellement souhaitait pouvoir développer.

Pour les administrateurs bénévoles, le diagnostic aura eu un effet révélateur. Ils étaient tellement à distance de cette réalité associative qu'ils n'avaient que peu conscience de la situation. La position des cadres intermédiaires est, pour la grande majorité d'entre eux, intenable. Ils sont démunis face à l'autonomie professionnelle, avec un outillage (formation) insuffisant.

Nous choisirons de poursuivre avec le même laboratoire de sociologie cette seconde phase de travail. Nous quittons donc la démarche, au sens strict de diagnostic sociologique, pour entrer dans une phase d'intervention sociologique. Les sociologues, dans cette phase, assureront un rôle de régulation, de coordination, d'explicitation, d'accompagnement, en appui au directeur général, dans un contexte, rappelons-le, où l'équipe de direction est encore en phase de construction, et la place des cadres en situation de fragilité dans leurs équipes. Le diagnostic sera ainsi repris équipe par équipe pour en faire une lecture critique, afin que chaque acteur, professionnel et administrateur, s'approprie la connaissance de l'organisation dans laquelle il travaille, puisse s'exprimer sur la manière dont il projette l'organisation et sa propre place au sein de celle-ci. Ce diagnostic sera de fait amendé et corrigé. Si nous pouvons dire aujourd'hui que le diagnostic n'a jamais été contesté et qu'il est encore largement pertinent, la phase d'intervention sociologique aura néanmoins permis de mettre un accent plus pointu sur les difficultés que les dirigeants de l'organisation allaient rencontrer pour conduire le changement. Dit autrement, les analyses stratégiques et identitaires du diagnostic, se sont trouvées enrichies par cette seconde phase du travail, le changement à l'œuvre plaçant les acteurs en situation de « se révéler ». La dimension « dynamique » et « constructiviste » de cette seconde phase est venue enrichir une approche plus « statique » du diagnostic.

Le diagnostic sociologique, de sa construction à la restitution, jusqu'à cette dernière phase d'approfondissement, a conduit chaque groupe à s'interroger sur ses pratiques, son mode de fonctionnement social, son projet, sa place dans l'association. Il serait trop long de raconter ici service par service les effets sociaux de cette intervention sociologique sur la dynamique sociale de chaque groupe. Les ressources sociales propres à chacun de ces mondes sociaux, dans leur capacité à interroger collectivement leurs pratiques et organisations, à les formaliser, et enfin à en préciser le sens (ou parfois à créer un projet), étaient variables. Cependant, le diagnostic a conduit l'ensemble des acteurs à déplacer leurs représentations, en leur permettant d'accéder à une autre compréhension de leur histoire et des raisons de la crise, du rôle qu'ils ont joué, et des enjeux auxquels ils étaient confrontés. Le travail d'approfondissement centré sur l'analyse de leurs pratiques individuelles et sur le sens collectif qu'ils pouvaient dégager a ensuite été l'occasion de réintroduire des dynamiques de débats internes, parfois depuis trop longtemps abandonnées. Ces allers-retours intenses entre l'auto-analyse de l'existant et la production d'outils de la loi 2002-02, de réflexions sur les projets individuels ont permis de nombreux ajustements internes mais aussi et surtout de projeter enfin le système social dans l'avenir. De la crèche au SIP, du service D. au centre maternel, des débats, des mises au point ont ainsi permis d'enclencher une réflexion professionnelle et institutionnelle dont la traduction la plus concrète est la mise en œuvre de la loi 2002-02 et la reconfiguration de l'organisation de l'association.

La mise en œuvre d'un nouveau cadre institutionnel

Le travail de formalisation et de re-définition des responsabilités et modes de coordinations entre les services, à l'examen des textes réglementaires notamment, a été l'occasion de découvrir et corriger des dysfonctionnements. Après ces nombreux mois de travail intense, fait d'allers-retours entre les services et la direction, voici les principaux résultats auxquels nous sommes parvenus. Nous distinguons ici les actions menées au niveau de l'organisation et de la division du travail entre salariés, de celles menées avec le conseil d'administration.

Nous avons pu, à partir des différents groupes de travail, repérer différents dysfonctionnements liés notamment à la structuration même de l'organisation, et à ses liens avec les usagers et avec les partenaires locaux. Les actions conduites, détaillées ci-dessous, visaient à, d'une part, donner du sens commun à l'ensemble de l'organisation, et d'autre part, à se conformer aux obligations de toute organisation recevant délégation de mise en œuvre de politiques publiques, notamment par la création des outils de la loi 2002-02 :

- La distinction entre association et établissements.

Cette non-distinction conduisait notamment à une forme de négation de l'espace public associatif. L'association était réduite à la dimension d'un seul établissement. Cette non-distinction pouvait trouver sa concrétisation dans une organisation financière considérant l'association comme un seul établissement ayant différents services. Ainsi, n'apparaissait aucune réalité économique liée au fonctionnement de la vie associative elle-même, dissociée du fonctionnement des établissements.

Il ne s'agit pas dans notre propos de considérer que le fonctionnement des établissements serait distinct et extérieur au fonctionnement de l'association, notre conception est bien celle selon laquelle l'établissement est une forme d'application du projet de l'association. En revanche, l'association peut avoir des activités qui ne relèvent pas du cadre des établissements, c'est notamment *a minima* le cas du fonctionnement des instances, assemblées générales, conseils d'administration, qui revêtent une réalité concrète, économique, dont la valorisation nous semble majeure.

• La redéfinition des établissements et de leurs contours, des services qui en dépendent.

L'association avait perdu de vue par exemple, que certains services dépendaient de l'établissement CHRS. Elle considérait opérationnellement ces services comme des établissements à part entière, et niait donc que les usagers fréquentant ces services étaient des usagers de l'établissement CHRS avec les droits et devoirs qui y sont attachés, et réglementés, que les financements et obligations en la matière étaient ceux du CHRS. La crèche était dans son organisation et son fonctionnement un service du CHRS, alors même qu'il s'agit d'un établissement autonome (une famille payait sa facture crèche sur la facture du loyer CHRS, par exemple), de ce fait les devoirs de l'établissement crèche au regard des usagers étaient totalement bafoués. La crèche ne se percevait pas comme travaillant au service d'usagers, mais « un service au service des autres services », comme l'énonçaient ses salariées.

• Création dans chaque établissement d'une instance de coordination autour du projet de l'usager.

Un même usager pouvait être accompagné par plusieurs services d'un établissement, ou de l'association, sans que trop souvent les professionnels de l'établissement n'échangent entre eux. Le projet de l'usager n'était ni construit ni porté par l'établissement mais au mieux par un service, au pire par un seul professionnel. La création d'une instance dite de « coordination de projet » dans chaque établissement visait à réunir autour d'une même table l'ensemble des intervenants potentiels auprès d'un usager pour y arrêter les objectifs d'un projet à travailler avec cet usager.

• Création dans chaque établissement d'une commission d'admission :

La décision de commencer un travail avec une personne venant solliciter de l'aide auprès d'un service de l'association était prise par un travailleur social, celui qui entendait la demande. De même, la fin de prise en charge était totalement décidée par le travailleur social. Cette ressource que présente le rapport à l'usager était totalement maîtrisée par les travailleurs sociaux. De ce fait, l'association, dans ses obligations de rendre compte des personnes accueillies auprès des organismes de contrôle, était dans l'incapacité de le faire, et d'assumer sa responsabilité vis-à-vis de l'usager, ne repérant que très mal qui était usager d'un établissement. La responsabilité incombant à l'établissement ou à l'association vis-à-vis de l'usager était totalement renvoyée au travailleur social de terrain. Ce dernier pouvait être amené à engager la responsabilité de l'association, sans qu'aucun élément de contrôle ne fonctionne. Le salarié se trouvait non protégé dans l'exercice de ses responsabilités, l'association également, au regard des engagements pris par ce salarié ou des points de vue développés par lui au nom de l'association. Cet exemple montre comment le débat, la recherche d'un accord, était évité, comment le travailleur social pouvait être institution à lui tout seul, se mettant autant en danger qu'il ne mettait l'association en danger.

• Chaque établissement aura construit, par un travail participatif, par le biais de groupes de travail transversaux, les outils imposés par la loi du 2 janvier 2002 :

Chaque établissement a construit son « livret d'accueil », revisité ou construit son « contrat de séjour », revisité son « règlement de fonctionnement ». Les « conseils de la vie sociale » ont été construits, dans cette association qui avait été pionnière, à son origine, dans sa capacité à donner la parole aux usagers. Enfin, chaque établissement a rédigé son projet.

Le travail sur ces outils aura permis de venir interroger des pratiques et de les harmoniser, en veillant à ce que celles-ci respectent le cadre réglementaire qui s'impose à nous. À titre d'exemple, une personne pouvait être expulsée de son logement en plein hiver, un professionnel pouvait y entrer sans information au locataire, les appels téléphoniques, entrées et sorties, faisaient l'objet de tenue de registres, d'autorisations ou de refus trop arbitraires, laissés à la seule appréciation du référent.

Les travailleurs sociaux pouvaient être amenés à s'ingérer dans les décisions de parents. La proximité des établissements dans le même espace géographique a contribué à renforcer la confusion dans les missions des uns et des autres.

• Création d'un établissement spécifique centré sur la crise familiale à partir de deux des services du CHRS.

• Suppression d'activités ou de services qui ne prenaient pas sens dans l'intervention globale de l'association.

• Construction d'un établissement multi-accueil, à partir de la crèche existante, dans des locaux bien spécifiques et différenciés de l'hébergement CHRS et CM.

• Déplacement du Centre maternel dans des locaux qui lui soient propres distanciés du CHRS.

Ce seul rappel de règles extérieures à l'association venait, de fait, modifier les organisations de travail, les fonctions des uns et des autres, les rapports au travail, le rapport avec les usagers. Ces productions, grâce à la participation de tous, ont permis une clarification de l'espace socio-technique de l'association. En revanche, la visée de définition d'un nouveau cadre institutionnel ne pouvait être complète sans des actions sur l'espace socio-politique de celle-ci.

Parallèlement à la dynamique insufflée dans les groupes de travail au niveau professionnel, le conseil d'administration poursuivait la réflexion autour d'une analyse de son « bien commun » et des orientations stratégiques à arrêter. Parmi ses choix, notons :

• Le recentrage de l'association sur trois domaines d'intervention : les violences intra-familiales, l'Accueil hébergement insertion de personnes en difficultés, l'accompagnement à la parentalité.

• L'abandon d'autres domaines, comme la formation ou la médiation locative.

• L'affirmation de l'assemblée générale comme instance première et souveraine de l'association.

C'est elle qui doit débattre et fixer les orientations. Pour ce faire, il a été décidé de développer l'adhésion à l'association (ouverte aux usagers et professionnels), la tenue de trois assemblées générales annuelles, dont deux d'orientations et une statutaire.

• L'accueil des nouveaux usagers du trimestre (tous établissements confondus), par des administrateurs, afin de leur présenter l'association, son projet, son fonctionnement.

L'idée sous-tendant cette démarche résidait dans le fait que la personne, usager d'un service de l'association, pouvait prendre part à la vie de cette association. Pour ce faire, les adhérents de l'association s'obligeaient à un travail en sa direction.

Des orientations ont été ainsi établies pour cinq ans, et constituent en quelque sorte la feuille de route du directeur général dont les axes sont les suivants :

• Développement local et territorial, l'association recherchera ses adhérents sur ses territoires d'intervention, pour deux raisons principales : que ses points de vue, actions, irriguent le territoire de proximité, que l'association puisse prendre en compte les questions se posant dans la cité.

• Désignation d'administrateurs délégués auprès des établissements, création du journal de bord du directeur général à destination de tous les administrateurs. L'objectif est de construire de la collégialité du côté des administrateurs (à l'instar du collège de direction), de sortir d'un schéma organisationnel à deux têtes, président et directeur, construire les espaces de régulation, politiques et techniques, dans la mise en œuvre des orientations (leurs définitions relevant de l'assemblée générale).

• Recherche des financements autres que les financements liés aux établissements et services. Que l'association recherche les moyens financiers d'une vie associative plus autonome.

• Développement de la vie associative sur les quartiers d'implantation des services de l'association, en démarrant concrètement à partir de l'établissement crèche.

Les effets sociaux de la dynamique de changement

Le diagnostic aura provoqué une véritable impulsion dans les services ; un effet dévoilement, des échanges sur les pratiques, un miroir propice à la reconnaissance, la construction d'un projet, l'écrit utilisé comme médiation et ré-assurance, la concertation collective, une identification au service, et entre les services ; de la confrontation comme espace de reconnaissance, une modification des représentations sur les services, l'apprentissage de liens de coopération, des groupes de travail transverses.

Ce travail sur le diagnostic aura enfin permis l'émergence des cadres comme acteurs à part entière, via la constitution d'une équipe de direction, l'engagement dans une responsabilité de service. Un acteur désormais repéré, même si dans le même temps son émergence sera vécue comme une bureaucratisation du comité de direction, une centralisation des décisions, une rigidité du fonctionnement, provoquant un sentiment de déresponsabilisation par certains salariés.

La vie de l'association ne s'arrêtant pas durant ce travail, la reprise d'un établissement CHRS alors géré par une congrégation religieuse, est venue se placer dans le calendrier des acteurs au travail, mobilisant beaucoup de temps et d'énergie, au détriment peut-être d'une analyse plus distanciée de l'organisation, mais plaçant cette dernière dans une véritable interrogation, en actions, de son identité. Cette reprise d'établissement constituait malgré tout pour nous une véritable opportunité pour le travail qui était engagé, car il permettait d'une part, de placer les cadres hiérarchiques en situation de maîtriser des ressources que ne maîtrisaient pas les professionnels, d'autre part, elle permettait d'accueillir les nouveaux salariés et usagers dans une reconstruction identitaire au sein de laquelle ils pouvaient prendre toute leur place.

Cependant, ce que nous vivions comme une opportunité ne sera pas totalement partagée par les acteurs engagés. Aussi, au terme de cette démarche de changement, le sociologue parlera de « retour contrasté ». Les salariés font part d'une bouffée d'air, apprécient les effets de changements mais évoquent aussi un sentiment de lassitude, voire pour certains de régression du fait des rigidités introduites par les règles.

Le bilan est donc contrasté, certains services fonctionnent dorénavant en véritable « mode projet » alors que d'autres évoquent un mouvement de bureaucratisation. Est-ce dû au sentiment d'une trop forte production de règles et procédures, là où prévalaient des ajustements et arrangements informels ? Est-ce dû au sentiment d'une perte d'autonomie et à la centralité du travailleur social dans le système pré-existant ?

En revanche, la question du contre-pouvoir professionnel, comme celle des conditions de la professionnalisation, constituent le point aveugle de la démarche engagée. En 2006, les résistances professionnelles étaient encore vivaces même si plus dispersées. Sans doute qu'une politique de métier (mobilité, formation, gestion des carrières) aurait mérité d'être mieux définie et soutenue. Ici aussi, cet enjeu de la modernisation, ô combien stratégique du secteur, n'est pas propre à l'association et constitue une réflexion à mûrir et consolider.

Retour sur une expérience dirigeante et prospective

Inciter les établissements sociaux à faire association

Nous pouvons aujourd'hui considérer que le principal enjeu pour les associations d'action sociale réside dans leur capacité à se dégager des marges d'autonomie par rapport à leur forte dépendance aux pouvoirs publics.

En effet, à l'origine de beaucoup d'associations, des personnes se sont engagées pour développer un projet particulier, une autre conception du rapport à l'autre, une meilleure prise en compte de la personne handicapée, une nécessaire protection de l'enfance, ou encore une inclusion des personnes les plus fragilisées ou rejetées de notre organisation sociétale. Elles sont allées, ce faisant, au-delà de la défense de ces conceptions, jusqu'à les mettre en application, construisant ainsi de véritables entreprises associatives.

Ces organisations se sont fortement professionnalisées, remplaçant progressivement le bénévole par un salarié, inscrivant son action dans le champ des politiques publiques, ces dernières venant ainsi reconnaître la pertinence des projets issus du monde associatif.

Cependant, cette évolution vient aujourd'hui nous poser de nouvelles questions et nous obliger à repenser la question associative. Il s'est progressivement construit une rupture entre le citoyen et nos organisations d'action sociale. Ces dernières se sont développées sur le modèle de l'expertise professionnelle, privant la cité d'une possible mobilisation, d'un possible engagement sur les questions sociales. Ce faisant, cette évolution est venue desservir l'engagement des professionnels eux-mêmes, qui ne trouvent plus dans « la cité », la nécessaire reconnaissance et légitimité de leurs interventions.

Nous avons un important chantier pour ouvrir nos organisations à de nouvelles formes d'engagements, sous peine de voir se renforcer la cassure entre, d'une part, nos organisations qui seraient réduites à une dimension gestionnaire d'établissements et de services et, d'autre part, des associations mobilisant les citoyens sur de la réclamation, n'allant pas jusqu'à l'exercice de la responsabilité.

La « démocratie de rejet » remplacerait alors la « démocratie de projet » pour reprendre les propos de Rosanvallon.

Notre défi consiste à développer la dimension associative au-delà de ses établissements et services. Si les fondateurs de nos associations ont su hier développer des établissements et services à partir de leur engagement associatif, il nous appartient aujourd'hui de construire de l'engagement associatif à partir de nos établissements et services. C'est réellement une question nouvelle.

Investir l'espace sociopolitique comme levier du changement

Les nouvelles exigences réglementaires, et l'avènement de l'usager comme nouvel acteur de nos organisations, sont venus nous obliger à penser autrement l'espace socio-technique de nos organisations. Ce travail essentiel invite à penser le changement dans nos organisations, changement qui nous place dans la recherche d'une conformité avec les attendus des politiques publiques. Ce travail ne répond en rien, ou du moins pas directement, aux nécessaires changements qui doivent s'opérer pour que l'association se remette en capacité de faire projet et non pas simplement d'être en capacité de répondre aux « appels à projets ».

Ce travail porte sur un développement de l'espace sociopolitique. Celui-ci dans ma conception ne peut s'entendre comme limité aux instances formelles de l'association (assemblée générale, conseil d'administration, etc.) : bien plus qu'un espace matérialisé il représente un type de rapports entre les acteurs, relevant du registre plus civique que professionnel. Si nous le présentons ici comme levier du changement c'est parce que, dans cet espace, existe un fort potentiel de possibles, à la rencontre entre les différents acteurs, là où dans les établissements et services la rencontre avec le bénévole, avec le citoyen lambda. Elle est en effet devenue difficile car vécue comme une menace pour les professionnels salariés, une menace pour le professionnalisme. La rencontre avec l'usager, quant à elle, relève dans cet espace socio-technique de la seule relation d'aide, prévue par la loi de janvier 2002. Pourtant, l'hypothèse présentée ici mise sur le fait que les apprentissages sociaux réalisés, notamment dans l'espace socio-politique, auront un effet levier pour la construction d'autres modalités relationnelles dans l'espace socio-technique.

Cette approche considère que l'apport de l'association d'action sociale en direction de la personne que l'on nomme « usager » relève autant du registre civique (lien social) que d'un registre « métier » (intervention sociale).

Penser l'assemblée générale avant le conseil d'administration

Beaucoup d'associations pensent la construction de leur conseil d'administration, tandis que l'assemblée générale, qui réunit l'ensemble des adhérents, est réduite à une rencontre annuelle statutaire.

Or, l'assemblée générale est bien dans l'association cet espace public particulier qui doit nous permettre de mobiliser l'ensemble des parties prenantes, usagers, professionnels, citoyens lambda, afin de dégager les grandes orientations de l'association, pour faire projet, que les administrateurs seront chargés de mettre en place.

Cela suppose des rencontres régulières de l'assemblée générale, de l'organiser comme « agora », de penser et construire sa structuration, tout comme nous savons penser et organiser l'espace socio-technique.

Autoriser de nouvelles formes d'engagements

L'expression qui ressort alors très souvent lorsque nous évoquons la nécessité de travailler sur l'espace socio-politique, donc sur la mobilisation des adhérents, c'est celle du déficit d'engagement. Les citoyens ne seraient plus en capacité de se mobiliser pour l'intérêt général, obnubilés qu'ils seraient par la défense de leurs seuls intérêts particuliers.

Cette analyse nous semble erronée, sachant que le nombre de personnes engagées dans des associations n'a jamais été aussi important qu'aujourd'hui. Cependant les personnes ne s'engagent pas dans les organisations d'action sociale comme les nôtres, et il nous faut en penser le pourquoi. Une première réponse réside dans le fait que nous attendons de ces adhérents, d'une part, un engagement au long cours, et d'autre part, une mobilisation sur des fonctions d'administrateurs. Nous attendons qu'elles puissent assumer des fonctions de gestion qui apparaissent lourdes en responsabilités et parfois ingrates.

Ne pouvons-nous pas accepter des engagements de courte durée, un engagement sur de l'événementiel, par exemple. À partir de cet engagement premier, l'association conduira alors un travail de socialisation en direction de ce nouvel adhérent qui permettra à ce dernier une compréhension du projet, de son histoire. Ce travail lui permettra peut-être alors, éventuellement, d'y prendre des responsabilités par la suite.

Enfin, si l'assemblée générale réunit l'ensemble des parties prenantes, il est des acteurs qui sont d'emblée mobilisables ; les usagers et les salariés, les personnes les plus concernées par le projet.

Cet espace permet aux différents acteurs un engagement citoyen, nous n'avons plus là affaire au salarié, ou à l'usager mais au citoyen qui défend un point de vue sur un sujet. Cet espace permet la rencontre de l'expertise (point de vue du professionnel), de l'expérience (point de vue de l'usager) et de la *Polis* (point de vue de la cité exprimé par le citoyen lambda).

Il nous semble important de considérer que chaque partie prenante de l'organisation puisse être prise en compte comme « adhérent » du projet de l'association. Ce regard nouveau porté sur chaque acteur vient de fait modifier les modalités de travail au sein de l'organisation. Quant à la question des pouvoirs au sein de l'association (qui possède voix délibérative, nombre de voix par collèges, etc.), elle se pense de manière différenciée. Trop souvent cette idée d'ouvrir l'espace socio-politique aux usagers et/ou salariés se heurte au risque de prise de pouvoir. Cette question, importante, doit être pensée et réfléchie par une formalisation des statuts mais ne doit pas venir freiner l'ouverture de l'espace socio-politique à l'ensemble des parties prenantes.

Construire des espaces autonomes et non dépendants des politiques publiques

Nous l'avons exprimé plus haut, nos organisations d'action sociale ont majoritairement des activités qui trouvent leur seule expression dans l'application des politiques publiques, par la gestion d'établissements et de services sociaux et médico-sociaux.

La forte réglementation de ces derniers, la relative rigidité de leur fonctionnement, n'autorise que très peu d'initiatives, d'autonomie, le développement de réponses nouvelles. C'est donc en dehors de la gestion des établissements sociaux et médico-sociaux et à côté de ceux-ci que les associations peuvent se dégager des marges d'autonomie, penser des réponses nouvelles, expérimenter, afin de proposer des actions innovantes.

Penser des espaces indépendants d'actions offre la possibilité de développer des respirations dans l'organisation. Ces espaces de respirations doivent permettre à l'action sociale et à ses professionnels l'expression de nouvelles légitimités, à partir d'expérimentations construites sur de la réflexion et de l'engagement collectif.

Ces expérimentations, pensées de manière indépendante, dans un espace particulier de l'organisation associative, si elles n'impactent pas directement le fonctionnement des établissements et services de la même organisation associative, permettront l'expression d'évolutions nouvelles des interventions sociales, venant ensuite nourrir l'évolution des politiques publiques.

C'est également sur ces projets particuliers que les associations réussiront à mobiliser des énergies nouvelles, des citoyens qui se mobiliseront peut-être pour une durée déterminée dans le cadre « de contrats à durée déterminée bénévoles ».

Ces espaces de respiration sont également des lieux qui doivent permettre la mobilisation de ressources mixtes, bénévolat, argent privé (don, mécénat, etc.) sans remettre en cause ou interroger le fonctionnement des établissements sociaux ni la responsabilité des politiques publiques dans le fonctionnement de ceux-ci.

Loin d'être une menace pour la reconnaissance du travail social, cette recherche de la mixité des ressources constitue, à nos yeux, le fondement de la construction d'une nouvelle légitimité de l'intervention sociale, plus ancrée dans la cité, la construction d'une identité plus politique de l'action sociale et de ses acteurs.

Les actions nouvelles portées de manière plus autonomes par les organisations associatives ont d'autant plus de chances de se voir reconnaître par les politiques publiques à terme, que ces organisations associatives auront su montrer leur capacité à gérer, développer, des établissements et services sociaux de manière irréprochable. Aussi, ce double mouvement, à la fois de constructions collectives indépendantes et de portage d'actions pour le compte des politiques publiques, loin d'être l'expression d'un paradoxe, représente à notre sens le mouvement indispensable à la construction de politiques publiques non sclérosées, plus ouvertes sur la réalité des bassins de vie. L'association d'action sociale porte une véritable responsabilité dans cet enjeu.

La crédibilité, la légitimité d'une association d'action sociale à porter de la transformation sociale, à participer à construire un lendemain différent, passe par sa capacité irréprochable à faire fonctionner les établissements sociaux aujourd'hui.

C'est parce que nous appliquons bien ce qui est demandé par les politiques publiques aujourd'hui que nous serons entendus au mieux pour des projets nouveaux demain.

Entrer en résistance ou développer des rapports de force avec les politiques publiques nous semble être une voie vouée à l'échec. Il est important que nos associations se présentent comme en capacité de faire projet par elle-même, de construire de l'action en dehors de toute application des politiques publiques.

Cela conduit nos organisations dans l'intégration nécessaire de temporalités différentes.

Ce qui est visé pour demain ne correspond pas forcément à ce qui est mis en œuvre aujourd'hui.

L'espace socio-technique, une organisation rationalisée

Dans le fonctionnement des établissements, l'avènement du droit de l'usager fait émerger celui-ci comme acteur nouveau dans l'organisation. Il oblige l'ouverture de la communauté professionnelle à ce nouvel acteur.

Ce nouvel élément vient faire bouger les métiers et les dynamiques institutionnelles.

Le premier élément se situe d'abord dans le changement de posture du professionnel qui ne peut plus se situer dans le seul « service pour » mais doit intégrer le « service avec », or la formation, la culture professionnelle des travailleurs sociaux ne s'est pas construite sur ce modèle.

Aussi l'application de la loi 2002-02, dans son esprit, interroge cette approche et vient plutôt faire appel à des références connues au sein de « l'éducation populaire » qui a plus inspiré les métiers de l'animation, invitant à la construction de réponses aux questions posées avec la personne directement concernée.

Aussi, nous mesurons combien l'application de la loi du 2 janvier 2002, si elle nécessite un travail conséquent sur les règles de fonctionnement de nos organisations, un travail sur une plus grande formalisation pour un respect des devoirs de l'organisation vis-à-vis de l'usager, ce travail que les professionnels associent à une forme de bureaucratisation, parfois réelle, ne saurait aboutir sans un travail parallèle sur le métier, la culture et l'identité professionnelle des travailleurs sociaux.

Ce travail passera notamment par de la formation spécifique, une évolution des formations initiales, de la mobilité professionnelle, mais également par un travail interne aux organisations associatives sur la construction d'une identité professionnelle en capacité de porter, exprimer, défendre son point de vue auprès des autres parties prenantes de l'organisation.

L'évolution des connaissances dans notre société, le développement du partage de l'information sur les questions sociales, la compréhension partagée des phénomènes sociaux, conduisent au développement nécessaire d'une nouvelle posture professionnelle, visant à rechercher plus largement le partage des ressources au sein de l'organisation que la recherche d'une maîtrise de celles-ci par les salariés.

Le projet d'une association ne peut se réduire au projet des seuls professionnels, mais intégrer la prise en compte des différentes parties prenantes, les professionnels doivent y prendre une part réelle par une argumentation plus politique de leurs interventions.

Le directeur général dans le changement

Cette expérience nous montre combien la fonction de directeur d'association diffère de la fonction de directeur d'établissement. En effet, sa fonction, sa posture, le place au carrefour de l'espace socio-politique et de l'espace socio-technique. Il doit veiller en permanence à ce que le développement de l'un soit subordonné au développement de l'autre.

Ainsi, si le positionnement du directeur général vis-à-vis de l'espace socio-technique est indéniable et incontesté dans un lien hiérarchique, celui-ci se doit également d'être aussi présent en action sur l'espace politique. Il se doit d'en être le moteur, dans la phase actuelle où se trouve une grande partie des associations d'action sociale à l'image de l'association, pour espérer dans un second temps prendre de la distance et assurer une seule fonction de régulation. Aujourd'hui, cette fonction ne peut être laissée aux seuls bénévoles, sous peine de voir cet espace s'éteindre. Et ce, d'autant plus que les nouvelles formes d'engagements sont plus fortes mais plus réduites dans le temps.

La direction d'une association nécessite une approche aussi professionnelle et pragmatique de l'organisation de l'espace socio-politique que celles que nous avons su développer relativement à l'espace socio-technique dans nos organisations.

Le développement de cet espace, ou la subordination du développement d'un espace à l'autre, vient effectivement interroger l'organisation et les points de vue exercés dans l'organisation socio-technique, obliger à exprimer le fait que la communauté professionnelle n'est pas la seule à pouvoir et à savoir penser la question sociale. Cette interrogation de la culture et de l'identité professionnelle peut provoquer des réactions des acteurs professionnels parfois violentes, disproportionnées.

Si le constat (diagnostic) de la situation de l'association était partagé, les ambitions démocratiques formulées par le projet de changement également, la mise en œuvre des actions, la modification des pratiques et l'ouverture d'autres regards sur celles-ci ont pu déclencher des résistances importantes. Elles ont pris la forme d'humiliations, d'attaques personnelles, d'expressions de mauvaise foi, d'expressions de fausses déclarations. Par exemple, pour dénoncer une forme de bureaucratisation excessive, des salariés évoquent des procédures qui en fait n'existaient pas. Parfois très difficiles à vivre, ces situations, par moments, peuvent venir compromettre la réalisation du changement.

Dans ce cas, le recours au sociologue comme personne extérieure, exerçant une forme de *coaching* est essentiel.

Pour réduire cet effet il n'est pas d'autres possibilités que de largement communiquer sur la vision projetée, sur le projet à advenir. C'est un des points sur lequel nous aurons sans doute trop faiblement agi. En effet, nous avons peut-être eu tendance à craindre de dévoiler trop clairement la vision projetée par souci stratégique. En effet, des acteurs étant tellement éloignés de cette vision, il nous apparaissait nécessaire de convaincre et d'avancer par étapes, afin de ne pas compromettre le projet final qui, trop clairement explicité, aurait pu donner naissance à des stratégies d'oppositions plus fortes.

Dans tous les cas, la posture du dirigeant charismatique, possédant les pleins pouvoirs, ne correspond plus à la réalité des organisations associatives d'aujourd'hui.

Le directeur, vu comme celui qui maîtriserait l'ensemble des ressources stratégiques de l'organisation dont il pourrait user, voire abuser, pour construire un pouvoir bureaucratique et/ou technocratique, est une pure vision de l'esprit. Si le risque d'une dérive « gestionnaire » des associations d'action sociale existe, celui-ci est moins dû aux pouvoirs développés d'un dirigeant, qu'à l'isomorphisme institutionnel qui prend naissance dans des relations de trop grande dépendance avec les services publics et auxquels nous pouvons tenter d'échapper par un réel travail sur la gouvernance associative, comme nous avons pu l'exprimer dans ces lignes. Le dirigeant, afin d'éviter tout blocage dans la conduite du changement, est amené à composer avec les différents acteurs, négocier, lâcher ici pour mieux tenir là. Dans tous les cas, cette fonction fait désormais plus appel à des qualités d'animation stratégique, d'humilité, que de pouvoir autoritaire.

« Ne pas dire mais faire dire » la meilleure idée : le cheminement le plus acceptable est celui qui n'est pas exprimé par le dirigeant lui-même, mais dont ce dernier aura fait émerger l'expression par des acteurs forts de l'organisation.

La difficulté réside dans le fait que, d'une part, les pouvoirs réels, nous l'avons vu, sont entre les mains de ceux qui maîtrisent la ressource principale, la relation à l'usager, et d'autre part, que le dirigeant doit pouvoir incarner le projet. Cependant, le projet de l'association ne peut être le projet de ses seuls dirigeants : celui-ci relève, au contraire, d'une indispensable construction collective.

Dans cette situation, la fonction de directeur d'association puise ses références et ressources dans la gestion des complexités et nécessite le développement de compétences transverses, relevant des registres sociaux, économiques, politiques, civiques, autant que cliniques et/ou techniques.

Conclusion

À l'heure du bilan, la question se pose alors de savoir si « la greffe a pris ». L'euphorie constatée par ce travail, la dynamique de changement engagée est-elle durable, ou le climat tendu repéré en 2005 traduit-il l'incapacité de l'organisation à se moderniser ?

L'organisation de l'association est-elle condamnée à la bureaucratisation, c'est-à-dire à un pilotage technocratique, ne prenant appui ni sur la dimension « métier », ni sur la dimension civique ? La réussite du changement est adossée à la compréhension de l'enjeu du partage des ressources au sein de l'organisation.

Les associations d'action sociale sont engagées dans l'action par l'intermédiaire d'établissements ou services sous contrôle et financement des politiques publiques. Ces dernières développent de plus en plus des dispositifs d'évaluation et de contrôle visant la bonne utilisation des fonds publics, le respect des réglementations. Ces évaluations et contrôles sont abordés sous un angle « très administratif », qui impose au « prestataire » que peut devenir dans ce cas l'association d'action sociale, un mode d'organisation de type bureaucratique.

La centralisation des données relatives à la connaissance et au suivi des usagers (éléments statistiques, etc.), ainsi que des données financières devient donc incontournable au sein de l'organisation. Sa mise en place suppose le développement de procédures visant le partage des informations évoquées ci-dessus, donc bien plus, le partage des ressources. Si le travailleur social maîtrisait seul la ressource « usager », il est contraint aujourd'hui de la partager, notamment pour des raisons administratives.

Sur ce point, le changement devra intégrer une bonne information et accompagnement des professionnels sur les exigences de l'environnement (travail du cadre intermédiaire).

De ce fait, les formes de bureaucratisation reprochées dans le changement par les salariés sont indéniables, mais ne sont pas le fait des dirigeants de l'association mais de ses rapports avec les politiques publiques. Or, nous restons convaincu que c'est parce que nous répondrons bien aux attentes des politiques publiques que nous pourrons dégager des formes d'autonomie qui nous permettront de développer des projets propres à l'association.

Cette forme de bureaucratie nous apparaît donc comme un passage obligé.

L'évolution réglementaire, relative notamment aux droits des usagers, fait émerger un nouvel acteur que nous devons associer à la construction des modalités d'intervention sociale. Ce qui se pensait hier dans la seule communauté professionnelle doit aujourd'hui être ouvert à l'usager. Or, nous rencontrons là des résistances culturelles des travailleurs sociaux qui ont construit leur modèle d'intervention sur le registre du service ; « faire pour » et non pas « faire avec ». Le changement passera donc par une évolution des référentiels de formation des travailleurs sociaux à long terme.

Le travail de changement, s'il doit intégrer un travail sur la règle, ne peut se limiter à cette approche. Le changement nécessite un travail en parallèle sur la culture et l'identité professionnelle. Cet aspect pose problème car un changement de culture nécessite un temps long, alors que le travail sur la règle s'inscrit dans une temporalité beaucoup plus courte.

Le projet en construction de l'association, que nous incarnons, ambitionne – au vu de « l'instrumentalisation potentielle » des associations d'action sociale par les politiques publiques, au vu du risque de dérive d'une intervention sociale sur le seul registre de service (risque renforcé par la loi du 2 janvier 2002, et dans le secteur du handicap par celle de 2005) – de rechercher des marges de manœuvre, d'autonomie, d'innovation de l'intervention sociale, non pas dans les contours des établissements sociaux, mais bien dans le fait associatif lui-même et ses modalités d'organisation. Comme nous l'avons vu, l'association offre la possibilité de confronter expérience (celle de l'usager), expertise (celle du professionnel) et *Polis* (celle de l'adhérent lambda, issu prioritairement du territoire d'intervention des établissements).

Cette perspective oblige à ouvrir l'ex-communauté professionnelle, non seulement à l'usager, comme exprimé plus haut, mais plus largement aux personnes de la cité dans laquelle l'intervention sociale se met en œuvre.

Pour limiter la résistance culturelle rencontrée sur un tel projet, il nécessite de la part des dirigeants une communication forte et construite sur la vision projetée de ce « projet alternatif », car une telle approche, nous en restons convaincu, doit permettre au travailleur social de renforcer son identité. La confrontation de son expertise à d'autres points de vue suppose qu'il soit attendu sur le registre métier qu'il lui faut donc conforter, affiner, développer (travail du cadre intermédiaire). Ce développement permettra au travail social de prendre une nouvelle dimension citoyenne, que la question sociale ne reste pas une question d'expert, mais bien la question de tout un chacun.

L'organisation qui pourra se prévaloir de cet ancrage territorial, de cette confrontation des points de vue, pour en dégager des pistes d'actions et d'interventions, a toutes les chances de se construire une réelle légitimité à participer à la construction et à l'évolution des politiques publiques.

9

Les implicites du changement et les conditions d'une refondation

Joseph Haeringer

Tout au long des chapitres précédents, le thème du changement constituait la trame des réflexions et des analyses présentées. Il nous faut maintenant en explorer les sens, leur contenu ainsi que leurs enjeux, en les resituant dans leur contexte.

L'hypothèse développée ici est l'existence d'un décrochage entre la démarche et les finalités poursuivies, c'est-à-dire l'orientation de l'action collective. Dans cette perspective, le changement devient alors un but en soi, il se justifie par le mouvement qu'il impulse avec le risque d'évacuer la question du sens. Cette réification du changement relève d'une rationalisation que l'on peut qualifier d'instrumentale, parce qu'elle réduit les acteurs à des ressources mobilisables. Cependant, la transformation n'est pas homogène, elle affecte différemment les acteurs et leur organisation. Elle est génératrice d'une différenciation croissante entre individus et fragilise les collectifs d'appartenance. On y observe des ruptures de logiques, des stratégies qualifiées tantôt de résistance ou d'innovation selon le point d'observation. Des disqualifications, voire des dénis de reconnaissance sont à l'œuvre : autant de souffrances, expressions de pathologies produites par ce que Habermas désignait comme « la colonisation des mondes vécus » par des systèmes imposant leurs normes. Mais cette lecture critique sur les effets d'un changement, placé sous le signe de la modernité, ne suffit pas à rendre compte d'autres aspects : les reconstructions en cours, les dynamiques de développement et les engagements individuels et collectifs qui s'y renouvellent. Sans verser dans une lecture idéaliste, il nous faut repérer dans ces situations souvent critiques, les points sur lesquels s'appuient les acteurs pour promouvoir de nouvelles régulations susceptibles de fonder les compromis sociaux nécessaires à la coopération. En ce sens, l'enjeu du changement n'est pas tant l'adaptation, qui inclut la crise comme un passage obligé, que de créer les conditions d'une véritable alternative aux stratégies proclamées. En esquisser la trame, organiser des espaces de débats réflexifs entre les parties prenantes, c'est activer cette dimension politique de la coopération associative. Dans cette perspective, l'enjeu du changement est celui d'une démocratisation des fonctionnements associatifs.

Chercher à le mettre en évidence dans la diversité des organisations actuelles nécessite de réinscrire les acquis de la sociologie des organisations dans une approche socio-politique et socio-économique du fait associatif[1]. Le regard porté sur l'action collective implique de saisir les dynamiques associatives par-delà la spécificité de leurs services et établissements. Sans renier l'intérêt que peut représenter l'exploration des mondes sociaux de ces établissements pour comprendre leur dynamique propre, à l'instar de ce qui a été réalisé auprès d'un échantillon d'entreprises (Osty, Uhalde, 2007), notre objet est de mettre en évidence les principes qui légitiment ces organisations, en nous appuyant sur les travaux réalisés depuis quelques années, notamment auprès des associations d'action sociale et médico-sociale.

1. Voir notamment : Laville J.-L. et Sainsaulieu R. (dir.), (1997) ; Haeringer J. et Traversaz F. (dir.), (2002).

Le changement dans la modernisation[2]

Posé comme une évidente légitimité à modifier les trajectoires des organisations associatives, le changement a fait partie du vocabulaire quotidien de tout dirigeant, au point d'avoir été considéré comme l'une des marques de la modernité managériale. Faire entrer ces organisations fondées sur l'engagement bénévole et militant dans la modernité supposait, aux yeux de ces dirigeants, d'en redéfinir les règles de fonctionnement. Si le vocabulaire de la modernisation a très largement circulé dans le monde associatif après la période des Trente Glorieuses au point de marquer la sortie d'une histoire inscrite dans l'institutionnalisation de l'action sociale et médico-sociale, son succès ne peut être dissocié de l'ambition qu'il véhiculait. Exprimé comme une volonté de moderniser des fonctionnements communautaires souvent informels, très personnalisés car liés à des figures historiques, le changement ouvrait de nouveaux horizons, là où prévalait la continuité, sinon la tradition. Il s'agissait en effet de se saisir comme un acteur stratégique dans un environnement devenu plus incertain et plus complexe par la décentralisation mais aussi par la massification d'une exclusion multiforme, où les associations ont trouvé de nouveaux terrains fidèles à leur culture de l'innovation et de l'expérimentation. L'émergence du champ de l'insertion offrait de nouvelles opportunités de développement. Nombre d'entreprises d'insertion offraient aux travailleurs sociaux la possibilité de revêtir les habits du chef d'entreprise sociale. À l'instar des entreprises à but lucratif dont la confrontation au marché exigeait des organisations plus réactives et offensives, des dirigeants associatifs se sont saisis des opportunités offertes, notamment par les programmes de « modernisation négociée » initiés par les services de l'État afin d'explorer de

2. S'il s'agit de thèmes dominants susceptibles de caractériser des périodes, ils n'en sont pas moins récurrents, repérables aujourd'hui encore dans les organisations associatives. Cette lecture historique vise à expliciter des trajectoires associatives et donner à comprendre les tensions qui en découlent.

nouvelles pratiques gestionnaires. On a pu voir, par exemple, d'importantes associations du secteur social se regrouper en réseau pour mettre en chantier la question de « la gestion prévisionnelle et participative des ressources humaines » dans le cadre d'une négociation d'entreprise. Nombre de restructurations d'associations et d'établissements ont été gérées dans ce dispositif. Il s'agissait, en effet, d'impulser un changement structurel dont les modalités devaient être définies dans le cadre d'une négociation entre partenaires sociaux et dont l'accord était censé prévenir les risques de conflits sociaux inhérents à toute restructuration. Portée par des « élites » (dirigeants et *leaders* syndicaux) et appuyée par des conseils externes, cette démarche volontariste s'est heurtée à la faiblesse de modèles opératoires et d'outils pertinents qui auraient permis de comprendre les enjeux de ce qui a été perçu comme une résistance[3]. Bien plus, elle a contribué à diluer les dynamiques institutionnelles au profit d'une recherche de performance organisationnelle.

La stratégie du changement

La découverte de l'organisation comme levier de changement, a marqué une génération de dirigeants associatifs qui y ont trouvé une légitimation de leur capacité d'initiative dans la gestion d'activités, jusque-là administrées selon des règles déclinées de la fonction publique. La figure du manager associatif souvent forgée dans les premières expériences de l'insertion par l'économique, est ainsi devenue une référence pour cette génération de dirigeants issus des professions du travail social et dont le recrutement était alors largement réalisé par promotion interne. Ainsi, ces dirigeants ont pu trouver dans des groupements nationaux l'espace de réflexion et

3. Rappelons que l'ouvrage co-dirigé par J.-L. Laville et R. Sainsaulieu est le résultat d'une recherche-action initiée par un groupe de dirigeants soucieux de fonder leurs pratiques sur un référentiel associatif. L'Executive master de Sciences-Po, intitulé « Sociologie de l'association et action dirigeante » poursuit cette mise au travail critique des pratiques dirigeantes.

d'échange nécessaires à la construction et à la reconnaissance de leur fonction. Cette modernisation a puisé sa légitimité dans la mutation sociétale qui traversait les associations, autant par l'arrivée de nouveaux acteurs que par la thématique de l'insertion sociale et professionnelle où l'entreprise devenait un partenaire nécessaire. Sa mise en œuvre exigeait un pilote expert en méthodes, mais aussi un animateur dont le discours se devait de mobiliser les salariés et les bénévoles. Enfin, elle visait à pacifier les relations sociales en cherchant à naturaliser ce mouvement et à le présenter comme inéluctable. De plus, le rapprochement avec les élites des administrations locales, renforcé par la décentralisation, a pu établir des rapports de coopération plus ou moins conflictuels dont l'un des enjeux était la délimitation des territoires de compétences entre les associations et les services publics. Ainsi, pilote et animateur du changement dans l'association, le directeur général, promu à la tête d'un ensemble historique de services et d'établissements, devenait stratège dans un environnement territorial dont les relations entre associations ont pu être exacerbées par l'organisation d'une mise en concurrence locale faisant souvent éclater les familles historiques organisées en union ou fédération nationales.

Dans cette phase historique, la modernisation, sous l'impulsion des acteurs dirigeants de l'association, rationalise une organisation relativement composite, juxtaposition d'établissements ou de services créés au fil du développement de dispositifs et d'interventions spécialisés. Il s'agit alors d'intégrer dans un ensemble cohérent des espaces professionnels autonomes, des communautés dont la hiérarchisation était liée à leur place dans l'histoire. Les réorganisations qui en découlent refléteront des compromis entre des impératifs administratifs et des rapports d'influences internes entre dirigeants. Ici, dans une importante association départementale, le choix sera de regrouper les équipes dans des secteurs thématiques (éducatif, hébergement, thérapeutique, etc.) qui transposent en interne l'architecture des compétences publiques. Là, dans une association de parents d'enfants handicapés, l'organisation des unités reflète un compromis entre trois formes de régulations, la spécialisation des interventions en fonction des besoins, identifiées en normes, la coordination régulée par la qualification des intervenants et, enfin, le contrôle de conformité administrative.

Cependant, globalement, ces restructurations en départements autonomes n'affectaient pas ou peu directement les espaces professionnels. Ces derniers, organisés pour gérer un public de plus en plus diversifié et nombreux, évoluaient en se différenciant dans des interventions de plus en plus spécialisées et en se saisissant des dispositions publiques comme autant d'opportunités. Ainsi, deux niveaux de changement traversaient ces organisations à des rythmes différents. D'un côté, l'impulsion managériale réorganisait les agencements structurels autour de compromis visant à stabiliser des jeux de pouvoirs entre acteurs dirigeants et, de l'autre, « l'innovation ordinaire » (Alter, 2000), mettait les unités professionnelles en mouvement à partir des acteurs du face-à-face à l'usager en favorisant très largement des projets de plus en plus spécialisés. La correspondance entre la volonté dirigeante pour re-dynamiser une vie associative assoupie, et les projets professionnels justifiés par les besoins nouvellement identifiés, n'était pas toujours assurée. Il en résultait une tension, souvent source de dynamique sociale, mais aussi potentiellement conflictuelle. Afin de juguler cette dualisation interne aux établissements, les cadres intermédiaires au profil professionnel marqué, devinrent peu à peu des éléments clés de cette cohésion.

Un processus de rationalisation

Ainsi peut-on caractériser cette période comme celle d'une modernisation caractérisée par « un processus de transformations cumulatives, dépassant l'habituel seuil des réformes, qui est programmé de façon finalisée et cohérente, sous l'impulsion d'acteurs dirigeants qui imposent un nouveau modèle culturel et cherchent à introduire une rupture par rapport à un état réputé archaïque ou dépassé des relations sociales, et plus profondément des rapports sociaux » (Martin, 1995 : 24).

Pour les associations, c'est la période inaugurale d'un triple processus de transformation qui touchera progressivement l'ensemble des dimensions de leur fonctionnement. La rationalisation croissante, légitimée par cette idéologie, fait de l'organisation un objet central de gestion et, comme nous l'avons déjà mentionné, promeut les managers, les innovateurs et les dirigeants comme les acteurs de cette transformation, face aux acteurs du quotidien, au risque de les stigmatiser comme passéistes car résistants, entraînant ainsi leur retrait de la scène. Elle s'accompagne d'un accroissement des mobilités individuelles, à l'intérieur d'une même organisation, d'un poste de travail à un autre, mais aussi dans la transversalité des structures d'une même association suscitées par les projets mais aussi rendues nécessaires par les réorganisations. Celles-ci s'accélèrent en rythme et en intensité et touchent de plus en plus d'individus, opérant ainsi une sélection entre les plus mobiles, les gagnants et les autres, disqualifiés pour leur incapacité à bouger. Il s'ensuit un important travail de justification afin que la référence à l'intérêt général, à la mission publique se substitue aux valeurs véhiculées par une histoire d'autant plus mythifiée par les héritiers qu'elle est combattue par les managers issus d'autres horizons (*id.* : 35-37). Des clivages se multiplient au sein d'organisations fondées sur des engagements qui prennent sens dans des itinéraires personnels.

La logique publique institutionnelle de référence, analysée précédemment[4], se substitue progressivement aux logiques émergentes sous l'action des dirigeants professionnels et face à la difficulté à renouveler les membres adhérents, même en faisant appel à des compétences sociales ou techniques. Inscrites dans des dispositifs publics relayant la volonté modernisatrice de l'État, les activités gérées par les associations se trouvaient ainsi logiquement entraînées

4. Voir chapitre 3 de cet ouvrage.

dans ce même paradigme de la modernisation. L'épuisement des logiques fondatrices est d'autant plus rapide que leurs acteurs n'ont plus la maîtrise de l'objet qui justifiait leur présence.

La gestion de la vulnérabilité

La conduite du changement sur le mode managérial ne s'est pas seulement amplifiée, ces dernières années, par la diffusion des méthodes et des techniques à un plus grand nombre d'acteurs, elle s'intensifie aussi progressivement puisqu'elle touche les espaces de travail et les emplois. Alors que l'activité et les conditions de travail évoluaient au rythme de la dynamique d'une équipe autonome dans sa capacité à définir ses objectifs, voire à sélectionner son public, et à obtenir une reconnaissance institutionnelle par la qualification des emplois, les professionnels se voient imposer de nouvelles orientations et de nouvelles obligations à prendre en compte dans leur cœur de métier.

L'entrée de l'usager

Dans ce contexte, la relation à l'usager devient un point nodal pour interroger les pratiques professionnelles, individuelles et collectives. Les diverses lois de la refondation de l'action sociale (2002), de l'égalité des chances (2005), et plus récemment du droit au logement opposable (2007), ont notamment pour point commun de mettre l'usager au centre d'une redéfinition de l'intervention sociale, en lui reconnaissant une capacité à faire valoir une liberté d'appréciation, et donc de choix face aux propositions qui doivent lui être formulées. L'usager individuel n'a pas seulement des devoirs envers l'institution, mais il peut faire valoir des droits opposables à la logique professionnelle. L'individualisation à laquelle doivent répondre les services associatifs ne consiste pas simplement en une déclinaison individuelle d'une prestation prédéfinie. Il y a obligation à construire avec l'usager un projet individualisé qui doit trouver sa cohérence d'ensemble dans le projet institutionnel. Cette injonction, qui porte sur les prestations aux usagers, s'étend à l'organisation dont les dispositifs de consultation doivent être redéfinis, ainsi qu'à la coordination territoriale des associations, voire à leur regroupement. On connaît les outils de ces changements : contrat de séjour pour chaque usager, conseils de la vie sociale pour le collectif d'usagers, contrat d'objectifs et de moyens pour maîtriser l'évolution des dotations budgétaires, et enfin, les groupements de coopération sociale et médico-sociale. Ces derniers indiquent assez clairement l'obligation de coordination territoriale entre acteurs pour assurer une offre de services répondant à la diversité des besoins exprimés par les usagers. C'est l'ensemble d'une construction sociale professionnelle qui se trouve engagée dans cette mutation, dans la diversité de ses dimensions, technique, stratégique, identitaire et culturelle.

La très grande hétérogénéité constatée dans l'application de ces lois ne peut être réduite à des manifestations corporatistes, elle illustre le niveau de réaménagement qui a été engagé. Cette situation souligne la vulnérabilité des professionnels en contact avec les usagers dont les difficultés, notamment l'urgence et la violence ne cessent de croître. En effet, une gestion drastique des emplois se traduit par une exposition individuelle plus grande, ainsi que par une déqualification des postes de travail, générée par le recours aux « emplois aidés ». L'emploi n'est plus seulement précaire, mais il ne constitue plus la garantie de conditions de travail suffisantes pour compenser les difficultés rencontrées dans la réalisation des tâches prescrites. Le découplage entre la garantie de l'emploi et les conditions de travail fragilise l'exercice professionnel. Ainsi, l'organisation censée réduire ces tensions, les prolonge, voire les amplifie par des dispositifs flexibles renforçant les stratégies individuelles au détriment d'une régulation collective. Les arrangements interpersonnels y compris avec la direction, font place aux compromis sociaux quelquefois obtenus de haute lutte qui touchent aussi l'accès aux qualifications (Nanteuil, 2002).

La notion de parcours individualisé, que sous-tendent les pratiques d'entretiens annuels, remet en question les logiques collectives de formation et d'accès à la qualification en responsabilisant l'individu dans la gestion de ses mobilités, qu'elles soient choisies ou imposées. L'accès individualisé et modulaire à la qualification, instauré par le dispositif de valorisation des acquis de l'expérience, fait éclater les filières instituées et au-delà, grignote les identités et les cultures professionnelles. Le passage de la valorisation des acquis professionnels à la valorisation des acquis de l'expérience symbolise la porosité des frontières entre l'espace privé et la vie professionnelle.

L'affaiblissement de la régulation publique

S'il y a persistance d'une accumulation de mutations dont le rythme échappe aux acteurs associatifs, elles sont imposées de l'extérieur et, plus précisément par les services de l'État. De ce fait, elles sont identifiées comme les leviers d'une instrumentalisation croissante par les pouvoirs publics. L'idée de modernisation véhiculait une vision de cohérence qui trouvait sa concrétisation dans une programmation pluriannuelle. Elle permettait ainsi d'associer le changement à une plus grande performance, voire à un mieux-être des professionnels. Ici, les injonctions des pouvoirs publics font éclater les cadres temporels nécessaires à leur mise en œuvre, obérant du même coup leur lisibilité. De plus, l'incitation antérieure de « faire mieux et plus, avec les mêmes moyens » visant une performance accrue par des gains de productivité n'est plus audible puisque, les réserves étant épuisées, il faut « faire plus avec moins de moyens ». Le moyen terme, comme horizon de déploiement des ressources, disparaît, et persiste une obligation de réactivité et de flexibilité permanentes. Bien plus, les attendus d'aujourd'hui ne correspondent pas toujours, loin s'en faut, aux objectifs poursuivis dans l'effort de modernisation qui avait été engagé précédemment. Il n'est pas rare de voir les associations remettre l'ouvrage sur le métier à partir de critères différents, contraintes de déconstruire ce qui devait être consolidé, à la suite d'arbitrages budgétaires ou de changements électoraux. Cette réversibilité des choix, réalisée dans le court terme, est génératrice d'incertitudes et entame la confiance indispensable au développement d'une coopération. Alors qu'il s'agissait de différencier des modes d'interventions régulées dans des pratiques collectives, celles d'une profession et d'une institution, l'injonction est de construire avec chaque individu, son projet et son parcours en mobilisant les ressources disponibles de l'environnement social et institutionnel. Plus globalement, l'évolution décrite illustre la montée de cette figure de l'individualisme caractéristique de notre « société flexible » et opérée par la remise en question des collectifs et au-delà des organisations qui les produisaient (Nanteuil, 2006).

Cette situation peut être qualifiée de crise, d'anomie en raison de la dilution des régulations socio-économiques et socio-politiques antérieures, et l'absence de nouvelles qui permettraient aux acteurs associatifs de coordonner leurs interventions face à l'injonction des pouvoirs publics. Elle traverse diversement la dynamique de chaque association, ainsi renvoyée à sa propre responsabilité et à sa capacité à gérer ces mutations. Alors que dans la période précédente, on assistait à l'émergence d'une direction associative forte par sa compétence à engager un processus de changement, celle-ci est requise pour gérer les effets souvent contradictoires de mutations gestionnaires. La légitimité des dirigeants s'en trouve directement fragilisée. L'exemple des contrats d'objectifs et de moyens illustre cette mutation. Cette procédure renforce la responsabilité gestionnaire de l'association en opérant aussi un déplacement des acteurs et des espaces de négociation vers la direction générale, au détriment des directions d'établissements puisque l'administration publique lui confie la responsabilité de la répartition des crédits dans le cadre d'une enveloppe dite « fermée ». La régulation dirigeante des associations est ainsi mise à l'épreuve dans sa capacité à gérer une pluralité d'attentes, d'exigences mais aussi d'intérêts dans la cohérence d'un projet, jusque-là renvoyée à l'arbitrage de l'administration publique. En l'absence d'une autorité associative re-légitimée, les décisions seront perçues comme des arbitrages entre des luttes d'influences dirigeantes et s'imposant aux salariés alors peu enclins à adhérer au projet de référence.

Les trajectoires associatives

L'association modifie ses modes de fonctionnement sous la double conjonction des mutations d'un environnement auxquelles elle prend part et des jeux d'acteurs endogènes à la coopération. C'est pourquoi l'idée de trajectoires s'impose pour donner à comprendre les transformations observées dans les associations. Elle souligne la continuité d'univers fortement marqués par la transmission culturelle, sans évacuer pour autant les éventuelles ruptures dont les moments de crise constituent les principaux repères.

Des légitimités incertaines

L'apparition d'une logique institutionnelle, que nous avions qualifiée de « logique publique », est l'un des traits majeurs de l'évolution des associations du secteur social et médico-social. Elle est associée au développement des services réalisé par l'arrivée des professionnels. Elle s'est renforcée avec le passage de relais des fondateurs à une autre génération d'adhérents, sollicités pour assurer les fonctions d'administrateurs. Les destinataires de la sollicitude philanthropique deviennent les usagers de services publics. Leur capacité d'interpellation et de participation est limitée aux droits individuels qui leur sont reconnus.

La persistance d'une logique d'aide initiale s'observe cependant lorsqu'il s'agit notamment de conserver un patrimoine, de le gérer afin qu'il soit mis à disposition des services tout en veillant à ce qu'il ne soit pas absorbé dans la gestion d'activités financées sur fonds publics. Comme on a pu le voir précédemment, ces acteurs qui composent alors majoritairement le conseil d'administration, se portent garant de la continuité d'une histoire. Il y a alors coexistence de logiques institutionnelles dans des formes de régulation nécessaire à la coopération entre acteurs dont les légitimités doivent s'accorder sous peine de conflit ou de rupture. Le compromis habituel consiste à définir formellement des espaces de compétences dissociant, par exemple, « le politique et le technique » ou « les orientations stratégiques et leur mise en œuvre », avec le souci que les interactions entre les acteurs représentés par le président d'une part, et le directeur d'autre part, ne nuisent pas au fonctionnement d'ensemble. Des instances de décision ainsi que les règles de fonctionnement sont ainsi définies plus ou moins formellement. Les territoires respectifs deviennent alors des enjeux de pouvoirs entre acteurs.

La prédominance d'une logique institutionnelle publique dans la plupart des associations, dont les activités sont agréées et financées par les pouvoirs publics, peut être considérée comme la version séculière d'une initiative philanthropique s'inspirant de la charité chrétienne. Cette substitution de l'aide à une référence à la mission publique élargit l'objet particulier initial à l'intérêt général, au risque de faire l'économie de la redéfinition d'un projet par les acteurs eux-mêmes, qui s'en remettent aux textes légaux et réglementaires. Elle repose sur la même conception d'un rapport inégalitaire entre l'intervenant et l'usager, légitimant la figure du pacte entre les administrateurs et les professionnels. Par sa référence au statut associatif, elle légitime et organise la coopération entre des acteurs aux statuts différents, mais elle ne clôture aucunement la dispute sur les légitimités respectives et ne stabilise pas davantage les rapports de pouvoirs. Si les bénévoles symbolisent la spécificité associative, la présence de professionnels, souvent imposée par les agréments publics, est garante de la qualité des services et de leur conformité aux normes publiques. Cette double légitimité, d'une action bénévole et d'une prestation assurée par des professionnels, reste une problématique jamais résolue. Elle renvoie à la question de la régulation de l'économique par le politique, dans une société où domine l'idée d'une autonomie de l'économie par rapport au social, et laissant au politique un rôle réparateur.

Enfin, le troisième cas de figure, à côté d'une logique publique hégémonique, est l'existence d'un secteur d'activités où les acteurs s'organisent en référence à un modèle de l'entreprise privée. C'est l'exemple d'une association gestionnaire de divers services socio-éducatifs coexistant avec un secteur de formation continue. De réelles stratégies sont mises en œuvre par les acteurs de la logique privée (président, quelques administrateurs et les salariés de ce secteur) pour mobiliser un réseau régional, animer un travail prospectif et doter ces activités d'une assise professionnelle suffisamment forte pour s'imposer durablement aux côtés des autres acteurs majoritaires. Les engagements des acteurs bénévoles et salariés trouvent leur forme de reconnaissance dans la prise de risque inhérente à toute activité s'inscrivant dans un marché fortement concurrentiel. Une réelle culture entrepreneuriale s'y développe et prend valeur d'anticipation pour des actions de formation initiale promises à la mise en concurrence du fait de leur transfert au conseil régional. Le compromis, qui stabilise la coopération de ces deux groupes d'acteurs, est fondé sur la volonté de valoriser l'association et de contribuer au financement de services communs. Au-delà, il y a divergence sur les objectifs liés à des activités différentes et autonomes. Elles donnent lieu à des débats dans des espaces institutionnels, à des formes de coopération ponctuelle, ouverts aux deux groupes d'acteurs, sans pour autant cliver les deux ensembles. Le compromis actuel qui repose sur des alliances et des négociations entre acteurs survivra-t-il au renouvellement des personnes dans leurs fonctions respectives ?

Des pôles d'évolution

Ainsi, peu ou prou les associations sont confrontées à la question de la légitimité de leurs dirigeants. C'est une question jamais complètement résolue mais réactivée par la crise de leur environnement socio-politique, évoquée précédemment. La légitimité statutaire des dirigeants bénévoles fondée sur un processus démocratique, ne peut obturer la faiblesse de leur représentativité et le formalisme des modes de désignation qui porte atteinte à la crédibilité de leur autorité politique. Si, formellement, leur autorité politique ne peut être mise en question dans le cadre associatif, comment peuvent-ils élaborer un projet susceptible d'emporter l'adhésion sans y associer les acteurs professionnels, voire les usagers ?

L'écart entre le pouvoir exercé par les professionnels et leur mise à l'écart statutaire des instances institutionnelles de décision, crée un déséquilibre dont la tension affaiblit la légitimité de la gouvernance associative. Souvent rabattue du côté des relations interpersonnelles, cette tension marque la difficile régulation, par une instance politique associative, d'une économie qui relève du principe de la redistribution publique. Située dans un autre cadre statutaire, celui par exemple d'une société coopérative d'intérêt général, cette régulation retrouverait une nouvelle légitimité et donc une capacité d'adhésion renouvelée. Elle suppose une mutation culturelle puisqu'elle réinscrirait dans les débats, la question économique et à travers elle, la pluralité des logiques d'acteurs en présence.

Les fonctionnements associatifs analysés soulignent la nécessité d'élaborer des procédures qui développent une coopération sur un mode démocratique. L'entrée des usagers dans les espaces institutionnels est de nature à réhabiliter une ambition démocratique parce qu'elle instaure un espace entre l'organisation d'un service, sa technicité et la dimension institutionnelle, et donc politique du projet. C'est l'enjeu d'une démarche de projet que de reconnaître la pluralité des légitimités au sein de ces organisations associatives, en déterminant les espaces publics spécifiques nécessaires à leur expression et en élaborant des procédures de consultation et de décisions qui permettent de faire émerger un bien commun, légitimé par l'adhésion de toutes les parties prenantes ainsi obtenues. Celle-ci exige une réactualisation d'autant plus régulière que l'environnement est travaillé par des mutations qui peu ou prou traversent les associations.

En se référant aux enquêtes réalisées auprès des associations, il est possible d'identifier des formes caractéristiques de leur dynamique institutionnelle. Resituées dans l'histoire d'une association, elles dessinent des trajectoires permettant de comprendre le sens d'une évolution quelquefois obscurcie par une succession d'événements critiques. Le schéma ci-dessous tente de relier ces différentes formes institutionnelles en cherchant à les caractériser en fonction de deux axes, celui de leur évolution et celui du degré de cohésion institutionnelle.

Comme nous l'avons analysé précédemment, la plupart des associations se sont construites autour d'une logique d'aide fortement intégrative, par une culture historique et une intense sociabilité entre les membres. La forme « communauté » est souvent caractéristique d'une période marquée par les fondateurs de cette histoire.

Le développement du professionnalisme dans les associations a été légitimé par la référence à l'intérêt général promu par les politiques publiques. En l'absence d'une reformulation du projet, on a pu observer la coexistence de deux légitimités, celle liée à l'histoire, et celle introduite par le professionnalisme et l'ancrage dans l'action publique. Il en résulte l'existence d'un compromis régulateur des logiques institutionnelles différentes. Celui-ci pourra prendre alors la forme d'un pacte entre acteurs, administrateurs et salariés, fondé sur la reconnaissance de deux domaines d'activités relevant de légitimités qui sans être antagonistes n'en sont pas moins différenciées (forme « duale »).

Enfin, ce compromis peut être rompu et l'antagonisme entre acteurs rend impossible l'élaboration d'un nouveau. La situation de « crise » est alors constatable par la multiplication de conflits non résolus et la disqualification mutuelle des acteurs dirigeants.

La réactivation des dynamiques associatives, opérée par les dirigeants bénévoles et salariés, se réalise à travers deux formes polaires d'évolution qui ont en commun la recherche d'une intégration institutionnelle face aux tendances centrifuges que constitue l'existence d'une pluralité des logiques d'action portées par la diversité des acteurs. L'une est centrée sur la dimension sociétale du projet, qui se traduit notamment par une action dirigeante s'inscrivant dans une démarche démocratique. L'autre privilégie une rationalisation gestionnaire à travers des processus qui peuvent être participatifs, voire négociés avec les acteurs concernés mais cantonnés à la gestion des ressources. Dans le premier cas, la dynamique est entretenue par des dispositifs soutenant une régulation conjointe entre les parties prenantes reposant sur des procédures, dans le second, la stabilisation des diverses logiques d'acteurs résulte d'un équilibre entre l'autonomie des acteurs et le contrôle de leur activité, recherché par la détermination de normes[5].

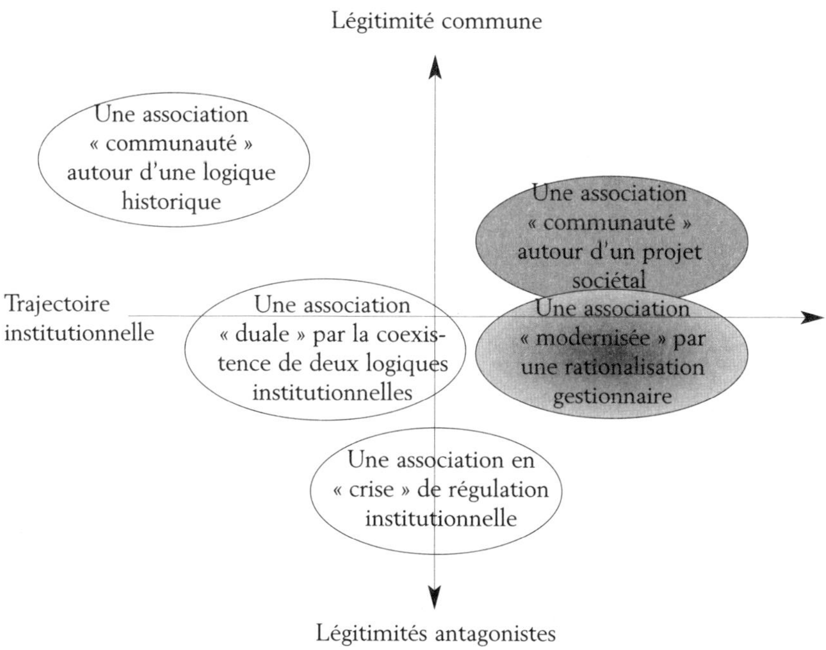

5. Ce schéma s'inspire de celui présenté dans Francfort I., Osty Fl., Sainsaulieu R., Uhalde M. (1995 : 478).

Une esquisse de scénarios

S'adapter aux mutations de l'environnement consiste, peu ou prou, à suivre le fil de l'évolution dominante, celui d'une rationalisation gestionnaire qui marque le renversement de la hiérarchie des priorités entre les fins poursuivies par l'association et les moyens octroyés. C'est prendre pour normatif le constat longuement développé et argumenté dans cet ouvrage, d'une dilution progressive des dynamiques institutionnelles au profit d'une rationalisation organisationnelle. Or, ce constat est saisi par nombre d'acteurs associatifs, pour en appeler à des pratiques de résistance ou pour explorer de nouvelles possibilités d'action collective, voire pour expérimenter de nouveaux modèles de fonctionnement. Ils s'appuient sur une lecture institutionnelle de l'histoire pour souligner ces moments particuliers où certains acteurs ont impulsé des orientations différentes et ont ainsi contribué à modifier la trajectoire de l'association. Ce que l'histoire révèle en capacité d'innovation et d'expérimentation, ne pourrait-il pas animer une réflexion critique et inventive du futur ?

Dans cette perspective, les scénarios prennent appui sur le postulat d'une rupture par rapport au processus de rationalisation dominante, d'une recherche alternative de pistes pour résoudre les nombreuses questions auxquelles sont confrontées les associations parmi lesquelles, rappelons-le, la désaffection de l'engagement d'adhérents au profit d'une demande consumériste de services, l'emprise normative des pouvoirs publics par le truchement des financements et des dispositifs de coopération, la difficile construction d'une professionnalité émiettée dans les interventions sociales et fragilisée par la démultiplication des formes d'emploi, etc.

Au risque d'être réducteur, relevons trois principes d'action susceptibles de créer cette rupture :

- La nécessité d'organiser des espaces pour la construction de collectifs afin de juguler les logiques gestionnaires individualisantes, observables tant du côté des professionnels que du côté des usagers.

• La prise en compte de la pluralité des intérêts en présence afin d'en faire émerger des biens communs au sein d'espaces publics particuliers et différenciés régulateurs des aspirations, des demandes de reconnaissance et des cultures en présence.

• La reconnaissance du primat du politique par une pratique de débats sur les questions posées par les différents acteurs selon des procédures permettant aux différents acteurs d'y prendre part.

On le voit, ces principes visent à créer les conditions d'une reconnaissance de toutes les parties prenantes. C'est fonder le projet de transformation sur leurs capacités d'action collective. Dans cette perspective, la construction de scénarios nous paraît apte à déployer les hypothèses sous-jacentes à ces ruptures et d'en définir les modalités de mise en œuvre. Reprendre le fil de l'histoire pour interroger et questionner les enjeux du changement au regard des légitimités telles que dévoilées par les logiques institutionnelles, nous amène à décrire deux scénarios répondant aux deux formes historiques qui renvoient au compromis de la loi 1901 et aux débats qui l'ont précédé :

• Celui de l'économie sociale dont l'association est l'une des trois formes organisationnelles à côté de la mutuelle et de la coopérative.

Le fil historique qui peut être tiré de cette origine est celui d'une reconnaissance institutionnelle de la philanthropie par l'État social transférant la mise en œuvre d'activités d'intérêt général aux professionnels. Cette professionnalisation qui a été le moteur d'une transformation des associations peut constituer la ligne directrice d'un scénario visant à optimiser les ressources engagées. Cette conception cherche à prendre en compte la réalité des activités de services. C'est le scénario de la rationalisation professionnelle susceptible de développer les activités de services aux personnes. Il se distingue d'une rationalisation gestionnaire réalisée dans le cadre d'une offre de prestations de services. Son aboutissement politique serait l'entrée des parties prenantes dans les instances décisionnelles et sa traduction juridique dans la transformation de ces associations en sociétés coopératives d'intérêt collectif.

• Celui de l'économie sociale et solidaire dont on a vu qu'elle s'origine historiquement dans la volonté de démocratiser les espaces de production.

Elle constitue une rupture avec l'inspiration philanthropique par son option d'instaurer une égalité de droits entre les parties prenantes. Cette forme interroge à nouveaux frais les institutions de l'économie sociale sur les décalages entre l'égalité statutaire et les inégales ressources réparties entre les parties prenantes de l'association. C'est la recherche d'une démocratisation de ces fonctionnements au nom d'une citoyenneté affirmée comme l'une des finalités de l'action sociale et pour assurer une meilleure efficience des ressources engagées.

La professionnalisation des associations

Le scénario de la rationalisation socioprofessionnelle s'inscrit dans une volonté de développer les ressources et les compétences des associations. C'est la recherche d'une optimisation du rôle gestionnaire de ces organisations, marquées notamment par la croissance de leurs activités et de leurs effectifs salariés, et qualifiées d'entreprise associative par l'enjeu social et économique des prestations réalisées. Se distinguant statutairement des entreprises à capitaux, elles revendiquent un projet social non dissocié de la gestion économique. Leur réussite s'évalue à leur croissance, c'est-à-dire à leur capacité à développer des prestations adaptées à leurs usagers et à leur compétence gestionnaire. D'où l'importance de l'organisationnel comme levier de rationalisation des ressources. C'est une logique d'efficacité, légitimée par l'intérêt général tel que défini par les politiques publiques, mais où l'interpellation des pouvoirs publics pour dénoncer les insuffisances institutionnelles, observées dans la réalité des situations rencontrées, ne peut être dissociée de la revendication de moyens offrant ainsi prise à la critique d'une défense corporatiste. Dans le cadre historique d'un État social, qui combine initiative privée et action publique, ces associations sont des acteurs de l'action publique, à la fois opérateurs de services publics et groupes de pression pour une plus grande adaptabilité des institutions publiques à la diversité des besoins identifiés.

Ce scénario se situe dans une réactualisation « modernisée » de l'économie sociale. Comme nous avions pu le souligner précédemment[6], un fil historique relie la philanthropie, notamment celle du XIXe siècle, l'émergence d'un certain nombre d'initiatives sociales début du XXe siècle, et la construction de politiques publiques contribuant ainsi au développement de l'État social. Ce que nous qualifions de logique institutionnelle publique traduit une forme d'isomorphisme institutionnel centré sur la promotion et la défense d'un bien commun associatif, défini dans les termes de l'intérêt public. Héritière de la philanthropie, l'économie sociale visait à moraliser les effets de l'économie libérale sur une société marquée par la paupérisation des classes laborieuses. Dans cette perspective, la professionnalisation génère une mise à distance de préceptes moraux au profit d'une régulation éthique en référence aux droits individuels au risque d'une judiciarisation des rapports avec les usagers.

Les principaux axes de transformation retenus dans ce scénario portent sur :

• Le développement d'une logique socioprofessionnelle.

La régulation socioprofessionnelle soutient une dynamique de prise de risque rendue possible par une confiance établie avec les pairs et la direction permettant une évaluation critique dans des espaces spécifiques, ainsi que l'élaboration de diagnostics communs partagés au sein d'une équipe. En rupture avec des procédés produisant une standardisation des interventions par le biais des critères de qualité, une pratique d'évaluation régulière, regroupant les intervenants du face-à-face mais aussi les gestionnaires

6. Voir chapitre 1 de cet ouvrage.

et les prescripteurs, renforce l'exigence professionnelle d'une validation critique des objectifs poursuivis en référence aux missions pour lesquelles ont été agréés les services.

- La place de l'usager.

Les différentes prescriptions législatives sont mobilisées comme levier pour légitimer une évolution des pratiques professionnelles recentrées sur les demandes et les besoins des usagers. Au-delà d'un rapport contractuel, qui définit les normes auxquelles les parties se soumettent, la participation des usagers vise à restaurer une dynamique de coopération et de concertation dans un certain nombre de domaines pour assurer une qualité des services.

- Une gouvernance régulée par une pratique de l'évaluation.

Face au risque d'une emprise technique et gestionnaire de la gouvernance, qui imposerait ses propres normes et qui se protégerait d'émergence de contre-pouvoirs, une pratique régulière d'évaluation portant sur la cohérence institutionnelle et la pertinence des activités permet de mettre en évidence les dysfonctionnements récurrents (Haeringer, 2007). L'organisation d'une telle démarche, dans les conditions permettant d'assurer une réelle pluralité de points de vue ainsi qu'une transparence des travaux et des débats engageant les dirigeants, constitue une manière de développer une gouvernance associant professionnels, adhérents, usagers et prescripteurs.

- Une redéfinition du cadre statutaire.

Si la loi 1901 offre un cadre pertinent pour la création, on peut s'interroger sur le maintien de ce cadre lorsque le développement des activités, conjugué à un désinvestissement de l'engagement bénévole, réduit les instances statutaires à des espaces formels. D'autres formes juridiques, notamment la société de coopération d'intérêt collectif, incitent à un investissement des professionnels conjointement à d'autres partenaires. Elles permettent la prise en compte de la dimension économique par toutes les parties prenantes, souvent renvoyée, dans le cas des associations, aux administrateurs et dissociée des interventions professionnelles.

• L'ancrage dans des réseaux territoriaux.

L'absence de régulations institutionnelles, permettant aux associations d'établir des relations durables de coopération et d'éviter les coûts cachés liés à des transactions marchandes, incite les acteurs dirigeants à s'inscrire dans des réseaux territoriaux pour consolider leur position mais aussi pour s'enrichir des pratiques. De nouveaux cadres juridiques permettent de renouveler ces coopérations et de les établir dans la durée d'une reconnaissance institutionnelle. Ils ne peuvent cependant faire l'économie d'une réflexion stratégique sur un projet sociétal.

Un schéma[7] de la régulation des deux dynamiques, institutionnelle et organisationnelle, souligne l'enjeu central de la gouvernance, ainsi que les risques d'une dualisation inhérente à ce modèle.

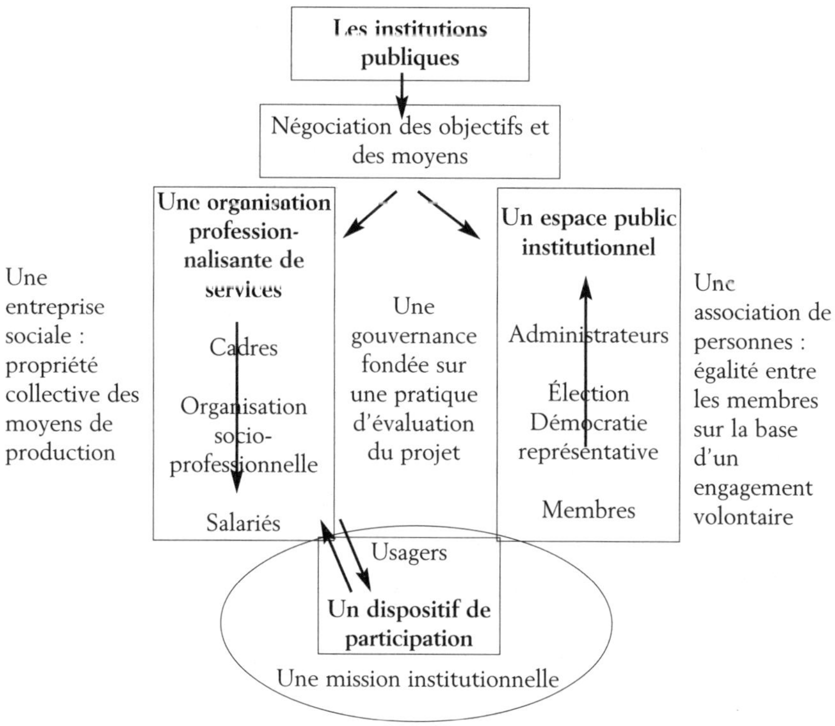

7. Cf. Laville (1991) et (1995).

La refondation associative

Cette option est fondée sur la volonté de se défaire d'une conception trop technicienne et de la réinscrire dans une vision politique et citoyenne. Elle implique un renouvellement du pacte associatif autour d'une redéfinition d'un bien commun issu d'une démarche très largement participative. Là où précédemment, les finalités étaient une déclinaison, sorte de copié/collé, de l'intérêt général, celles-ci sont issues d'un échange et d'un débat où les diverses parties prenantes peuvent faire valoir leurs attentes mais aussi leur vision subjective de ce qu'il conviendrait de faire. Il s'agit de partir de l'engagement concret des personnes et d'en faire émerger ce qui fait sens commun et principe d'action pour une coopération. L'ouverture aux usagers constitue, dans cette perspective, un levier permettant d'ouvrir une coopération établie entre professionnels et administrateurs et qui comporte le risque de l'entre-soi.

À cette démocratie sociale interne correspond un engagement dans l'espace public local, à travers les réseaux d'acteurs transversaux aux secteurs d'activité et dans l'espace public institutionnel. L'exercice de ce double engagement démocratique vise l'expression des besoins et des attentes et leur étayage par les droits, déjà existants mais insuffisamment exercés ou encore à faire valoir. C'est à travers ces pratiques d'expression fondées sur des droits que peuvent se développer une estime de soi, individuelle et collective qui s'ouvre à l'estime sociale (Haeringer, 2005).

Cette vision s'origine dans une lecture renouvelée et critique de l'économie sociale au nom du principe de solidarité dont se prévalait déjà l'associationnisme du XIXe siècle qui fondait la solidarité sur des principes démocratiques s'éloignant ainsi de la sollicitude des philanthropes. Dans un contexte socio-économique, marqué par l'hégémonie d'une économie libérale revendiquant son autonomie par rapport au politique et au social, les initiatives se référant à cette conception, ambitionnent de promouvoir la restauration de liens sociaux et citoyens par des activités d'utilité sociale. Il s'agit là, de transformer le rapport inégalitaire entre un prestataire et un usager au profit d'une visée réciprocitaire reconnaissant, par exemple, la nécessité de mobiliser les compétences de l'un et de l'autre pour la définition et la réalisation du service dont l'impact sur l'environnement est analysé en termes d'utilité sociale (Gadrey, 2004).

Les leviers de cette transformation sont, en particulier :

• L'introduction d'une régulation conventionnelle, là où prévalait une régulation tutélaire pour définir de nouvelles règles de coopération entre l'association et les pouvoirs publics.

Prendre acte de ce que l'économique impose sa rationalité propre c'est, dans le cas d'une économie de la redistribution, redéfinir les objectifs socio-politiques par rapport auxquels des moyens doivent être attribués. Il s'agit, en effet, de se dégager d'un processus administratif dissociant les procédures budgétaires des objectifs définis par les politiques publiques, notamment dans le cadre des schémas territoriaux. La négociation de conventions pluriannuelles, tels les contrats d'objectifs et de moyens actuellement privilégiés par l'administration publique, est un moyen, à condition qu'elle soit inscrite dans une négociation politique sur les orientations et des objectifs évaluables, en externe avec les institutions publiques, et en interne avec les parties prenantes de l'association.

• La valorisation de la pluralité des principes économiques dans une conception de l'hybridation des ressources.

Sans remettre en question le principe d'une économie de la redistribution assurée par l'État et les collectivités publiques au nom d'une solidarité fondée sur des droits citoyens, de nombreux services cherchent à mobiliser des ressources issues de dons privés ou de l'échange de compétences, voire de la vente de prestations ou de production. Leur valorisation n'est possible que si elles sont considérées comme des ressources venant étayer les engagements des différents acteurs. Les réduire à des supplétifs d'une dotation budgétaire insuffisante conduit à l'effet inverse. L'apport d'expertise bénévole par des adhérents doit pouvoir être pris en compte dans un espace particulier, tant sur le plan comptable que dans la dynamique associative. La compétence parentale, dans la prise en charge de leur enfant handicapé, doit trouver sa traduction budgétaire si elle est mobilisée conjointement, sans s'y substituer, à celle des professionnels de la structure. L'apport des usagers au budget, en contrepartie de leur hébergement et des services qui y sont attachés, doit ainsi étayer un autre rapport que celui du consumérisme, pour peu qu'ils soient d'abord informés et mieux encore associés à des décisions relevant directement de leur séjour.

Dans la perspective d'une valorisation économique, ces pratiques symbolisent une circulation des échanges et des biens qui résulte d'une solidarité multiforme. Leur valorisation soutient l'engagement des personnes à leurs différents niveaux. Aussi symbolique soit-elle, cette diversité de ressources doit pouvoir soutenir un lien social sous-tendu par une visée d'associer les citoyens à l'action sociale les concernant. De nombreux exemples soulignent que le niveau culturel ou les handicaps des personnes ne constituent pas des obstacles, pour peu que les modalités concrètes soient adaptées.

• L'organisation d'espaces publics différenciés et régulés dans un projet politique pour développer la capacité d'agir des acteurs dans l'espace public.

L'expression des différentes parties prenantes et la visée de reconnaissance qu'elle implique nécessite l'existence d'espaces différenciés où les professionnels, les adhérents et les usagers puissent se constituer en acteurs à partir d'expériences vécues. Leur mise en relation dans un espace public élargi en sera d'autant plus réalisable.

Cette dynamique autour d'une pluralité d'espaces publics doit s'ancrer dans des pratiques d'échanges sur des objets devenus communs par une volonté partagée de dépasser les habituels clivages entre ce qui relève de l'ordre technicien ou de l'ordre politique. De nombreux exemples attestent la faisabilité de telles pratiques. Tel ce Centre d'action médico-social précoce où les parents sont associés non seulement à la mise en œuvre d'interventions professionnelles, mais aussi participants à leur conception en raison de leur expérience parentale. Afin que cette expertise ne soit pas diluée dans l'individualisation des prises en charge et cantonnée dans les relations interpersonnelles, l'établissement a créé un espace spécifique de partage et de réflexion entre parents et avec les professionnels. Au fil du temps, il s'y est constitué un groupe de parents promoteurs de projets éducatifs visant la socialisation des enfants et recherchant les financements nécessaires à leur réalisation. Cette dynamique institutionnelle les amène maintenant à solliciter leur participation à la négociation des contrats d'objectifs et de moyens en cours : juste reconnaissance d'un engagement solidaire où s'articulent apports de ressources et action collective dans l'espace public institutionnel.

• Un maillage territorial pour soutenir l'action collective dans l'espace public territorial.

L'autre versant d'une visée démocratique s'appuie sur des réseaux d'acteurs territoriaux relevant d'une diversité d'approches et d'engagements. Leur connexion s'enrichit mutuellement des pratiques militantes des uns et professionnelles des autres. La pratique de réseaux souvent indissociables de liens personnels structure un territoire et contribue à son développement social. Ce réseau régule des pratiques concurrentielles, démultiplie les ressources existantes et évite l'accroissement de structures fonctionnelles par absorption d'unités associatives réalisé au nom d'une rationalité gestionnaire. Les recherches menées sur les réseaux montrent « la force des liens faibles » dans la constitution du tissu social où les individus saisissent des opportunités pour leur intégration sociale, tandis que « les liens forts », producteurs de cohésion sociale, génèrent une fragmentation du social (Granovetter, 2004). Situées à ce niveau intermédiaire entre le micro des relations individuelles et le macro des institutions publiques, les associations doivent pouvoir explorer des formes de coopération horizontales, liées à un territoire et susceptibles d'articuler ces deux niveaux par des dispositifs d'observation, de veille et de mutualisation d'informations. C'est pourquoi, en ce domaine, l'anticipation consiste moins à mettre en œuvre le discours normatif délivré par certaines administrations, qu'à explorer des modes de gestion qui prennent en compte la pluralité des dimensions sociales et économiques.

Enfin, face au formalisme de nombreuses instances consultatives pour l'élaboration de schémas, la pression des associations sur les pouvoirs publics puise sa légitimité dans une volonté de démocratiser des instances techniciennes de validation. Il ne s'agit pas seulement rendre les débats publics, encore faut-il que les décisions le soient également.

C'est la cohérence de pratiques démocratiques entre ces différents niveaux qui légitimera la représentativité des interlocuteurs associatifs auprès des institutions publiques et politiques et qui donnera à cette refondation toute la force d'un engagement civique.

Ainsi le schéma[8] suivant rend-il compte de cette représentation :

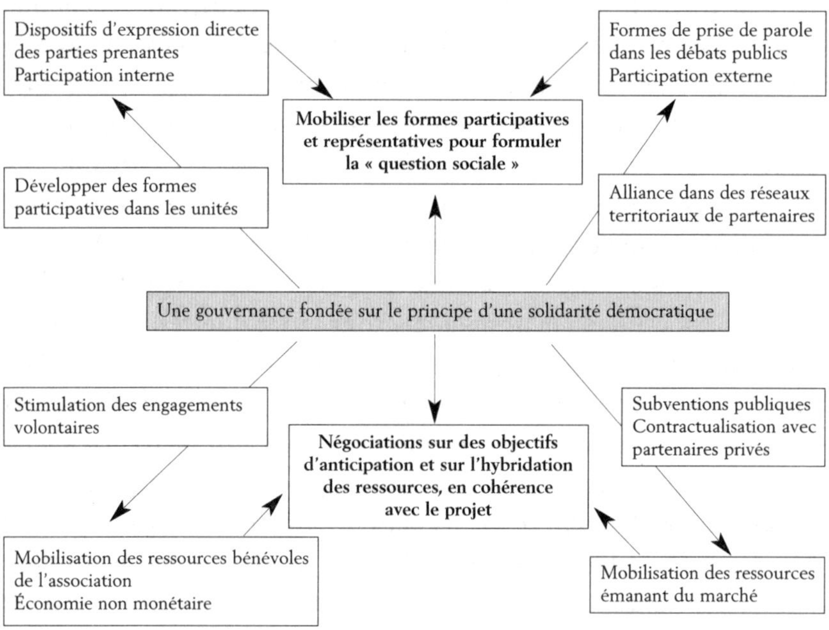

8. Cf. Laville (2006 : 365-383).

Ce modèle qui caractérise les initiatives se référant au projet de l'économie sociale et solidaire est identifié dans certaines structures associatives, tels des centres sociaux ou d'autres unités du secteur social ou médico-social. Son utilisation prospective offre une capacité réflexive sur des fonctionnements peu valorisés car souvent en marge ou en conflit avec les institutions locales, ainsi qu'un levier d'action pour amplifier des évolutions en cours.

Il repose sur un projet de développement politique conjoint à un projet économique, c'est-à-dire qu'il cherche à créer les conditions pour que les différents acteurs de l'association soient parties prenantes dans cette double dimension : qu'ils soient citoyens et producteurs de richesse, conjointement acteurs politiques et acteurs économiques.

Ce projet repose sur une pratique d'expression et de participation interne et sur un engagement externe dans l'espace public institutionnel. Ainsi, l'espace public interne de l'association se trouve renforcé dans sa dimension politique, par une participation des différents acteurs reconnus dans leur capacité citoyenne, et alimenté par une participation active à l'espace public externe. Et inversement, les positions publiques trouvent leur légitimité dans une pratique démocratique interne à l'association.

Le développement économique vise à restaurer les parties prenantes dans leur qualité d'acteurs économiques, coproducteurs de biens collectifs dont l'utilité sociale gagne à être visibilisée par une évaluation socio-économique. De nombreuses initiatives soulignent notamment que la valorisation économique, dans une production relevant d'un principe domestique, contribue à développer la sociabilité des personnes en restaurant leur estime de soi. De même, l'engagement bénévole, souvent rabattu du seul côté de la socialisation d'individus, peut concrétiser un apport économique réel en complément d'autres ressources monétaires.

Enfin, ce scénario n'élimine pas la dimension professionnalisante des associations. Elle y est intégrée comme une condition nécessaire, mais non suffisante, pour développer la qualité des activités. La constitution d'espaces professionnels spécifiques, aux côtés d'autres, contribue à son développement. Sa régulation avec les autres espaces est d'ordre démocratique au nom de la pluralité des principes d'actions à l'œuvre dans les associations.

Conclusion

Joseph Haeringer

Les situations de crise que traversent bon nombre d'associations du secteur social et médico-social révèlent la complexité de leur fonctionnement. Les différents exemples présentés dans cet ouvrage sont emblématiques des transformations impulsées dans ces organisations. Qu'il s'agisse de solliciter les parents pour qu'ils s'investissent dans le fonctionnement de leur association, d'ajuster une organisation de services en fonction des politiques locales ou encore de mettre en œuvre les dispositions relatives aux droits des usagers, à chaque fois ce sont des régulations institutionnelles qui sont mises au travail. À ne pas interroger les principes de légitimité qui structurent l'action collective, on en vient, peu ou prou, à rechercher dans les agencements organisationnels la solution aux difficultés rencontrées au risque d'accentuer les contraintes qui pèsent sur les acteurs. Optimiser un fonctionnement suppose de clarifier les finalités qui légitiment les normes de la coopération.

Le détour par l'histoire, que nous explorons, permet de mettre en évidence les logiques institutionnelles qui structurent ces fonctionnements et de les différencier en fonction de leur conception de la solidarité. Ainsi, les quatre formes institutionnelles repérées dans la trajectoire singulière des associations étudiées, rejoignent-elles les représentations de la solidarité identifiées dans l'histoire de l'action sociale. L'expérience fondatrice qui accorde les parties prenantes sur un bien commun vise à sa stabilisation en cherchant à réduire l'aléa de la libre adhésion, incertitude majeure de ces organisations.

Si la logique publique s'avère être un puissant régulateur par les normes et les ressources qui y sont liées, elle peine à intégrer une diversité d'activités professionnelles autrement que par un processus de rationalisation administrative. L'intérêt général qui légitime l'action de l'État se substitue alors progressivement à l'intérêt particulier de l'action collective fondée sur l'engagement des citoyens. Les acteurs associatifs sont alors dessaisis de la maîtrise de leur objet, laissant la place à des gestionnaires de missions publiques. Le renouveau de la gouvernance de ces organisations, sollicité aujourd'hui par les collectivités publiques, s'inscrit dans une logique de la responsabilité gestionnaire beaucoup plus que dans un appel à renouveler le pacte associatif.

Bien que dominant, ce scénario n'épuise pas la diversité des évolutions associatives observées dans ce secteur de l'action sociale et médico-sociale. Une vision moins déterministe, faisant place aux acteurs et à leur capacité d'action collective, met en évidence des trajectoires moins linéaires, incrémentielles qui visent à restaurer des pratiques s'inspirant de principes démocratiques.

Ainsi, met-elle à distance cette conception dominante d'une instrumentalisation de l'action associative par les pouvoirs publics. L'analyse de trois formes d'encastrement socio-politique de ces associations met en évidence une pluralité d'espaces où se développent avec les collectivités publiques des formes de partenariats et de collaboration productrices de sens. Les formes de résistance qui s'y développent ne peuvent occulter les interstices de négociation. Sous le discours souvent critique de l'arbitrage administratif, se déploient aussi des relations d'échanges et de reconnaissance, alimentant une confiance réciproque qui permet notamment de réduire d'importants coûts de transaction que générerait l'appel au marché. Dans cette perspective, les contrats d'objectifs et de moyens constituent des opportunités pour redéfinir des espaces d'autonomie et de liberté. Encore faut-il que se développent des pratiques de débats sur les questions économiques en référence à un projet commun.

Dans le domaine économique, la diminution des ressources issues de la redistribution publique incite les dirigeants associatifs à repenser leur dépendance financière et à valoriser des formes participatives en référence à d'autres principes économiques. Dans ces associations habituées à être financées durablement par les pouvoirs publics et souvent qualifiées de dépensières de l'argent public, l'introduction de la question économique comme activité productive de biens sociaux, ouvre de nouveaux espaces de débats sur l'utilité sociale de ces organisations et de leur évaluation à partir de critères objectivables. Elle permet de réinscrire l'économie de ces organisations dans le projet politique de l'association.

Enfin, le postulat que l'association est démocratique par nature doit aussi être questionné à l'aune de la place des usagers et de leur reconnaissance comme parties prenantes de l'action collective. En resituant l'offre de services dans la dynamique institutionnelle d'une construction conjointe entre toutes les parties prenantes, l'usager ne peut être cantonné dans le statut d'un consommateur. Sa quête de services est indissociablement recherche de réponses utiles et demande de reconnaissance. À ce titre, elle sollicite l'association dans sa dimension politique et non seulement technicienne en référence à la solidarité fondée sur des droits. Espace intermédiaire entre l'expression d'une demande individuelle et une réponse apportée au nom de la solidarité institutionnelle, l'association se doit de le signifier aux intéressés. La circulation des biens sociaux, constitutifs d'un bien commun entre les parties prenantes de ce service, adhérents, professionnels et usagers, a besoin d'étayages spécifiques, de modes participatifs différenciés selon les capacités et la liberté des individus concernés. Lorsqu'ils existent, on peut alors faire le constat d'un transfert des valeurs de solidarité d'un groupe d'acteurs à un autre et de la construction d'une identité collective créatrice d'un sentiment d'appartenance.

Resituée dans le contexte de son émergence, l'association participe de la modernité caractéristique de nos sociétés. Elle y instaure un espace public particulier à la frontière d'autres espaces privés et institutionnels, mais elle apparaît aussi comme action collective explorant des formes des échanges de services et d'entraide. Bien avant sa reconnaissance légale en 1901, l'association apparaît dans le débat politique comme une forme sociale pour penser la solidarité dans une société d'individus, prémices de son institutionnalisation dans l'État social mais aussi pour explorer des modes d'action mutualisant des ressources afin de répondre à des besoins de protection sociale exprimés par les individus confrontés à la misère de l'industrialisation naissante. L'histoire de l'action sociale souligne combien cette conception démocratique de la solidarité n'a pu émerger et se développer que dans une confrontation permanente à l'État. Si « l'État démocratique dépend aujourd'hui en premier lieu de la vitalité de la vie associative au sein de la société civile, [...] une société civile démocratique ne peut s'épanouir qu'au sein d'un État démocratique » (Chanial, 2001 : 157). C'est pourquoi, les termes de liberté, solidarité et démocratie peuvent être retenus conjointement pour définir l'*ethos* associatif.

Bibliographie

Abbott A., (2003), « Écologies liées, à propos du système des professions », in Menger P.-M. (dir.), *Les Professions et leurs sociologies*, Paris, Maison des sciences de l'homme.

Alter N., (2000), *L'Innovation ordinaire*, Paris, PUF.

Barral C., Paterson F.-L., Stiker H.-J., Chauvière M., (2000), *L'Institution du handicap, le rôle des associations*, Rennes, PUR.

Barthélémy M., (2000), *Associations : un nouvel âge de la participation*, Paris, Presses de Sciences-Po.

Bélanger P.-R., (2003), « La présence des usagers dans les organisations. La relation de service », in *Cahiers de Recherche* du *LSCI/CRISES*, Paris.

Boltanski L., Thévenot L., (1991), *De la justification*, Paris, Gallimard.

Bevort A., (2002), *Pour une démocratie participative*, Paris, Presses de Sciences-Po.

Castel R., (1995), *Les Métamorphoses de la question sociale*, Paris, Fayard.

Castel R., (2003), *L'Insécurité sociale. Qu'est-ce qu'être protégé ?*, Paris, Seuil, coll. « La république des idées ».

Castel R., « La propriété sociale », conférence donnée dans le cycle de l'Université de tous les savoirs.

Chanial Ph., (2001), « Société civile, société civique ? associationnisme, libéralisme et républicanisme », in Laville J.-L., Caillé A., Chanial Ph., Dacheux E., Eme B., Latouche S., *Association, démocratie et société civile*, La Découverte/MAUSS/CRIDA, Paris.

Chapoulie J.-M., (2001), *La Tradition sociologique de Chicago, 1892-1961*, Paris, Seuil.

Chapoulie J.-M., (2005), *Les Relations du travail social et de la sociologie à l'université de* Chicago, ronéo., Réseau de l'histoire du travail social.

Chauvière M., Dermenjian G., Duriez B., Merrien J.-Y., (1982), « Les mouvements familiaux populaires et ruraux, naissance, développement, mutations 1939-1955 », in *Cahiers du GRMF* (Groupement pour la recherche sur les mouvements familiaux), n° 1.

Chauvière M., (2004), *Le Travail social dans l'action publique*, Paris, Dunod.

Commaille J., Jobert B., (1998), *La Métamorphose de la régulation politique*, Paris, LGDJ.

Crozier M., Friedberg E., (1976), *L'Acteur et le système*, Paris, Seuil.

Crozier M., (1989), *L'Entreprise à l'écoute*, Paris, Seuil.

De Nanteuil M., (2006), *La Société flexible, travail, emploi, organisation en débat*, Ramonville, Érès.

Di Maggio P., Powell W., (1983), « The Iron Cage Revisited : Institutional Isomorphism and Collective Rationality in Organizational Fields », in *American Sociological Review*, vol. 48, n° 2.

Donzelot J., Epstein R., (2006), « De la concertation au pouvoir effectif de citoyens », dossier « Forces et faiblesses de la participation », in *Esprit*, n° 7, juillet 2006, p. 5-34.

Donzelot J., (1984), *L'Invention du social*, Paris, Seuil, coll. Points-essais, 1994.

Dubet F., (1995), *Sociologie de l'expérience*, Paris, Seuil.

Dubet F., (2002), *Le Déclin de l'institution*, Paris, Seuil.

Dubet F., (2005), « Propositions pour une syntaxe des sentiments de justice dans l'expérience de travail », in *Revue française de sociologie*, 46-3, p. 495-528.

Duprat C., (1993), *Le Temps des philanthropes*, Paris, éditions du CTHS (Comité des travaux historiques et scientifiques).

Du Tertre C., (1994), « La dimension sectorielle de la régulation », ronéo.

Du Tertre C., (1999), « Les services de proximité aux personnes : vers une régulation conventionnée et territorialisée ? », in *L'Année de la régulation*, vol. 3, la Découverte, Paris.

Duriez B., Nizey J., (2002), « La solidarité en actes. Services collectifs et expression des usagers dans le mouvement populaire des familles, 1940-1955 », in *Cahiers du GRMF*, n° 11.

Eme B., (2001), « Les associations ou le tourment de l'ambivalence », in *Association, démocratie et société civile*, La Découverte/MAUSS/CRIDA.

Enjorlas B., (1996), « Associations et isomorphisme institutionnel », in *Revue des études coopératives, mutualistes et associatives* (RECMA), n° 261 (59), troisième trimestre.

Enjolras B., (1996), *Le Marché providence*, Paris, Desclée de Brouwer.

Francfort I., Osty Fl., Sainsaulieu R., Uhalde M., (1995), *Les Mondes sociaux de l'entreprise*, Paris, Desclée de Brouwer.

Gadrey J., (2004), *L'Utilité sociale des organisations de l'économie sociale et solidaire*, rapport de recherches pour la DIES et la MIRE.

Gadrey J., (1992), *L'Économie des services*, Paris, La Découverte.

Gadrey J., (2005), « Utilité sociale », in Laville J.-L. et Cattani A.-D. (dir.), *Dictionnaire de l'autre économie*, Paris, Desclée de Brouwer.

Gassier J., Cordon C., (2004), *Diplôme d'État d'auxiliaire de vie sociale, DEAVS*, modules 1 à 11, Masson, Paris.

Granovetter M., (2000), *Le Marché autrement*, Paris, Desclée de Brouwer.

Gounouf M.-F., Jouvenot C., (2007), *Professionnalisation du secteur de l'aide à domicile. Retour d'expérience sur deux actions collectives*, ARACT-CRIDA.

Gounouf M.-F. (coord. par), Boulot-de-Potter C., Chapuis M., Leduc M., Matteodo M.-M., Puiatti M., Saint-Exupéry A. (de), Serres J.-F., *Diagnostic de l'ADAR-Accueil et Service Nord de Lille*,

étude réalisée dans le cadre de l'Executive master : « Sociologie de l'association et action dirigeante » de Sciences-Po, cycle 2005-2006.
Haeringer J. et Traversaz F. (dir.), (2002), *Conduire le changement dans les associations d'action sociale et médico-sociale*, Paris, Dunod.
Haeringer J., (2005), « Le droit des usagers : un étayage pour une dynamique sociale de la reconnaissance », in CREAI Rhône-Alpes, Viard A. (dir.), *La Loi de rénovation de l'action sociale au quotidien*, Paris, L'Harmattan.
Haeringer J., « Un enjeu : la démocratisation des organisations », in Bouquet B., Jaeger M. et Sainsaulieu I. (dir.), (2007), *Les Défis de l'évaluation en action sociale et médico-sociale*, Paris, Dunod.
Hely M., (2004), « De la tutelle au partenariat : entreprises associatives et régulation conventionnée », contribution colloque EHESS-LASMAS, 16-17, septembre 2004.
Honneth A., (2000), *La Lutte pour la reconnaissance*, Paris, Cerf.
Ion J., (1998), *Le Travail social au singulier*, Paris, Dunod.
Ion J., (1997), *La Fin des militants ?*, L'Atelier, Paris.
Janvier R., Mathod Y., (2004), *Mettre en œuvre le droit des usagers*, Paris, Dunod, 3e édition.
Jovelin E., Bouquet B., (2005), *Histoire des métiers du social en France*, Paris, ASH.
Juan S., (2006), « Une critique institutionnelle et actionnaliste de l'approche organisationnelle de l'association », document de travail, intervention au Master Sciences-Po « Les fonctionnements associatifs », juin 2006.
Lallement M., (2004), « Penser les institutions : paradigmes d'hier, débats d'aujourd'hui », in La Rosa M. et Laville J.-L. (dir.), « La sociologie économique européenne », *Sociologia del Lavoro*, n° 93, Milan, 2004.
Lallement M., (2004), « Max Weber, la théorie économique et les apories de la rationalisation économique », in *Cahiers du centre de recherches historiques*, n° 34, octobre 2004.
Laroque B., (1962), *Politique de la vieillesse*, Paris, La Documentation française.

Laville J.-L., (1991), « L'économie sociale en Europe », in *La Revue de l'économie sociale*, XXIII, p. 7-23.

Laville J.-L., (1995), « L'économie solidaire, une nouvelle forme d'économie sociale? », in *Recma*, n° 255, 1er trimestre 1995, p. 70-80.

Laville J.-L., (1997), « L'association, une liberté propre à la démocratie », in Laville J.-L. et Sainsaulieu R. (dir.), *Sociologie de l'association*, Paris, Desclée de Brouwer.

Laville J.-L. et Sainsaulieu R. (dir.), (1997), *Sociologie de l'association*, Paris, Desclée de Brouwer.

Laville J.-L. et Nyssens M. (dir.), (2001), *Les Services sociaux entre associations, État et marché*, Paris, La Découverte/MAUSS/CRIDA.

Laville J.-L., (2005), *Sociologie des services, entre marché et solidarité*, Ramonville-Sainte-Agne, Érès.

Laville J.-L., (2005), « Action publique et économie: un cadre d'analyse », in Laville J.-L., Magnen J.-P., França Filho G. (de), Medeiros A. (dir.), *Action publique et économie solidaire*, Ramonville-Sainte-Agne, Érès.

Laville J.-L., (2006), « Définitions et institutions de l'économie. Pour un dialogue maussien », in *De l'anti-utilitarisme. Anniversaire, bilans et controverses*, coll. « Revue du Mauss semestrielle », n° 27, Paris, La Découverte, 1er semestre 2006, p. 365-383.

Laville J.-L., Catani A.-D., (2006), *Dictionnaire de l'autre économie*, Paris, Desclée de Brouwer.

Lawrence P.-R., Lorsch J.-W., (1967), *Organization and Environment*, Harvard University Press.

Martin D., (1998), « La modernisation dans la crise: de Talcott Parsons à Jürgen Habermas », in Gerritsen D. et Martin D. (dir.), (1998), *Effet et méfaits de la modernisation dans la crise*, Paris, Desclée de Brouwer.

Martucelli D., (1999), *Sociologies de la modernité*, Paris, Gallimard, coll. « Folio-essais ».

Massardier G., (2003), *Politiques et action publiques*, Paris, Armand-Colin.

Michels R., (1936), *Les Partis politiques*, rééd. chez Flammarion-Champs, 1999.

Millet R., (1949), « Nos maisons de vacances », *Meneurs*, n° 20.

Mingione E., (2004) « Embeddedness/Encastrement », in La Rosa M. et Laville J.-L. (dir.), « La sociologie économique européenne », *Sociologia del Lavoro*, n° 93, 2004.

Mothé D., (2006), « La petite démocratie et la grande démocratie », in dossier « Forces et faiblesses de la participation », *Esprit*, n° 7, juillet 2006, p. 35-55.

Muller P., (1990), *Les Politiques publiques*, Paris, PUF.

Renault E., (2004), « Reconnaissance, institutions, injustice », in *De la reconnaissance*, revue du MAUSS, n° 23, 1er semestre 2004, Paris, La Découverte/MAUSS.

Reynaud J.-D., (1997), *Les Règles du jeu, l'action collective et la régulation sociale*, Paris, Armand-Colin, 3e édition.

Ruellan Y., (1994) « De la Corporation paysanne aux associations familiales rurales 1940-1945 », *Cahiers du GRMF*, n° 8.

Perret B., (2006), « De la valeur des structures sociales, capital ou patrimoine », in Bevort A. et Lallement M. (dir.), *Le Capital social, performance, équité et réciprocité*, Paris, La Découverte-MAUSS.

Simmel G., (1896), « Comment les formes sociales se maintiennent », *Année sociologique*, (mémoire consultable sur www.ac-nancy-metz.fr/enseign/philo/textesph/simmel_farmes_sociales.pdf).

Simmel G., (1989), *Philosophie de la modernité*, Paris, Payot, (2004 : Payot & Rivages).

Simmel G., (2004), « L'individualisme moderne », in *Philosophie de la modernité*, Paris, Payot.

Tchernonog V., (1999), « Trajectoires associatives : premiers éléments sur la mortalité des associations », in *Revue des études coopératives mutualistes et associatives* (RECMA), n° 272, 2e trimestre 1999, p. 26-45.

Tchernonog V., (2003), Hély M., « Les formes de l'action associative », in Prouteau L. (dir.), *Les Associations entre bénévolat et logique d'entreprise*, Rennes, Puf, 2003.

Tétard F., (1998), « Punis parce qu'inéducables. Les inéducables comme enjeu des politiques correctives depuis le XIXe siècle », in *Le Nouveau Mascaret*, revue régionale du CREAHI d'Aquitaine, n° 51/52, 1er trimestre 1998, p. 35-46.

Tétard F., (2001), « Les sauvegardes dans leur rapport avec la loi 1901 : ni tout à fait privées, ni tout à fait publiques », in *Sauvegarde de l'enfance*, vol. 56, n° 3, septembre 2001, p. 116-130.

Thévenot L., (2000), « L'action comme engagement », in *La Singularité de l'action*, actes du séminaire CNAM, Paris, PUF.

Topalov Ch., (1999), *Laboratoires du nouveau siècle : la nébuleuse réformatrice et ses réseaux en France, 1880-1914*, Paris, EHESS (École des hautes études en sciences sociales).

Trouvé H., (2005), *La Dynamique des productions associatives. Synthèse des travaux existants*, dossier d'étude CAF, n° 68, mai 2005.

Ughetto P., (2001), *De la régulation macro-économique aux régulations sociales : une affaire d'identités*, contribution lors du Forum de la régulation, 11-12, octobre 2001, Paris.

Ughetto P., (2003), « De l'économie de service à l'économie de la dimension de service, in *Cahiers de Recherche* du *LSCI/CRISES*, Paris, 2003.

Vandenberghe F., (2001), *La Sociologie de Georg Simmel*, Paris, La Découverte.

Vignati, (2003), « Dal capitale sociale alla sinergia. Considerazioni sul rapporto tra capitale sociale e politica », *Revue Inchiesta*, anno XXXIII, n° 139, Edizioni Dedalo, Milano.

Vincent G., (1998), « Les associations du travail social, acteurs politiques », in *Une seule solution l'association. Socio-économie du fait associatif, La revue du MAUSS*, n° 11, 1er semestre, Paris, La Découverte/MAUSS.

Walzer M., (1983), *Sphères de justice*, Paris, Seuil (traduction française 1997).
Wolton D., (1978), *Le Nouvel Ordre sexuel*, Paris, Seuil.

Table

3. LE BIEN COMMUN, ENTRE PUBLIC ET PRIVÉ
Joseph Haeringer

4. DE LA PHILANTHROPIE À L'ACTION PUBLIQUE
Laurent Gardin et Joseph Haeringer

5. UNE MISE EN QUESTIONS DU DÉVELOPPEMENT
Jean-Marc Bisson

6. L'ENCASTREMENT POLITIQUE DES ASSOCIATIONS
Elisabetta Bucolo

Composition et mise en pages réalisées par
Sud Compo - 66140 - Canet en Roussillon
90/2008

Achevé d'imprimer en France
le 5 septembre 2008
sur les presses de

52200 Langres - Saints-Geosmes
Dépôt légal : septembre 2008 - N° d'imprimeur : 7396

Pour être informé des publications
des Éditions Desclée de Brouwer
et recevoir notre catalogue, envoyez vos coordonnées à :

Éditions Desclée de Brouwer
2, Passage de la Boule-Blanche
75012 Paris

Nom : ....
Prénom : ....
Adresse : ....
....
Code postal : ....
Ville : ....
E-mail : ....
Téléphone : ....
Fax : ....

Je souhaite être informé(e) des publications
des Éditions Desclée de Brouwer